GOTT UND DIE EVOLUTION DES UNIVERSUMS

James Redfield
Michael Murphy
Sylvia Timbers

GOTT UND DIE EVOLUTION DES UNIVERSUMS

*Der nächste Entwicklungsschritt
für die Menschheit*

Aus dem Englischen
von Jochen Eggert

Integral

Dieses Buch widmen wir den vielen Wegbereitern, Heldinnen und Helden, die für ein tieferes Verständnis der menschlichen Natur die Voraussetzungen schufen.

Der Integral Verlag ist ein Unternehmen der
Econ Ullstein List Verlag GmbH & Co. KG

ISBN 3-7787-9101-X

Die amerikanische Originalausgabe erschien unter dem Titel
»God and the Evolving Universe« im Verlag
Jeremy P. Tarcher/Putnam.
Copyright © 2002 by James Redfield, Michael Murphy
and Sylvia Timbers
Published by arrangement with Jeremy P. Tarcher,
a member of the Penguin Putnam Inc.
Copyright © der deutschen Ausgabe 2002 by Econ Ullstein List
Verlag GmbH & Co. KG, München
Alle Rechte sind vorbehalten. Printed in Germany.
Umschlaggestaltung: HildenDesign, München
Gesetzt aus der Sabon bei
EDV-Fotosatz Huber/Verlagsservice G. Pfeifer, Germering
Druck und Bindung: GGP Media, Pößneck

INHALT

Vorwort 7

Erster Teil: Erwachen 11

1. Das Rätsel des Seins 13
2. Eine Geschichte des Erwachens 35

Zweiter Teil: Der neue Mensch 105

3. Wahrnehmung 109
4. Das Wunder der Bewegung 126
5. Neue Wege der Kommunikation 135
6. Lebensenergie 141
7. Ekstase 146
8. Liebe 153
9. Transzendente Identität 162
10. Transzendentes Erkennen 171

11. Ein Wollen jenseits des Ego 178
12. Integration 183

Dritter Teil: Gemeinsamer Wandel 189

13. Transformation der Gesellschaft 191
14. Leben nach dem Tod 221
15. Transformation des Körpers 240

Vierter Teil: Übungen und Lektürehinweise ... 259

16. Transformative Praxis 261
17. Transformation – ein Literaturführer 297

Dank 369
Über die Autoren 370
Personen- und Sachregister 371

VORWORT

Wir stehen heute an einem wichtigen Übergang in der Geschichte der Menschheit. Der Schock und das Grauen des Terrorismus sitzen uns in den Knochen, das Entsetzen verfolgt uns und erinnert uns an all die Entfremdung und den Hass, die so weite Strecken unserer Geschichte beherrscht haben. Zugleich sehen wir aber auch das Beste in uns überall auf der Welt in Menschen aufleuchten, die an der Vision des Friedens und der Gerechtigkeit festhalten, deren Einsatz- und Liebesbereitschaft von einer tieferen Menschlichkeit spricht.

Eben jetzt, so glauben wir, dämmert ein neues Verständnis unserer selbst als Menschen herauf, das uns auch ahnen lässt, wie tief wir fallen können, wenn wir nicht immer weiter nach Entfaltung des in uns Angelegten streben. In gewissem Sinne kündet unsere Suche nach Selbsterkenntnis von einer neuen Dringlichkeit. Im Laufe der letzten vierhundert Jahre hat uns die Naturwissenschaft mit ihren Entdeckungen eine Welt erschlossen, die unsere Vorfahren sich nicht einmal hätten vorstellen können. Sie hat ferne Galaxien entdeckt, den Aufbau subatomarer Teilchen erklärt und den Evolutionsprozess ergründet, der aus einem winzigen Ur-Kern diesen ungeheuren und immer noch wachsenden Kosmos hervorgehen ließ.

Doch an der Schwelle, an der wir jetzt stehen, geht es um mehr als unser physisches Dasein. Wir sind ganz eindeutig aufgerufen, unser Inneres ebenso mutig und systematisch zu erkunden, wie wir bisher das äußere Universum erforscht haben. Auch heute geschieht sehr viel Ungutes in der Welt, doch zugleich erleben wir ein kaum jemals da gewesenes Interesse an den Geheimnissen der Seele und mehr Menschen als je zuvor wagen das Experiment der persönlichen Transformation.

Diese Experimente laufen überall in der Welt, orientiert an den Entdeckungen der Psychologie, Anthropologie und Medizin, aber auch an dem einstmals esoterischen Wissen der spirituellen Traditionen. Die Zahl dieser Experimente nimmt zu und sie werden immer gezielter und raffinierter, weil uns heute mehr Wissen über unser Veränderungs-Potenzial frei zugänglich ist als je zuvor. Immer klarer zeichnet sich das Wesen der Spiritualität und der menschlichen Seele ab und lässt ein Bild menschlicher Möglichkeiten entstehen, das es in dieser Tiefe und Schönheit wohl noch nicht gegeben hat.

Wir verfolgen mit diesem Buch zwei Ziele. Erstens möchten wir die populäre Sicht des menschlichen Potenzials ein wenig vertiefen und besprechen deshalb eine ganze Reihe von Erfahrungen und Fähigkeiten, die uns jetzt zugänglich sind und die durch entsprechende Intention und gezieltes Üben gefestigt werden können. Zweitens möchten wir den Gedanken ins Spiel bringen, dass es zu einem weiteren großen Schritt der Evolution kommen wird, wenn viele Menschen diese Vermögen in sich entwickeln. Wir glauben, dass es ein ähnlich großer Schritt sein wird wie der Übergang von der nichtorganischen Materie zum biologischen Leben oder wie die Entwicklung vom ersten Einzeller bis hin zum Menschen – ein Schritt, der uns gänzlich neue Fähigkeiten und Erfahrungshorizonte erschließen würde.

Sollte der Mensch sich weiter auf die eben erst richtig beginnende Erforschung seines eigenen Inneren einlassen, so werden sich ihm, wie wir glauben, neue Bereiche der Kreativität auftun, er wird Hass und Entfremdung zu begegnen wissen, er wird einen Kulturwandel einleiten, von dem wir uns gegenwärtig noch kaum eine Vorstellung machen können. Indem wir dieses Bild des weiteren evolutionären Fortschritts zeichnen, vertreten wir die Ansicht, dass Geschichte nicht einfach zyklisch verläuft, sondern von Anfang an auf höhere Ziele aus war.

Im ersten Teil versuchen wir die Höhepunkte dieses erstaunlichen Entwicklungsweges vorzustellen. Zuerst werfen wir einen Blick auf das Mysterium unseres Daseins auf diesem Planeten, dann betrachten wir die schier unglaubliche Entwicklung der Welt vom Urknall über die Entstehung des Lebens bis zur Morgenröte der Menschheit. Schließlich geben wir einen Abriss einiger der großen Wendepunkte in der Geschichte der Menschheit, die uns auf den jetzt erkennbar werdenden nächsten Schritt der Evolution vorbereitet haben.

Im zweiten Teil verfolgen wir die Entstehung menschlicher Fähigkeiten, die den Rahmen des Üblichen sprengen. Hier fragen wir nicht nur, wie sie sich darstellen und wie sie auf uns wirken, sondern betrachten auch, wie sie sich offenbar mit anderen neu hervortretenden Zügen und Eigenschaften zu verbinden trachten, um uns vielleicht schließlich auf eine neue Stufe des Lebens zu heben.

Der dritte Teil widmet sich der Frage, wie diese jetzt hervortretenden Züge der menschlichen Natur weiter ausgebildet und durch Übung gefestigt werden können, um dann vielleicht die Erneuerung der Institutionen und der Kultur, weit reichendere Kommunikation mit anderen Daseinsebenen und schließlich sogar die Transformation des Körpers zu ermöglichen.

Im vierten Teil stellen wir Übungen vor, die nach unserer Überzeugung den persönlichen Wandel und die Erneuerung der Gesellschaft anbahnen und fördern können. Hier finden Sie auch einen Führer zu wichtigen klassischen und populären Werken, in denen sich eine neue Sicht der menschlichen Möglichkeiten bereits ankündigt. Wir hoffen, dass Sie hier Anregungen bekommen, das staunenswerte Leben zu erkunden, zu dem Sie eigentlich hier sind.

Kommen Sie mit auf eine Entdeckungsreise durch die Evolution – eine Evolution, die uns nicht nur dahin gebracht hat, wo wir heute sind, sondern die immer weiter geht und gerade jetzt unsere aktive Mitwirkung verlangt.

James Redfield, Michael Murphy, Sylvia Timbers

Erster Teil

✦

Erwachen

1.
Das Rätsel des Seins

Überall auf der Welt wächst in den Herzen der Menschen ein neues Weltbild heran. Das geschieht eher intuitiv, und das sich abzeichnende Bild von unserer Stellung im Universum ist noch nicht klar formuliert worden. Im Mittelpunkt steht jedoch der Eindruck, dass ein größeres Leben in uns angelegt ist, als die meisten Menschen ahnen – ein Leben, dessen Entfaltung in einem Wesens-Zusammenhang mit der Evolution des Universums steht. Und wie viele annehmen, spüren wir diese Verbindung, weil wir und die Welt denselben transzendenten Ursprung haben und von dort her der Drang kommt, immer mehr von unserer latenten Göttlichkeit manifest werden zu lassen.

Das Zeugnis der Erfahrung

Die Augenblicke, in denen etwas uns aufhorchen lässt und uns Schritt für Schritt in Richtung eines neuen Weltbildes weiter drängt, lassen sich durch Lektüre der Werke jener Philosophen, Wissenschaftler, Heiligen und Weisen vertiefen, die uns eine neue Betrachtung der menschlichen Natur und des Universums nahe legen. Die Visionen und Praktiken dieser Wegbereiter sind uns, wie wir noch sehen werden, heute in nie da gewesener Weise zugänglich. Wir beziehen jedoch unser Gefühl, noch unentwickelte Fähigkeiten in uns zu haben, die uns mit dem Transzendenten verbinden, nicht in erster Linie aus Büchern, sondern aus Ahnungen und Einsichten, zu denen unsere eigene Erfahrung uns führt. Das kann beim Beten oder während der Meditation geschehen, manchmal auch als Ergebnis psychologischer Beratung oder anderer Methoden, die dazu da sind, uns in schwierigen Zeiten weiterzuhelfen. Doch ebenso häufig geschieht uns so etwas, wenn wir es gar nicht erwarten – beim Spiel, bei der Arbeit, in Augenblicken der Selbstvergessenheit. Unabhängig vom Auslöser oder von den Wurzeln solcher Augenblicke schlägt unser gewohntes In-der-Welt-Sein dann plötzlich in etwas ganz Außergewöhnliches um.

Vielleicht geschieht es an einem Sommertag beim Waldspaziergang. Sonnenstrahlen dringen durch das Laub und alles ist wie verwandelt – die Farben erscheinen uns leuchtender, Bäume und Sträucher stehen in nie gesehener Lebendigkeit da, alle Laute sind kristallklar und wir nehmen Gerüche war, die uns bisher entgangen waren. Der Wald ist lebendig geworden und voller Zauber. In solch einem Augenblick treten wir in eine Welt ein, die sonst unsichtbar bleibt. Dann fragen wir uns: War das eine Halluzination? Oder würde die Welt immer so aussehen, wenn unsere Sinne besser entwickelt wären?

Es gibt noch andere Erfahrungen, die uns aus dem Gewohnten herauszulocken versuchen. Haben Sie schon einmal den Gedanken einer Freundin erraten, bevor Sie ihn äußerte? Oder wussten Sie, dass gleich ein Anruf kommt und von wem? Das sind gewiss keine weltbewegenden Ereignisse, aber sie lassen Fähigkeiten erahnen, die wir normalerweise nicht beachten. Haben Sie schon einmal eine Wende in Ihrem Leben vorausgeahnt, die dann tatsächlich eintrat? Wenn so etwas geschieht, beschleicht uns ein beinahe unheimliches Gefühl. Irgendetwas Höheres, eine Bestimmung wartete da und will von uns verwirklicht werden.

Augenblicke der Wachheit können auch noch sonderbarer sein. Es kommt zu Kontakten mit Menschen, die wir lieben, die sich aber gerade ganz woanders aufhalten oder vielleicht schon tot sind – ein Flüstern in der Nacht, für Augenblicke eine Vision, ein Duft, den wir nur mit diesem Menschen verbinden, oder das verstörende Gefühl seiner Anwesenheit. Etliche Umfragen der jüngsten Zeit machen deutlich, dass mehr Menschen, als man glauben möchte, solche Erlebnisse haben oder auch Lichtwelten sehen, die unseren körperlichen Sinnen verborgen bleiben. Besonders überzeugend sind Augenblicke, in denen wir uns selbst gänzlich verwandelt sehen und spüren, dass wir viel mehr sind, als wir dachten. Auf einmal wissen wir, wer wir sind und wozu wir hier sind. Wir und die Welt haben ein gemeinsames Ziel, einen gemeinsamen Ursprung – und eine weite Reise vor uns.

Leider vergehen solche Augenblicke. Ein Schleier senkt sich darüber. Wir kehren in unser Normalbewusstsein zurück. Aber ein Erwachen, so kurz es auch gewesen sein mag, ist unvergesslich. Die Erinnerung mag verblassen, aber sie lässt uns nicht mehr los. Immer wieder flüstert sie uns zu, dass noch mehr auf uns wartet. Von was für einem größeren Leben kündet sie? Ist dieses gegenwärtige Dasein schon alles, was uns bestimmt ist? Gibt es für uns und die Welt eine gemeinsame höhere Bestimmung?

In den folgenden Kapiteln werden wir uns Formen des Erwachens zuwenden und der Frage nachgehen, wie man sich von ihnen leiten lassen kann. Wir glauben nämlich, dass sie wirklich ein größeres Leben ankündigen, das in uns geboren werden möchte. Durch Übung können wir das in uns heranziehen, was sie uns zeigen möchten, bis es uns schließlich ganz und dauerhaft zu eigen wird.

Zuvor müssen wir jedoch die Grundbedeutung solcher Erlebnisse erfasst haben und uns die gegen sie gerichteten Kräfte in unserer Gesellschaft vergegenwärtigen. Wir brauchen für sie eine Philosophie als Rahmen und als Leitlinie für ihre Vertiefung. Blinder Glaube genügt hier nicht. Dogmen helfen uns nicht weiter. Wir brauchen eine Vision, die nicht mit der Zeit wieder weicht. Um zu verstehen, was diese verstörenden Augenblicke uns sagen wollen, müssen wir alle Mittel aufbieten – auch Wissenschaft, Religion, Philosophie, Literatur und Kunst. Aus allem werden wir in den folgenden Kapiteln schöpfen.

Der beste Ansatz dürften die Wissenschaft und das Mysterium der Evolution sein. Erfahrungen wie die angesprochenen erschüttern unser Weltbild und lassen in unserem Dasein eine Tiefe erahnen, die von den Dingen des Alltags häufig überlagert wird. So müssen die ewigen Fragen des Menschen wieder neu gestellt werden: Wer sind wir? Wie kamen wir hierher? Wohin gehen wir? Die Geschichte unseres evolvierenden, mit jedem Tag herrlicher werdenden Universums, gibt uns einen sicheren Stand, von dem aus diese Fragen zu stellen sind. Das Universum ist nämlich wirklich unterwegs zu einem Ziel, und seinen Schwung bekam es im Augenblick des Urknalls.

Die Geschichte der Evolution

Wir begannen
als Mineral. Wir erhoben uns zum Pflanzenleben,
dann in den Stand der Tiere, dann zum
   Menschsein, und stets vergaßen wir das
   Vorausgehende –
außer im Frühling, wo wir uns fern
ans Grünsein erinnern.
          So auch wendet ein junger Mensch
sich einem Lehrer zu. Und so sucht das
   Neugeborene
die Brust: ohne um das Geheimnis seines
   Verlangens
zu wissen, wendet es vom Instinkt geleitet den
   Kopf.
So wird der Mensch durch diese Wanderungen
   des Geistes
den Weg der Entfaltung geleitet,
und wenn wir auch zu schlafen scheinen –
innen ist eine Wachheit,
welche dem Traum Richtung gibt

und die uns eines Tages aufschrecken wird
in die Wahrheit unseres Seins.

Rumi

Der größte aller wissenschaftlichen Triumphe ist die Entdeckung der Evolution. Zu dieser großen Entdeckung – dass das Universum aus einem winzigen Kern hervorging und das Leben und die Menschheit entstehen ließ – verbanden sich viele kleinere aus unterschiedlichen Disziplinen wie Astronomie, Physik, Geologie, Biologie, Paläontologie, Anthropologie und Psychologie. Mit dieser Entdeckung stellt die Wissenschaft einen Erklärungsrahmen für die in diesem Buch erörterten transzendenten Fähigkeiten bereit. Die Sehnsucht des Menschen nach einem größeren Leben und seine Befähigung dazu ist der Teil der Evolutionsgeschichte, der eben jetzt geschrieben wird.

Und die Geschichte geht ungefähr so:

Vor etwa fünfzehn Milliarden Jahren ging unser Universum in einer gewaltigen Explosion aus einem rätselhaften Etwas von der Größe eines einzelnen Atoms hervor und breitete sich schon in der ersten Sekunde über Millionen von Kilometern aus. Versuchen Sie sich das vorzustellen: genügend Energie, um diesen gesamten, mit rasender Schnelligkeit sich ausbreitenden lichtdurchfluteten Kosmos zu bilden, in dem durch Verdichtungen immer neue Sternengenerationen und immer komplexere Elemente entstanden. Hier stößt unsere Phantasie an ihre Grenzen: Die Energie in diesem ersten winzigen Keim erzeugte dieses gesamte Universum mit seinen inzwischen Aberbillionen Kilometern Durchmesser und unzähligen Sternen und Galaxien. Schritt für Schritt wurde im Laufe der ersten zehn Milliarden Jahre die Voraussetzungen für einen weiteren großen Schritt der Evolution geschaffen. Auf dem Planeten Erde sollte sich eine neue Daseinsform bilden.

In den Wassern der Urmeere bildeten sich zunächst immer komplexere Moleküle, und aus denen entstand etwas völlig Neues: Zellen. Diese einzelligen Lebewesen konnten sich selbständig bewegen, vermehrten sich und reagierten auf ihre Umwelt, was eine primitive Sinnestätigkeit voraussetzt. So begann das biologische Leben. Einzeller bevölkerten Meer und Land.

Aus diesen ersten Formen des Lebens entwickelten sich im Laufe der nächsten vier Milliarden Jahre Bakterien, deren Stoffwechsel Sauerstoff produzierte, so dass eine Atmosphäre entstand, in der vielzellige Lebewesen, Pflanzen und Tiere, existieren konnten. Mit zu den ersten gehörten die Fische, deren Kiemen sich zu den Lungen der Amphibien entwickelten. Amphibien waren die ersten Lebewesen, die auch an Land leben konnten. Aus ihnen entwickelten sich Reptilien und Dinosaurier, die Vögel und Säugetiere – und die Primaten, deren weitere Evolution schließlich den *Homo sapiens* hervorbrachte.

Wir kennen auch heute noch nicht alle Details der Evolution, aber wir wissen, dass immer komplexere Lebensformen sich bildeten, die ihre Umgebung wahrnehmen, Informationen verarbeiten und die Dinge in ihrer Umgebung gezielt nutzen konnten. Sie bewegten sich immer gewandter und versorgten ihre Jungen geschickter als frühere Generationen. Diese Fähigkeiten wurden nach und nach vervollkommnet, bis die Evolution einen weiteren großen Schritt tun konnte.

In Afrika tauchte ein Tier auf, das aufrecht ging, behutsam mit Werkzeugen umzugehen verstand und zu sprechen begann. Es war eine neue Spezies mit einem größeren Gehirn, als alle seine Vorläufer besessen hatten, und mit ihrer Wandlungsfähigkeit war sie etwas völlig Neues auf der Erde. Diese Wesen schufen vielschichtige soziale Gefüge, entdeckten das Feuer, erzählten Geschichten von ihren Ursprüngen und malten Bilder, die uns heute noch fesseln. Sie achteten auf die Sterne und die Welt des Geistes. Von Anfang an spürten sie, dass außerhalb der Reichweite ihrer Sinne noch etwas anderes war, etwas ganz anderes.

Wir können die Entstehung des Menschen als dritte Stufe der Evolution nach der Entstehung der Materie und des Lebens betrachten, weil wiederum etwas gänzlich Neues entstand. Zu allem, was die Entwicklung älterer Arten bestimmt hatte, kamen wachsendes Selbstbewusstsein und ein nach innen gerichtetes Streben nach Veränderung hinzu. Dieses zunehmend seiner selbst bewusste Wesen konnte den Schmerz anderer empfinden. Es begann sich nach einem größeren Leben zu sehnen. Das in seinem Herzen anschwellende Feuer ließ es schließlich den Mond betreten, zeitlose Musik ins All ausstrahlen, die Kernkraft entfesseln und diese ganze komplexe Menschenwelt schaffen, die uns heute umgibt.

Das Universum hat seit seiner Geburt einen rätselhaften Weg eingeschlagen. Es ging von der Dunkelheit zum Licht. Es wurde ein Kosmos unzähliger Galaxien, in dem aus Materie das Leben hervorging. Und dann – vor einem Augenblick in diesem kosmischen Zeitrahmen – fing eines dieser Lebewesen an, sich zu fragen, wer es sei, woher es gekommen sei und wohin es wohl gehen werde.

Evolution ist eine Tatsache

Das Epos unseres evolvierenden Universums, von Wissenschaftlern, Theologen und Philosophen immer wieder neu erzählt, ist eine noch nicht zu Ende erzählte Geschichte. Aber wie man die Evolution auch darstellen und welche Theorien man zu diesem Thema vortragen mag, sie ist eine unbestreitbare Tatsache. Sie begann mit dem Urknall und brachte im Laufe vieler Milliarden Jahre die Materie, das Leben und die Menschheit hervor. Wir kennen diese unvorstellbare Entwicklung nicht in allen Einzelheiten, aber wir wissen, dass sie stattgefunden hat. Dass das Universum evolviert, darf nach allen, auch den strengsten Maßstäben als erwiesen gelten.

So haben die Wissenschaftler aufregende Fossilienfunde gemacht – tausende Urformen von Pflanzen und Tieren wurden entdeckt, darunter mikroskopisch kleine Organismen und riesenhafte wie der *Tyrannosaurus rex*. Die Paläontologen haben ihre Datierungsmethoden so weit verfeinert, dass sie mit großer Genauigkeit angeben können, wann das Leben entstand und wie lange bestimmte Spezies existierten. Mit diesen Methoden haben sie Entwicklung und Diversifikation der Arten von den allereinfachsten bis zu den komplexesten nachzeichnen können. Genetiker haben die Mechanismen der Mutation und Rekombination des Erbguts erforscht, durch die es zu Abwandlungen innerhalb der Populationen bestehender Arten und in der Folge zur Entstehung neuer Arten kam. Und die Geologen haben den Einfluss klimatischer und geologischer Veränderungen auf die Evolution des Lebens erforscht.

Dass der Kosmos in seiner Gesamtheit evolviert,

haben die Astrophysiker aus den immer noch erkennbaren Spuren seiner erstaunlichen Vergangenheit geschlossen, während die Astronomen nach und nach seine Umrisse nachzeichnen und uns immer mehr Erstaunliches mitzuteilen haben: wie neue Galaxien, Sterne und Planeten entstehen, aber auch ferne Objekte, die uns nach wie vor rätselhaft sind.

Unterdessen erkunden die Paläontologen und Anthropologen immer genauer die Geschichte des Übergangs von den Primaten zum Menschen. So haben sie etwa festgestellt, dass unsere Spezies sich vor hunderttausend Jahren aus dem Verband der unmittelbaren Verwandten herausgebildet hat und bereits ein ebenso großes Gehirn, ebenso geschickte Hände und die gleiche Wendigkeit besaß wie wir Heutigen. Die Entwicklungsgeschichte unserer Vorfahren wird wie die Evolution des gesamten Kosmos und des biologischen Lebens immer weiter aufgeklärt – und dadurch nur immer geheimnisvoller.

Alle Entdeckungen zusammengenommen formen ein staunenswertes Gesamtbild, aber auch eine wunderbar detailreiche Schilderung vom Werden des Lebens. Für Ernst Mayr, diesen herausragenden Historiker des biologischen Denkens, ist die Evolution »so umfassend bestätigt, dass moderne Biologen sie schlicht als Tatsache nehmen«.

Wie das Universum sich entwickelt

Doch so viel auch für die Realität der Evolution spricht, manche bestreiten nach wie vor, dass es sie gibt. Das liegt zum Teil an Missverständnissen, wenn beispielsweise nicht zwischen der Evolution als solcher und den Theorien über ihre Ursachen und Abläufe unterschieden wird. Wir wissen, dass der Kosmos, die Tierarten und die Menschheit evolvieren, aber wir kennen die Abläufe noch längst nicht in allen Einzelheiten.

So fand Charles Darwin heraus, dass alle Lebewesen von gemeinsamen Urahnen abstammen, und es ist wichtig, zwischen dieser Aussage und den Theorien über das Wie und Warum zu unterscheiden. Darwin und Alfred Russel Wallace stellten die Behauptung auf, im Pflanzen- und Tierreich hätten jene Individuen die besten Chancen zu überleben und sich zu vermehren, die am besten an ihre Umwelt angepasst seien. Die »erfolgreicheren« Gene könnten sich dann innerhalb der Art ausbreiten, wodurch sich die Überlebensfähigkeit der Art insgesamt verbesserte. Alle Arten sind nach Darwins Auffassung durch diese »natürliche Auslese« entstanden.

Je mehr die Wissenschaftler jedoch über die Geschichte des Lebens in Erfahrung gebracht haben, desto mehr waren sie gezwungen, ihre Theorien auszuweiten und zu verfeinern, um die Evolution in ihrer ganzen Vielschichtigkeit zu erfassen. Stephen Jay Gould wählt drei mit Darwins Leben verbundene Hundertjahrfeiern (Darwins einhundertster Geburtstag 1909; die einhundertste Wiederkehr des Erscheinungsdatums von Darwins Hauptwerk *Über die Entstehung der Arten* 1959; und Darwins hundertster Todestag 1982), um Entwicklungsstadien der Evolutionstheorie aufzuzeigen:

> Das Jahr 1909 markiert den Gipfel der Konfusion über den Ablauf der Evolution bei gleichzeitiger völliger Gewissheit, dass es sie gibt.

Bis 1959 war die Konfusion dem ebenso unerfreulichen Gegenteil gewichen – selbstgefälliger Gewissheit. Der strenge Darwinismus hatte triumphiert. Fast alle Evolutionsbiologen waren sich darin einig, dass die natürliche Auslese eben doch der aktive Mechanismus des evolutionären Wandels war. Zu seinem einhundertfünfzigsten Geburtstag fiel Darwin der Sieg zu. Doch in ihrer Begeisterung hatten seine späten Schüler sich auf eine viel enger gefasste Form der Theorie verlegt, als Darwin je gut geheißen hätte.

Es gab sogar Fachleute, die erklärten, für die ungeheure Komplexität der Evolution sei nun endlich eine Lösung gefunden. Heute [1982] erfreut sich die Theorie Darwins bester Gesundheit. Der Grundmechanismus der natürlichen Auslese gibt uns die Zuversicht, eine sichere theoretische Grundlage zu besitzen, einen Punkt, in dem wir alle übereinstimmen, und so kann die pessimistische Anarchie des Jahres 1909 als überwunden gelten. Doch das Korsett einer allzu übereifrig eng gefassten Theorie, wie sie 1959 en vogue war, beginnt sich zu lockern. Durch aufregende Entdeckungen auf den Gebieten der Molekularbiologie und der embryonalen Entwicklung sind wir auf Veränderungsmechanismen gestoßen, die das von den strengen Darwinisten vertretene alte Modell des allmählichen, kumulativen Wandels sprengen.

Gould selbst trug zum Bruch mit diesem strengen Darwinismus bei. Zusammen mit Niles Eldredge entwickelte er für die Evolution das Modell des »unterbrochenen Gleichgewichts« (*punctuated equilibri-*

um), das eine Abwandlung des von Darwin vertretenen Gedankens der allmählichen Veränderung darstellt. Darwin glaubte, dass sich neue Spezies durch viele über einen langen Zeitraum hinweg aufeinander folgende kleine Schritte bilden, doch die Fossilienfunde zeigten ein anderes Bild, nämlich große Lücken zwischen den Arten. Eldredge, Gould und viele andere Biologen schlossen daraus, dass neue Arten sich auch in relativ kurzer Zeit bilden können, und zwar vorwiegend in den Randbereichen bestehender Populationen, weshalb relativ wenig Überreste von Übergangsformen zu finden sind. Hätten sie sich nicht auf diese Weise entwickelt, wären sie von der Spezies, aus der sie hervorgingen, wieder absorbiert worden. Gould schrieb dazu: »Die Abstammungslinien ändern sich während des größten Teils ihrer Geschichte nur wenig, doch dieses Gleichmaß wird gelegentlich durch Phasen schneller Artenbildung unterbrochen.«

Eine weitere Veränderung der Evolutionstheorie zeichnet sich bei den Wissenschaftlern ab, die sich mit Selbstorganisation beschäftigen, also mit der bei belebten und unbelebten Systemen beobachtbaren Tendenz, geordnete, sich selbst fortsetzende Muster zu bilden. Bis vor kurzem glaubten die meisten an Darwin orientierten Evolutionstheoretiker, die natürliche Auslese vollziehe sich über *zufällige* Mutationen, die dann an ein bestimmtes Lebensumfeld besonders gut angepasste Arten entstehen ließen. Über die neuere Sicht schreibt der Biologe Stuart Kaufman:

> Bekannt ist, dass einfache physikalische Systeme eine spontane Ordnung aufweisen: Ein Öltropfen im Wasser bildet eine Kugel, Schneeflocken bil-

den eine sechsfache Symmetrie aus. Jetzt zeichnet sich jedoch etwas ab, was wir bisher noch nicht wussten, nämlich dass diese Tendenz zu spontaner Ordnung sehr viel weiter reicht. Wir entdecken auch in großen, komplexen und scheinbar nur vom Zufallsprinzip bestimmten Systemen eine tiefere Ordnung. Ich glaube, dass diese Tendenz zur Ordnung nicht nur der Entstehung des Lebens selbst zu Grunde liegt, sondern auch dem, was wir an den Organismen selbst an Ordnung erkennen können. Ähnlich denken viele meiner Kollegen, die Anzeichen einer solchen sich herausbildenden oder »emergierenden« Ordnung auch in anderen Formen komplexer Systeme finden.

Die meisten Biologen, sofern sie Erben Darwins sind, scheinen in der Ontogenese (der Entwicklung eines individuellen Organismus von der befruchteten Eizelle bis zum ausgewachsenen Zustand) das Malmen einer von der Evolution Schritt für Schritt zusammengeschraubten, absurd komplizierten Maschinerie zu sehen. Meine Gegenthese: Die wunderbare Ordnung, die wir an der Ontogenese beobachten, ist größtenteils spontan, natürlicher Ausdruck der atemberaubenden Selbstorganisationsfähigkeit hochkomplexer Regulationsgeflechte. Wir haben uns anscheinend furchtbar geirrt. Ordnung stellt sich auf natürliche Weise ein.

Wenn das so ist, müssen wir die Evolutionstheorie überdenken, denn die Ordnung in der Biosphäre hätte dann zwei Ursachen: natürliche Auslese *und* Selbstorganisation.

Kurzum, den Evolutionstheoretikern ist bewusst, dass an der Evolution auch heute noch einiges rätselhaft bleibt. Wir erwähnen das, weil unsere Grundaussage über die Transformation des Menschen nicht mit den noch zu erwartenden Abwandlungen der Evolutionstheorie steht oder fällt. Evolution ist eine Tatsache, unabhängig davon, dass die Evolutionstheorie noch nicht alles erklären kann.

Das Wissen um unsere bisherige Evolution und das Weiterwirken ihrer Kräfte an uns unterstützt uns aber, wie Sie im Weiteren sehen werden, bei der Entwicklung praktischer Vorgehensweisen für die Umsetzung unseres Potenzials. Wenn wir die Evolution ganz leugnen oder als unwesentlich für unsere weitere Entwicklung einstufen, schlagen wir ein wunderbares Erbe aus.

Der wechselvolle Gang der Evolution

Wie ein Fluss, dessen Lauf viele Biegungen und Windungen beschreibt, »mäandriert« auch die Evolution – und wie er kommt sie trotzdem voran. Und nicht nur das, wie wir glauben, denn wir sehen sie auf dem Weg zu einem höchst erstaunlichen neuen Ansatz. Wir möchten in diesem Buch darstellen, was auf solch ein Ereignis hindeutet, was dafür spricht, dass die Menschheit eben zu einem weiteren – teils spontanen, teils durch bewusste Praxis herbeigeführten – Schritt der Evolution ansetzt.

Der vielfach gewundene Lauf der Evolution vom Urknall über die Entstehung des Lebens bis hin zum Menschen hat die anorganische, die organische und zuletzt die Menschenwelt geschaffen. Wir haben hier gleichsam drei Stufen oder Bereiche der Evolution. In dieser Schrittfolge hat die Evolution selbst eine Evolution durchlaufen: zuerst, als aus der Materie das Leben hervorging, und dann, als das Leben den *Homo sapiens* hervorbrachte.

Für die Evolutionstheoretiker Theodosius Dobzhansky und Francisco Ayala sind diese beiden Wasserscheiden Fälle von »evolutionärer Transzendenz«, weil sie zu gänzlich neuen *Arten* von Sein führten. »Die anorganische Evolution«, so schreibt Alaya, »ging, als sie das Leben hervorbrachte, über alle bisherigen physikalischen und chemischen Strukturierungsmuster hinaus. Im gleichen Sinne transzendierte die biologische Evolution sich selbst, als sie den Menschen entstehen ließ.«

Das biologische Leben als solches und später die Menschheit markieren also jeweils den Beginn einer neuen Ära der Evolution. Ermöglicht wurden sie durch zahllose vorausgehende Veränderungen. Beispielsweise entstanden bei kosmischen Explosionen neue Elemente, und daraus konnten sich auf der Erde die komplexen Moleküle bilden, aus denen lebendige Zellen bestehen; und die Evolution der von den Fischen abstammenden, an Land lebenden Wirbeltiere führte zur Entwicklung der Primaten und dann des Menschen.

Einer der großen Architekten der Evolutionstheorie, G. Ledyard Stebbins, beschrieb viele kleine und große Schritte der organischen Evolution und unterschied zwischen bedeutenden und weniger bedeutenden Fortentwicklungen. Von den letzteren gab es in den Abermillionen Jahren der pflanzlichen und tierischen Entwicklung nach seiner Schätzung etwa sechshundertvierzigtausend, von den letzteren nur zwischen zwanzig und hundert. Auch wenn es sich nur um Schätzungen handelt, wir bekommen hier einen Eindruck von der ungeheuren Vielschichtigkeit des Evolutionsprozesses.

Wir zitieren Stebbins hier, weil wir eine ähnliche Vermutung für den Menschen aufstellen möchten. Wir glauben, dass die Menschheit sich in kleineren und größeren Schritten auf einen weiteren epochalen Evolutionsschritt zu bewegt. Aus unserer Sicht deutet alles darauf hin, dass in der Menschheit eine ganz neue evolutionäre Sphäre im Entstehen begriffen ist, und zwar in dem Sinne, wie das Hervorgehen des Lebens aus unbelebter Materie und das Hervorgehen der Menschheit aus dem Tierreich neue Sphären entstehen ließ. Angebahnt wurde und wird dieser Schritt durch zahllose bedeutende und weniger bedeutende Entwicklungsschritte, vom Heraufdämmern eines spirituellen Bewusstseins bei unseren fernen Vorfahren bis hin zu neueren wissenschaftlichen Forschungsergebnissen über unsere nach wie vor größtenteils ungenutzten Möglichkeiten.

Denken wir aber an die Unwissenheit, den Eigensinn, die Verstocktheit des Menschen, dann ist der Fortschritt durchaus nicht garantiert. Wie gesagt, die Evolution mäandriert, und manchmal wäre sie sogar fast zum Stillstand gekommen. In den ersten Mikrosekunden nach dem Urknall beispielsweise kam es zu einer kosmischen Kollision von Materie und Antimaterie und danach blieb dem Universum nur noch ein relativ kleiner Überschuss an Materieteilchen. Ohne diesen Überschuss wäre das Universum jedoch nichts weiter als reine Energie gewesen – keine Elemente, keine Sterne, keine Planeten und kein Ort, an dem sich Leben der uns bekannten Art hätte entwickeln können. Das war eines der ersten von vielen Ereignissen, die sich in der Rückschau als Beinahe-Katastrophen für das kosmische Abenteuer betrachten lassen.

Auch die fünfundsechzig Millionen Jahre zurückliegende Kollision der Erde mit einem Meteor war solch eine Beinahe-Katastrophe. In der Folge starben die Dinosaurier aus, so dass die Säugetiere sich ungehindert entwickeln konnten – aber wäre der Einschlag etwas heftiger gewesen, gäbe es keine Säugetiere und keinen Menschen. Und in der Sphäre des Menschen sind ganze Kulturen untergegangen, während andere lange bestehen blieben und nichts Wesentliches an Fortschritt hervorbrachten. Auf allen Ebenen hat das evolvierende Universum immer wieder Beinahe-Katastrophen und lange Perioden ohne erkennbaren anhaltenden Fortschritt erlebt.

Das gilt auch für die evolutionären Möglichkeiten, die wir in diesem Buch erkunden möchten. Umweltkatastrophen, Kriege von nie da gewesenem Ausmaß, unvorhersehbare Epidemien, alles bekannte Maß übersteigende soziale Umwälzungen und andere Katastrophen könnten dem Leben auf der Erde so sehr schaden, dass nur noch wenige Einzelne oder Gruppierungen willens oder in der Lage wären, jene außerordentlichen Fähigkeiten heranzubilden, die für den von uns vorausgesehenen evolutionären Schritt unabdingbar wären. Solche Ereignisse könnten jedem übergreifenden Fortschritt der Menschheit den Boden entziehen und einer dritten evolutionären Transzendenz natürlich erst recht.

Kein Schritt der Evolution, weder im Tierreich noch beim Menschen, bedeutet also automatisch einen Fortschritt. Von Fortschritt können wir nur bei Veränderungen zum (wie auch immer definierten) Besseren sprechen, aber die biologische Evolution und die des Menschen ist mitunter regressiv statt progressiv und führt dann zum Untergang ganzer Arten oder Kulturen. George Gaylord Simpson, Francisco Ayala und andere Biologen haben Kriterien aufgestellt, nach denen man bei Tieren beurteilen kann, ob ein Fortschritt eingetreten ist, etwa durch besser angepasstes Verhalten, die Entwicklung empfindlicherer Sinnesorgane, effektiveren Energiehaushalt (zum Beispiel die Entwicklung der Warmblütigkeit, wie wir sie bei Vögeln und Säugetieren sehen), verbesserte Informationsverarbeitung, bessere Versorgung der Jungen, Ausbreitung in neue Lebensräume und zunehmende Individualisierung.

So lassen sich auch für den Menschen Kriterien der körperlichen, psychischen, moralischen, kognitiven und spirituellen Entwicklung des Einzelnen finden; und andererseits Maßstäbe, nach denen wir den Fortschritt ganzer Kulturen beurteilen können – wie für den Nachwuchs und die Schwachen gesorgt wird, ob die Rechte und Freiheiten des Einzelnen geachtet werden, ob es soziale Gerechtigkeit gibt, ob Wohlstand herrscht, wie die Formen künstlerischen Ausdrucks aussehen, ob man die Rechte der Tiere, die Umwelt und die Religionsfreiheit zu seinem Anliegen macht. Nach diesen und anderen Kriterien wird man über manchen Einzelnen und manche Kultur sagen müssen, dass sie sich nicht über ihre Vorfahren hinaus entwickelt haben und manche sogar eindeutig regrediert sind.

Wiederum Ähnliches gilt für die Entwicklung außergewöhnlicher menschlicher Fähigkeiten. Was die spirituellen Traditionen angeht, sagt uns die Erfahrung, dass Ekstasen, Erleuchtungen und übernatürliche Kräfte keineswegs sicherstellen, dass fortan alles gut ist und es stetig aufwärts geht. Auch viele der in unserer Zeit durchgeführten Untersuchungen zeigen, dass Meditation, Psychotherapie und andere Entwicklungswege die Menschen nicht automatisch verwandeln. Wenn wir also sagen, dass ein Fortschritt eintreten *könnte*, ist damit noch nicht gesagt, dass er auch eintreten *wird*. Der Fortschritt der Menschheit ist von uns abhängig, wenn wir auch Grund zu der Annahme sehen, das die Aussichten gut sind.

Eine verborgene Teleologie

Wir können in der Evolution wie gesagt etliche klare Fortschritte ausmachen. Viele Wissenschaftler, Philosophen und Theologen haben sich angesichts dieser Tatsache schon gefragt, ob die Evolution wohl ein *Telos*, ein Ziel habe: den Antrieb, eben diese zunehmende Komplexität herzustellen, die wir an den Elementen und Sternen, an den Lebewesen der Erde, am Erwachen des Selbstbewusstseins mit unserer Spezies erkennen. Viele dieser Denker kamen, wie wir noch sehen werden, zu dem Schluss, dass es wohl so sei.

Wir stimmen ihnen zu. Vieles scheint in unserer Welt vom Zufall bestimmt zu sein, eine Art Würfelspiel, aber nach unserer Einschätzung sind die Würfel »präpariert«. In vielen Mäandern und trotz etlicher Beinahe-Katastrophen hat dieses evolvierende Universum doch immer mehr Komplexität sowohl im materiellen Bereich als auch im Bewusstsein des

Menschen entstehen lassen. Das kann uns vielleicht in Zeiten des Zweifels Hoffnung und unter negativen Umständen Optimismus geben – den Mut, unsere tiefsten Anlagen zu mobilisieren.

Im Zentrum dieses Buchs steht also unsere Überzeugung, dass dieses Universum ein Telos hat, einen grundlegenden Zug, die ihm innewohnende Göttlichkeit manifest werden zu lassen. Obwohl die Evolution vielfach gefährdet war und in manchen Phasen ziellos wirkte, hat sie doch seit Milliarden Jahren immer höhere Fähigkeiten bei den Lebewesen der Erde entstehen lassen. Wenn die Evolution zu mäandrieren scheint, heißt das noch lange nicht, dass sie keine Richtung hätte. Tatsächlich lassen viele Eigenschaften biologischer Organismen über die Grenzen evolutionärer Sphären hinweg klare Linien des Fortschritts erkennen.

Nehmen wir beispielsweise die rudimentäre Wahrnehmungsfähigkeit eines Einzellers, das durch Training geschulte menschliche Sehvermögen und die von manchen Sportlern und Mystikern berichtete außergewöhnliche Sehschärfe als ein Kontinuum. Die etwa vier Milliarden Jahre umspannende Entwicklung des Wahrnehmungsvermögens verlief bei unseren tierischen Vorfahren über natürliche Auslese; die Weiterentwicklung bei uns Menschen verlangt jedoch menschliches Bewusstsein und menschliche Intuition, gezieltes Training und transformative Praktiken, die uns die Transzendierung des Ego ermöglichen.

Die Fähigkeit, Umweltreize wahrzunehmen, entwickelt sich also insgesamt weiter, obwohl das in verschiedenen Abschnitten der Evolution auf unterschiedliche Weise geschieht. Dieses Prinzip erkennen wir auch in anderen Bereichen. Körperbewusstsein, Beweglichkeit, Informationsverarbeitung und andere im Verlauf der tierischen Evolution durch natürliche Auslese gebildete Fähigkeiten kann der Mensch – manchmal, wie es scheint, unter dem Einfluss höherer Kräfte – weiter steigern.

Im zweiten Teil gehen wir dem Gedanken nach, dass wir unsere Eigenschaften und Fähigkeiten, welche die bisherige Evolution uns mitgegeben hat, selbst weiter entwickeln können. Insgesamt legen die hier möglichen Fortschritte den Gedanken nahe, die Evolution sei von Zwecken oder Instanzen geleitet, die den gegenwärtig von der »seriösen« Wissenschaft anerkannten Mechanismen transzendent sind, sie aber einbegreifen. Die Entwicklung dieser Fähigkeiten über Milliarden von Jahren lässt uns vermuten, dass die Natur tatsächlich ein Telos hat, eine Tendenz, über sich selbst hinauszugehen, den Zug oder Drang zu etwas Höherem.

Sollte es diese universale Tendenz tatsächlich geben, muss sie seit dem Urknall, durch die gesamte nichtorganische Evolution und bis zur Entstehung des Lebens und des menschlichen Bewusstseins am Werk gewesen sein. Und sie muss weiterhin am Werk sein. In geschichtlicher Zeit hat es schon immer Menschen gegeben, die spürten, dass wir von etwas Transzendentem aufgerufen sind, und sie haben ihren Ahnungen in Mythen, Dichtungen oder philosophischen Spekulationen Ausdruck gegeben. Im nächsten Kapitel werden wir sehen, dass es Zeugnisse dieser Ahnung schon in der Steinzeit gibt.

2.

Eine Geschichte des Erwachens

Die Evolution erschloss sich mit dem Auftreten des Menschen eine neue Sphäre. Intelligenz, Kommunikationsfähigkeit und andere Züge des tierischen Lebens wurden entscheidend fortentwickelt, als die Menschen neuartige soziale Verbände bildeten, das Feuer nutzbar machten, neue Werkzeuge entwickelten, sprechen lernten und einen Sinnzusammenhang in ihrer Welt zu erkennen versuchten. Langsam entwickelten sich unsere Vorfahren weiter, bis sie das Transzendente zu ahnen und in Richtung ihrer höheren Natur zu forschen begannen. Das fing in der Steinzeit an und beschleunigte sich im Zeitalter der Zivilisationen – mäandrierend und zeitweilig regredierend zwar, doch alles in allem so, dass es uns auf einen weiteren evolutionären Sprung vorbereitete.

In diesem Kapitel gehen wir kurz auf einige der wichtigen Wendepunkte dieser allgemeinen Entwicklung ein. Wir können hier kein Gesamtbild anstreben, denn das würde nicht nur unsere Kompetenz übersteigen, sondern auch den Rahmen dieses Buches sprengen. Wir wollen also nichts Endgültiges über die Blütezeiten der Geschichte sagen; wir möchten einfach unsere Ansicht darlegen, dass die Entwicklung des menschlichen Bewusstseins kontinuierlich verlief, dass es schon immer den unwiderstehlichen Drang hatte, seine Grenzen zu weiten, dass es erstaunliche Anlagen der Weiterentwicklung besitzt. Unzählige Wegbereiter haben uns immer wieder Neuland erschlossen, und wenn wir uns diese Schritte noch einmal vor Augen führen, gewinnen wir ein klareres Bild von unseren eigenen Entwicklungsmöglichkeiten, unserem Drang nach einem größeren Leben – von den Evolutions-Abenteuern, die uns erwarten.

Schamanismus

In der Geschichte unserer steinzeitlichen Vorfahren gab es eine Zeit, in der sich die Entwicklung ihrer Fähigkeiten beschleunigte. Die Paläontologen datieren den Beginn dieser Blütephase auf die Zeit von vor fünfzig- bis sechzigtausend Jahren. In dieser Zeit sind rasche Veränderungen der Sprache, der Werkzeugherstellung, der Kunst und des Zugangs zur Welt des Geistes zu erkennen. Es war eine Zeit des Erwachens, in der den Schamanen eine besondere Rolle zufiel. Sie waren nicht nur die Medizinmänner und -frauen, sondern zugleich Visionäre, Meister des Rituals, Künstler und Führer für die Bereiche jenseits der Welt der Sinne.

Frühe Zeugnisse für das Wirken der Schamanen finden wir in vielen Höhlen wie zum Beispiel denen von Lascaux, Pech-Merle und Les Trois Frères, wo der Schamane als an einen fliegenden Vogel erinnernde maskierte Gestalt, als Fabelwesen oder in einer anderen übernatürlichen Erscheinungsform abgebildet ist, die seine außerordentlichen Kräfte und sein hoch entwickeltes Bewusstsein unterstreichen soll. Nehmen wir zu diesen teilweise über zwanzigtausend Jahre alten Bildern unser Wissen über noch bestehende schamanistische Kulturen hinzu, so spricht alles dafür, dass Schamanen schon sehr lange die Mittler zwischen den Menschen ihrer Lebensgemeinschaft und der Welt des Geistes sind.

Ihre zentrale Stellung in der steinzeitlichen Gesellschaft verdanken die Schamanen ihrem Wissen um Heilmittel und Heilrituale, ihrem fördernden Einfluss auf die Jagd, den Zaubersprüchen für Liebe und Kampf. In unserem Zusammenhang kommt es vor allem darauf an, dass sie sich in Trance und veränderte Bewusstseinszustände versetzen konnten und sich so die Kräfte erschlossen, mit denen sie heilen und Träume deuten und die Menschen an die Welt jenseits des sinnlich Erfahrbaren heranführen konnten.

Ethnologische Forschungen in Sibirien, Zentralasien, Australien, Afrika und Amerika haben ergeben, dass die schamanistischen Praktiken in verschiedenen Teilen der Welt einander erstaunlich ähnlich sind. Allem Anschein nach glaubten die Menschen schon in den meisten Steinzeitkulturen, dass ein Schamane in Trance die Himmel und die Unterwelten bereist, mit übernatürlichen Wesen Umgang hat, die Seelen der Toten befreien und verlorene Seelen zurückholen kann. Auf diesen Reisen lernt der Schamane angeblich, wie körperliche und seelische Krankheiten zu heilen sind, wie man Jagdtiere auf übersinnliche Weise aufspürt, wo der Stamm gegebenenfalls neuen Lebensraum finden kann und anderes mehr. Die Reise befähigt ihn außerdem, die Übergangsriten für Geburt, Pubertät, Ehe und Tod zu leiten. Das Grundmuster schamanistischer Kulturen bildet sich zwar erst später ganz deutlich heraus, aber schon in der Steinzeit ist der Schamanismus als organisierte Form zu erkennen – eine erste »Institutionalisierung« von Praktiken, die dem Menschen andere Welten und außergewöhnliche Kräfte erschließen, die ihn mit dem Transzendenten in Berührung bringen.

Die Berufung zum Schamanen kann auf verschiedenen Wegen erfolgen. In manchen Kulturen wird die Funktion innerhalb einer Familie weiter vererbt. Manchmal sind Schamanen »verwundete Heiler«, die durch Zeiten des Wahnsinns oder der Besessenheit, durch Verstümmelungen oder schwere Krankheiten zu ihren besonderen Kräften und ihrem Heilwissen kommen. In den meisten Fällen sind es jedoch Initiationen und Prüfungen, die Bewusstseinsveränderungen, ein transzendentes Identitätsgefühl und andere außergewöhnliche Zustände herbeiführen.

In manchen steinzeitlichen Kulturen waren die Schamanen lebendige Symbole des Transzendenten. Darin sind sie Vorläufer der Propheten, Heiligen und Seher, die als Stifter der großen Religionen gelten, aber auch all der anderen Visionäre, die das Erwachen der Menschheit vorantrieben.

Antike Mysterienkulte

Viele tausend Jahre nach der Geburt des Schamanismus wurde die Beziehung des Menschen zum Transzendenten in Zentren des religiösen Rituals fortgesetzt, die in Griechenland, Syrien, Anatolien, Ägypten und Persien entstanden. Bei diesen Mysterienkulten wurden die Götter angebetet, Riten der spirituellen Transformation vollzogen und kunstvoll ausgearbeitete religiöse Dramen inszeniert, in denen es um die Vermählung der Götter, um ihren Tod und ihre Wiedergeburt ging.

Karl Kerényi, einer der besten Kenner der griechischen Mythologie, schrieb dazu: »Die Teilnahme an den Mysterien bot die Gewähr für ein Leben ohne Todesfurcht.« Die Rituale bei den jährlichen und jahreszeitlichen Mysterien waren der Zugang zur Schau des Ewigen und des Ursprungs allen Lebens. In Eleusis, einem der berühmtesten Schauplätze solcher Ereignisse, erlebten die Teilnehmer eine Darbietung der Entführung Persephones durch Hades, den Gott der Unterwelt, und ihrer Wiedervereinigung mit ihrer Mutter Demeter, der Göttin des Ackerbaus. Die »Mysten« genannten Initianden bei diesen Mysterien standen unter dem strikten Gebot, niemals von ihren Erlebnissen zu sprechen, aber Dichter wie Pindar und Sophokles sprechen in Worten tiefer, an den Tonfall der Homerischen Hymnen erinnernden Begeisterung von dem, was die Mysterien offenbarten: »Glückselig ist der unter den Menschen der Erde zu nennen, der dies geschaut hat.«

Bei einem anderen dieser festlichen Anlässe, dem Weingott Dionysos geweiht, klingt die uralte Faszination des Menschen von Tod und Auferstehung an. Im alten Ägypten wurden die Schicksale der Götter Isis und Osiris dramatisch nachgestaltet – der Tod des Osiris durch die Hand seines Bruders, seine Wiedergeburt als Herr des Totenreichs, zu der ihm Isis verhalf, und die Geburt ihres gemeinsamen Sohnes

Horus. Bei den Mysterien im alten Persien, dem Gott Mithras geweiht, wurde ein heiliger Stier geschlachtet, um die Fruchtbarkeit der Erde zu sichern, und die Mysten nahmen Brot und Wein zu sich, die Leib und Blut des Göttlichen symbolisierten und für das Mysterium des ewigen Lebens standen. Riten ähnlicher Art gab es bei den germanischen Stämmen zu Ehren ihres Gottes Wodan oder Odin sowie bei den keltischen Druiden. Dass sie auch im Frühchristentum nichts Ungewöhnliches waren, bezeugen Paulus' Worte zur Botschaft Christi: »Siehe, ich sage euch ein Geheimnis.«

Der Einfluss dieser Riten ist auch in der griechischen Philosophie zu erkennen, etwa an Platons berühmtem Höhlengleichnis und in etlichen seiner Dialoge. Im *Phaidros* (259b,c) beispielsweise sagt Sokrates:

> Die Schönheit aber war damals glänzend zu schauen, als ... wir ... des herrlichen Anblicks und Schauspiels genossen und in ein Geheimnis geweiht waren, welches man wohl das allerseligste nennen kann und welches wir feierten, untadelig selbst und unbetroffen von den Übeln ... und so auch zu untadeligen, unverfälschten, unwandelbaren, seligen Geschichten vorbereitet und geweiht in reinem Glanze, rein und unbelastet.

Durch solche Feiern und Rituale blieb das Bewusstsein des Transzendenten in den nachsteinzeitlichen Kulturen lebendig, und die erstmals von den Schamanen angewandten initiatorischen Praktiken wurden für die Menschheit bewahrt. Die Mysterien nährten in dieser Zeit das intuitive Gefühl der Verbundenheit mit dem Göttlichen und bewirkten bei vielen Menschen die Hinwendung zu einem größeren Leben.

Die Veden und Upanischaden

Mit der Entstehung der vedischen Kultur im Indien des zweiten vorchristlichen Jahrtausends verbindet sich nach unserer Einschätzung ein weiterer großer Schritt in der Bewusstseinsentwicklung des Menschen. Die Entstehungszeit der heiligen Schriften ist nicht ganz genau anzugeben, doch die meisten Fachleute sind heute der Ansicht, sie seien bei den arischen Eroberern Nordindiens entstanden und mündlich von Generation zu Generation weitergegeben worden. Es handelt sich um die ältesten religiösen Texte, die heute noch in einer wahrscheinlich weitgehend dem ursprünglichen Textbestand entsprechenden Form verwendet werden.

Die Veden sind in vier Textgruppen eingeteilt und deren ältester ist der Rig-Veda. Hier finden wir Hymnen und Gebete, Anleitungen zu den Opferriten und zu Heilung und Ernährung, außerdem Mythen, spirituelle Philosophie und Unterweisungen für die Yoga-Praxis. Ihre Lehren werden im hinduistischen Indien schon immer als die höchste Autorität angesehen, als der Quell aller Religion, Philosophie und Dichtung. Diese Lehren bilden allerdings kein homogenes Ganzes: Aus den eher abergläubischen Anschauungen des alten Indien entwickelten sich ein Verständnis der menschlichen Natur und Formen der spirituellen Praxis, die an Tiefe und Differenziertheit ihresgleichen suchen. Diese Evolution wird nirgendwo deutlicher als in den Upanischaden.

Sie entstanden in der Mehrzahl zwischen 800 und 200 v. Chr., wobei allerdings bis ins fünfzehnte Jahrhundert hinein noch Texte hinzukamen, und bilden den letzten Teil der Veden. Es handelt sich um spirituelle Abhandlungen, die nicht von Priestern, sondern eher von Dichtern, Mystikern und Philosophen verfasst wurden. Das Sanskritwort »Upanishad« bedeutet wörtlich »zu Füßen des Meisters sitzen« und spricht demnach von der direkten spirituellen Unterweisung. Dadurch soll der Schüler zur unmittelbaren Erfahrung des Allerhöchsten oder Brahman kommen, dessen essenzielle Einheit mit dem Atman, dem wahren Selbst, immer wieder betont wird. Die Chhandogya-Upanishad bringt dies auf einen berühmt gewordenen kurzen Nenner, indem sie den Meister des Schülers Shvetaketu sagen lässt: »Das bist du.«

Diese heiligen Texte betonen immer wieder, dass man am leichtesten durch Yoga-Praxis zu dieser Einsicht kommt. In der Katha-Upanishad heißt es dann aber weiter: »Der Weg ist so schmal und so schwer zu beschreiben wie eines Messers Schneide. Nicht durch Gelehrsamkeit noch mit dem Verstand, noch durch heilige Lehren ist der Atman zu erreichen.« Nur in der aus meditativer Versenkung gewonnenen unmittelbaren Erfahrung erkennen wir den Atman, also das, was unser innerstes Wesen ausmacht, in seinem Einssein mit dem Brahman, der transzendenten, allgegenwärtigen Wirklichkeit. Das ist die Kernaussage der großen indischen Texte. Die tiefsten Geheimnisse des Daseins sind nicht mit dem Verstand allein zu lüften, sondern erschließen sich nur der spi-

rituellen Schau, nämlich der unmittelbaren Erfahrung des Allerhöchsten in seinem ewigen Sein (*sat*), seinem Erkennen (*chit*) und seiner Freude (*ananda*).
    Schon die ältesten vedischen Hymnen besangen die mystische Verbundenheit des Menschenlebens mit dem Transzendenten, doch die Upanischaden gingen hier noch weiter, indem sie die Bedeutung einer innigen Beziehung zwischen Meister und Schüler hervorhoben und auf poetische Weise vermittelten, dass jedem Menschen das Transzendente erreichbar ist. Zum ersten Mal ist in diesen indischen Texten niedergelegt, dass wir durch spirituelle Praxis unser Einssein mit dem immanenten und transzendenten Göttlichen erfahren können.

Der Daoismus

Die Zeit vom siebten bis zum vierten vorchristlichen Jahrhundert scheint von Griechenland über den Mittleren Osten bis nach Ostasien eine Periode schöpferischer Veränderungen gewesen zu sein. Die vedische Kultur brachte die Upanischaden hervor. In China entstand der Daoismus. Von Nordindien aus verbreitete sich der Buddhismus. Bei den Juden traten viele der großen Propheten auf. Und in Athen und anderen Stadtstaaten Griechenlands machte die Philosophie einen Evolutionssprung. In keiner früheren Zeit hat es je einen so rapiden und so viele Kulturen erfassenden Fortschritt auf dem Gebiet der Philosophie und Religion gegeben. Aus dieser Zeit haben Erkenntnisse und Praktiken überlebt, die uns heute noch als Vorbereitung auf einen vielleicht anstehenden Sprung der Evolution dienen.

In Laozis (Laotses) *Daodejing* (*Tao te king*), dem Hauptwerk des Daoismus, heißt es, die Bedeutung des Dao sei nicht in Worte zu fassen, »das Geheimnis hinter allen Geheimnissen«. Dao bedeutet »Weg«, und zwar in dem Sinne, wie Wasser seinen natürlichen Lauf findet oder wie die Wolken mit dem Wind ziehen. Nichts im Leben ist statisch, alles im Fluss, und in Frieden und Wohlergehen kann nur leben, wer zur Harmonie mit diesem Grundzug des Daseins findet.

Im *Daodejing*, das im sechsten vorchristlichen Jahrhundert entstand, kommt es zur Verschmelzung der chinesischen Philosophie und des schamanistischen Denkens zu einer neuen religiös-philosophischen Kultur, dem Daoismus. Obwohl seine Lehren eine starke metaphysische Prägung aufweisen, hat er viele ganz praktische Wissenschaften und Künste entstehen lassen, zum Beispiel die geomantische Wissenschaft des Fengshui (wörtlich »Wind und Wasser«), nach der man bei der Anlage von Gebäuden oder Gärten die beste Übereinstimmung mit den Zügen und Energien der Landschaft ermitteln kann; die Kalligraphie, bei der man den intuitiven Regungen der Hand zu folgen lernt und, wenn es gelingt, wunderbare Schriftkunstwerke schaffen kann; das zu den so genannten Kampfkünsten zählende Taiji, einer Abfolge von Bewegungen, die den Körper mit dem Qi harmonisieren, der im ganzen Universum wirkenden feinstofflichen Energie; und die daoistische Kunst, die stets die Harmonie, Kraft und Schönheit in allen Strömungen des Universums hervorhebt – symbolisiert beispielsweise im Yin-Yang-Symbol oder in Fabelwesen wie dem Drachen.

Im Daoismus geht es um den rechten Umgang mit dem *Qi*, der Lebenskraft, um den rechten Gebrauch des *I* oder Willens, um die Übung des *Wuwei*, also des »Nicht-Tuns« oder der Hingabe an das eigene wahre Wesen, und um *Ziran*, die durch Übung gewonnene Spontaneität. Aus ihrem Zusammenwirken gehen Weisheit, Freude, Schönheit und Güte hervor. Man übt sie zwar, aber man kann »den Fluss nicht anschieben«, wie es im Daoismus heißt. Wer mit bloßer Willenskraft oder zu starker Ichbefangenheit um spirituelle Befreiung ringt, wird Misserfolge ernten. So hören wir von Zhuangzi, einem der großen daoistischen Weisen des dritten vorchristlichen Jahrhunderts: »Leichtigkeit ist der rechte Weg. Der rechte Weg der Leichtigkeit liegt im Vergessen des rechten Weges und im Vergessen der Leichtigkeit.«

Der Daoismus bewirkte eine Vertiefung und Verfeinerung des täglichen Lebens, und durch seinen Einfluss auf den Zen-Buddhismus und die asiatische Kultur überhaupt schärft er unseren Blick für die natürliche Schönheit und Anmut der Welt. So erkennen wir seinen Einfluss sogar heute im wiedererwachenden Interesse an »natürlichem Bauen« und »natürlicher Gartengestaltung«, an dem von Umweltschützern vertretenen Gedanken, sich »die Natur zum Vorbild« zu nehmen, an der zunehmenden Hinwendung zu natürlichen Heilmethoden, an der Faszinationskraft dessen, was in der gegenwärtigen Psychologie »Flow« genannt wird. Entschiedener als jede andere spirituelle Tradition vor und nach ihm hat der Daoismus an einer Philosophie, Ästhetik und Praxis gearbeitet, die auf Einklang mit der Natur, mit den natürlichen Rhythmen der Erde und des Menschen abgestellt sind. Die Prinzipien des Daoismus spielen für unsere Vision der weiteren Evolution des Menschen eine große Rolle. Wenn wir die Philosophie des Wuwei nicht (wie es mitunter geschehen ist) falsch verstehen, etwa als Aufforderung, dem Unrecht tatenlos zuzusehen, werden wir von ihrer Ausrichtung auf die Immanenz des Göttlichen profitieren können.

Der Buddhismus

Der Buddhismus entstand im fünften vorchristlichen Jahrhundert als Antwort auf die als unbefriedigend empfundene religiöse Kultur Indiens und ist seitdem »Entwicklungslabor« und Verbreitungsmedium spiritueller Praktiken der Selbstbefreiung. Er ging aus vom Buddha Gautama, dem »Erwachten«, der im sechsten Jahrhundert in weiten Teilen Nordindiens umherzog und lehrte. Als Spross eines Herrscherhauses hatte er in seiner Kindheit und Jugend ein sehr behütetes Leben mit allen erdenklichen Freuden und Genüssen, doch nach seiner Eheschließung und der Geburt eines Sohnes ging ihm auf, dass es außerhalb der Palastmauern Tod, Armut und Ungerechtigkeit gab, und er begann sich nach einem Leben zu sehnen, das nicht so belanglos war wie sein bisheriges, sondern einen Sinn hatte. Der Legende zufolge ließ er seine Familie und dieses privilegierte Leben hinter sich zurück, um sich sechs Jahre lang der strengsten Askese zu unterziehen. Dieser Weg führte ihn jedoch nicht ans Ziel, und so setzte er sich schließlich unter den Bodhi-Baum und gelobte dort zu bleiben, bis er die vollkommene Freiheit gefunden habe. Hier erreichte er endlich sein Ziel, die Erleuchtung. Etwas später, nach einigem Zögern, begann er als Lehrer zu wirken und die Grundzüge des Weges zur Erleuchtung darzulegen.

Dazu gehörten vor allem die »vier edlen Wahrheiten«. Die erste besagt, dass Leben zwangsläufig mit Leiden (*duhkha*) verbunden ist, die zweite benennt die Begierde (*kama*) als Ursache des Leidens, und die dritte lehrt, dass Erlösung vom Leiden oder *Nirvana* (wörtlich »das Erlöschen«) möglich ist. Die vierte Wahrheit schließlich benennt den Weg zum Nirvana, den »edlen achtfachen Pfad«. Dessen acht Glieder sind rechte Anschauung, rechtes Denken, rechte Rede, rechtes Handeln, rechter Lebenserwerb, rechtes Bemühen, rechte Sammlung und rechte Achtsamkeit. Alle diese Bestandteile des achtfachen Pfades sind in den später entstandenen Schulen des Buddhismus unterschiedlich ausgestaltet worden, doch die Zielvorstellung blieb immer gleich und zeigt sich in der buddhistischen Ausrichtung auf Ideen und praktische Ansätze, die durch Weisheit und »Nicht-Haften« zur Befreiung von Leid und Unwissenheit führen sollen. Der Buddha verweigerte sich allen metaphysischen Erörterungen und seine Unterweisungen waren auf praktische Maßnahmen zur Verwirklichung des Nirvana ausgerichtet. Diese Ausrichtung ist bis heute erhalten geblieben, wenngleich im Buddhismus auch hoch differenzierte Philosophien entstanden sind. Im Laufe seiner Entwicklung kam eine durchaus nicht theoretische, sondern sehr einflussreiche Ethik des mitfühlenden Handelns auf, idealtypisch verkörpert im »Bodhisattva«, dem Erleuchteten, der auf das Nirvana verzichtet, bis alle Lebewesen vom Leiden befreit sind.

Der Buddhismus hat im Laufe der Jahrhunderte zahlreiche Philosophen, Heilige und Weise hervorgebracht. Um nur einige zu nennen: Ananda war der Legende zufolge der Lieblingsschüler des Buddha. Kaiser Ashoka, der Indien von 269 bis 232 v. Chr. regierte, förderte den Buddhismus und sorgte dafür, dass er sich über die Grenzen seines Reiches hinaus ausbreiten konnte. Der Philosoph Nagarjuna (zwischen 150 und 250 n. Chr.) genoss in weiten Teilen der buddhistischen Gemeinschaft ein so hohes Ansehen, dass er manchmal der »zweite Buddha« genannt wurde; er gilt als Begründer des Madhyamaka oder der »Schule des Mittleren Weges«, die zur Entstehung einer neuen Schule des Buddhismus beitrug, des Mahayana oder »großen Fahrzeugs«, das vor allem in China und Japan eine große Rolle spielte. Der indische Mönch Bodhidharma (470 bis 543) brachte die Form des Buddhismus nach China, aus der sich das Zen entwickelte, und wird als dessen »erster Patriarch« verehrt. Padmasambhava (achtes Jahrhundert) war der Begründer des Vajrayana-Buddhismus, der Hauptreligion Tibets; die Tibeter verehren ihn als Guru Rinpoche, ihren »kostbaren Lehrer«, der die Götter und Dämonen der ursprünglich im Lande heimischen schamanistischen Bön-Religion zu Beschützern des Buddhismus machte. Milarepa (1052 bis 1135), der von allen Tibetern geliebte Dichter und Yogi, brachte sich in seiner Jugend durch schwarze Magie in große Bedrängnis, aus der er sich erst befreien konnte, als er sich einem großen Guru anvertraute, Marpa dem Übersetzer; zwölf Jahre meditierte er allein in einer Höhle, bis er Erleuchtung fand. Zen-Meister Dogen (1200 bis 1253), der die Tradition des Soto-Zen von China nach Japan übertrug, kann als einer der größten und einflussreichsten Denker des Buddhismus gelten; für ihn war Zazen, die Meditation im Sitzen, nicht nur der Zugang zur Erleuchtung, sondern war *selbst* schon Erleuchtung. Meister Basho (1643 bis 1694) gilt als der Vater des Haiku, einer sehr kurzen japanischen Gedichtform, die sich wie keine andere eignet, um Augenblicke der Erleuchtung einzufangen und das tiefere Wesen der Dinge sinnfällig zu machen. Meister Hakuin (1686 bis 1769) verschrieb sich mit acht Jahren dem Buddhismus und gilt als der wichtigste Vertreter der Rinzai-Schule des japanischen Zen. Der vierzehnte Dalai Lama schließlich, der sein Heimatland Tibet 1959 verlassen musste, setzt sich heute weiterhin für sein Volk ein, außerdem aber für die Menschenrechte, für Gewaltverzicht, für den Weltfrieden.

Was den Buddhismus für uns heute so wertvoll macht, sind seine Methoden der persönlichen Transformation, zu denen die verschiedenen Schulen noch ihre jeweils besonderen Praxisformen beisteuern, und die mit diesen Methoden verbundene Ethik. In über zwei Jahrtausenden hat der Buddhismus ein gewaltiges Wissen über die Entwicklung des Menschen angesammelt und dieses Wissen hat sehr viel mit den sich abzeichnenden neuen Fähigkeiten zu tun, mit denen wir uns im zweiten Teil beschäftigen werden. Verwurzelt ist dieser Erfahrungsschatz im Yoga des alten Indien, aber er ist bis heute durch unzählige weitere Einflüsse angereichert worden. Wir nennen hier nur den Schamanismus Tibets, Sibiriens und der Mongolei, den Daoismus und andere chinesische Traditionen sowie die Schulen des japanischen Zen. Dies ist zum Teil darauf zurückzuführen, dass der Buddhismus sich ohne große Mühe anderen Kulturen anzupassen verstand. In Sri Lanka, Myanmar und Thailand wusste er sich auf die von Indien auf diese Länder übergegangene asketische Weltflucht einzustellen. In Tibet integrierte er die Lehren des in Schamanismus und Geisterglauben wurzelnden uralten Bön-Kultes. In China verschmolzen seine wesentlichen Lehren mit dem erdhafteren Daoismus mit seiner Ausrichtung auf das Nicht-Tun, auf Schönheit, Harmonie und die praktischen Künste. In Japan stimmte er sich auf das Kriegerethos des Samurai und die mit ihm verbundenen Wertvorstellungen ein – Mut, geballte Energie und achtsame Sammlung in allem Tun.

Bei diesen Anpassungsschritten hat sich der Buddhismus vielfach über den Erkenntnisstand seiner Frühzeit hinaus entwickelt und wurde so zu einem wahren Schatzhaus von Praxisformen, die der Befreiung dienen, von Erkenntnissen über das, was in uns steckt. Wir meinen hier zum Beispiel die Meditationsformen des südostasiatischen Theravada-Buddhismus, die komplexen Visualisationen und energetischen Praxisformen des tibetischen Buddhismus und die Achtsamkeitsschulung des Zen, die heute nicht mehr nur in Asien, sondern zunehmend auch in Europa und Amerika eine Rolle spielen. Und in dem Maße, wie wir immer mehr von unserer eigenen Natur wahrnehmen, werden die Entdeckungen, die in den verschiedenen Schulen buddhistischer Praxis ihren Niederschlag gefunden haben, auch für uns bedeutsam werden.

DAS GRIECHISCHE WUNDER

Während der Entwicklungszeit des Daoismus und Buddhismus in China erlebten die griechischen Stadtstaaten und ihre Kolonien an den Küsten des Mittelmeers eine Hochblüte. Wachsender Reichtum ermöglichte neue Entwicklungen im Bereich der Politik, der Philosophie, der Mathematik, der Geschichtsschreibung und der Künste, die zusammen einer Grundsteinlegung für die abendländische Kultur gleichkamen. In Athen, dem Epizentrum dieses kulturellen Erwachens, entstand die Demokratie, und sie ist heute noch in den meisten Staaten der Welt das politische Ideal. Im Zusammenhang mit mathematischen Entdeckungen und Naturbeobachtungen, die schon die Methoden der modernen Naturwissenschaft vorwegnahmen, entstanden neue Philosophien. Den griechischen Historikern, Dramatikern und Rhetorikern verdanken wir eine Sicht der Rechte und Potenziale des Einzelnen, die einen der Anstöße zur Renaissance in Europa gab. Denker wie Pythagoras, Platon und andere bewirkten eine Verschmelzung der spekulativen Metaphysik mit mystischer Einsicht, psychologischem Scharfsinn und dem Geist der Naturwissenschaft. Es entstand eben jenes ganzheitliche Denken, das wir brauchen, um unsere evolvierende Welt und menschliche Natur in ihrer ganzen Vielschichtigkeit zu erkunden.

In unserem kurzen historischen Abriss können wir nicht auf alle wichtigen Gestalten des antiken Griechenland eingehen, möchten aber einige wenige nennen, die für unsere Vision von den Möglichkeiten des Menschen eine besondere Rolle spielen. Beginnen wir mit Pythagoras, der etwa in der Zeit von 580 bis 500 vor unserer Zeitrechnung gelebt hat. Für ihn gab es keinen Unterschied zwischen Wissenschaft und Religion. Die Natur der stofflichen Dinge und ihrer Beziehung zur Seele des Menschen zu erkunden war für ihn ein spirituelles Unterfangen. Er gründete in Kroton (Unteritalien) einen asketischen Bund, der sich dem Studium der Mathematik, der Selbsterkenntnis, der Entwicklung disziplinierter Lebensgewohnheiten und der kontemplativen Betrachtung des Kosmos widmete. Diese integrative Praxis, so glaubte Pythagoras, würde die Seele erheben und dem Ewigen annähern. Etliche geometrische Entdeckungen werden ihm zugeschrieben; es gibt sogar einen mathematischen Lehrsatz, der seinen Namen trägt. Er entwickelte außerdem die Lehre von den musikalischen Intervallen und glaubte, auch die Himmelskörper tönten in harmonischen Intervallen und erzeugten so »Sphärenklänge«. Seine Seelenwanderungslehre beeinflusste Platon, die Neuplatoniker und andere Philosophen.

Sokrates (470 bis 399 v. Chr.) war zur Zeit der Hochblüte Athens eine der faszinierendsten Gestalten dieser Stadt. Ein kraftvoller Mann an Körper und Geist, der einst tapfer für seine Stadt gekämpft hatte, war er ein entschiedener Kritiker der gängigen Meinung geworden und zählt zu den Vätern der dialektischen Methode des Denkens. Seine erfrischend und befreiend wirkende Skepsis zeigt sich an der ihm zugeschriebenen Antwort auf einen Spruch des delphischen Orakels, dass kein Mensch weiser sei als er. Wenn es so sei, antwortete Sokrates, dann deshalb, weil er als einziger wisse, dass er nichts wisse. Die meisten für selbstverständlich genommenen Anschauungen über die Welt, so fand er, müssten in Frage gestellt werden. Das unerforschte Leben sei nicht lebenswert. Er setzte sich so entschieden für Selbsterforschung und die Hinterfragung gesellschaftlicher Normen ein, dass der Rat von Athen ihn schließlich wegen Missachtung der Religion und seines angeblich verderblichen Einflusses auf die Jugend zum Tode verurteilte. Sokrates hätte fliehen können, doch er hielt sich an sein geistiges Leitprinzip oder *Daimonion* und wählte stattdessen den Tod. Sokrates ist für die abendländische Kultur eine moralische und spirituelle Leitfigur geblieben. Sein besonders im Gespräch verfolgter dialektischer Ansatz wurde später die »sokratische Methode« genannt. Er führte Platon, seinen berühmtesten Schüler, an die Philosophie heran, und seine bedingungslose Lauterkeit inspiriert die Menschen seit zweieinhalb Jahrtausenden immer wieder zum Streben nach ethischem Verhalten.

Alfred North Whitehead hat einmal gesagt, die gesamte abendländische Philosophie sei eine Fußnote zu Platon, und die Historiker stimmen dem zumindest insoweit zu, als kein anderer abendländischer Denker so einflussreich war wie der große Schüler des Sokrates. In seinen Dialogen, in denen Sokrates häufig als Hauptredner auftritt, geht Platon den großen, zeitlosen Fragen nach: Wer sind wir und wie ist Erkenntnis möglich? Er machte auch praktische Vorschläge für ein gutes Leben und zur Verbesserung der Erziehung, er gab Leitlinien für das Geschehen in Politik und Gesellschaft vor. Darin konnte er sehr fantasievoll, ja geradezu verspielt sein, wenn er seine Fragen und Behauptungen auf immer wieder neue und anregende Weise formulierte. Manche seiner Ansichten änderten sich im Laufe der fast vierzig Jahre, die er schrieb, doch wir finden in seinem Werk auch durchgängige Themen. So erfahren wir etwa, dass Lernen weitgehend »Anamnesis« ist, das Erinnern von Dingen, die wir wussten, bevor wir in dieser Welt geboren wurden. Unser Lebensweg ist, wie Sokrates lehrte, durch ein geistiges Leitprinzip oder Daimonion bestimmt, das ein gestrenger Lehrmeister sein kann und durch Selbsterkenntnis zugänglich wird. Durch dialektisches Vorgehen (*dianoia*), tugendhaftes Leben und Kontemplation oder unmittelbare Wahrnehmung (*noesis*) des Wahren, Guten und Schönen findet die Seele Weisheit und ewiges Leben. Platon gründete auf einer in der Nähe Athens gelegenen Flur namens Akademos eine eigene Schule, die »Akademie«, die neunhundert Jahre bestehen bleiben sollte und die platonische Philosophie pflegte – eine Philosophie, deren Einfluss auf die Welt bis heute spürbar ist.

Aristoteles (384 bis 322) war Platons größter Schüler, der jedoch die Metaphysik seines Lehrers später teilweise in Frage stellte, zum Beispiel dessen Ideenlehre, der zufolge es ewige Formen gibt, denen die Dinge der Welt nur unvollkommen entsprechen. Aristoteles' Genialität zeigte sich auf vielen Gebieten. Er schuf eine formale Logik, die die Entwicklung des abendländischen Denkens entscheidend vorantrieb. Er klassifizierte Tier- und Pflanzenarten mit einer Genauigkeit, die für die spätere Biologie Maßstäbe setzte (Charles Darwin nannte ihn den »größten Biologen aller Zeiten«). Mit seiner Poetik (*Peri poietikes*; *Über die Dichtkunst*) begründete er praktisch die Literaturkritik. Seine ethischen Schriften gehören zu den folgenreichsten überhaupt. Und mit seiner Ausrichtung auf genaues Beobachten der unbelebten und der belebten Natur einschließlich des Menschen gehört er zu den großen Wegbereitern der wissenschaftlichen Methode.

Bei allen Differenzen hatten Platon und Aristoteles jedoch auch viele gemeinsame Anschauungen. Beiden galten Selbsterkenntnis und Tugend als Voraussetzung für Weisheit und erfülltes Menschsein, und beide waren der Ansicht, man könne lernen, das ewige Wirken des Göttlichen kontemplativ zu betrachten und so (durch Noesis) zu sehen. Sie wussten auch beide, dass die Tugenden einander bedingen: Mut ohne Klugheit ist bloßes Draufgängertum und Gerechtigkeit ohne Verständnis ist grausam und menschenunwürdig. Diese beiden größten Philosophen des antiken Griechenlands erschlossen der Menschheit mit ihrem ganzheitlichen, die stoffliche Welt, den gesellschaftlichen Bereich, die Ethik und das Spirituelle einbeziehenden Ansatz eine ganz neue Weite und Wandlungsfähigkeit des Denkens.

Dieser gemeinsame Einfluss ist beispielsweise am Neuplatonismus zu erkennen, insbesondere an dessen Hauptvertreter Plotin, der im dritten nachchristlichen Jahrhundert in Rom wirkte und von vielen als der wichtigste abendländische Denker in den rund fünfzehnhundert Jahren zwischen Aristoteles und Thomas von Aquin betrachtet wird. Von Plotins Lehre, dass die Welt und jede Seele ihren Ursprung im »Einen« haben und stets nach Rückkehr zu ihrem Ursprung streben, ging ein tief greifender Einfluss auf die mystische Philosophie und mystische Praxis in Judentum, Christentum, Islam und anderswo aus. Seine Schriften – von seinem Schüler Porphyrios zu sechs Neunergruppen, den *Enneaden*, zusammengefasst – wirken heute noch als Katalysatoren auf unser Nachdenken über die menschliche Natur und ihre Beziehung zum Transzendenten.

Für unsere heutige Vision der Transformation und deren praktische Umsetzung hat das alte Griechenland eine Menge geleistet. Ohne die Demokratie hätten wir nicht die Rechte und Freiheiten, die wir brauchen, um experimentieren und uns selbst erforschen zu können. Ohne die Verspieltheit, die Vielseitigkeit und den wissenschaftlichen Geist, die im griechischen Denken eine fruchtbare Verbindung eingingen, würde uns heute die intellektuelle Flexibilität und Exaktheit fehlen, die wir für die Auslotung des menschlichen Potenzials brauchen. Pythagoras, Platon, Aristoteles und andere griechische Denker sind Wegbereiter des integralen Geistes. Sie machten der Welt vor, wie man Einsicht in gesellschaftliche Zusammenhänge, philosophische Spekulation, geübte Tugend und mystische Erkenntnis zu einer alles umfassenden Sicht des Kosmos und der menschlichen Natur verbindet.

Die Propheten

Die großen jüdischen Propheten dieser Wendezeit, die zwischen dem neunten und vierten vorchristlichen Jahrhundert lebten, erweiterten das Bild des ursprünglichen Stammesgottes Jahwe so, dass er zum Gott aller Völker werden konnte. Für Jesaja war Gott der Eine Gott, die Kraft hinter allen Kräften: die Kräfte der Natur in sich begreifend und doch transzendierend. Er ist nicht in Bildern einzufangen, verzehrt sich nach seiner Schöpfung, sorgt sich auf für Menschen unvorstellbare Weise um sie und verlangt, dass sein Volk sich gegenüber dieser Liebe und seinen ewigen Prinzipien verpflichtet fühlt. In dieser erweiterten Sicht des Göttlichen zeichnet sich der Gedanke ab, dass alle Menschen, auch die Armen, die Kranken und die Unterdrückten, in gleicher Weise Kinder des lebendigen Gottes sind. Nach Jesaja, Micha, Amos, Jeremia und Elia sind wir von Gott aufgerufen, dem Unrecht Widerstand zu leisten und den Bedürftigen zu helfen. Nur aus dem Rechtschaffenen kann das Strahlen Gottes, seines Schöpfers, leuchten.

Nicht alle Juden bekannten sich zu einem so umfassenden Gottesbild, doch das Zeugnis Jesajas und der anderen Propheten, die seine Universalität des Geistes teilten, bereicherte die Menschheit um die Vision eines einzigen, persönlichen Gottes, der aktiv in die Geschicke der Welt eingreift. In dieser Gestalt, wenn auch gelegentlich von Heuchlern und Eiferern entstellt, wurde das Bild über zweitausendfünfhundert Jahre vom Judentum und seinen Abkömmlingen – Christentum und Islam – tradiert und verbreitet. Für den großen Religionsphilosophen Huston Smith stand das Judentum für Freiheit und Gerechtigkeit in allen menschlichen Belangen ein und »legte durch seine alle Richtungen erforschende Sinnsuche das Fundament jenes sozialen Gewissens, das zum Kennzeichen der abendländischen Zivilisation wurde«.

Die Propheten erkannten, dass es ethische Normen geben muss, wenn Menschen friedlich zusammen leben sollen. In jenem Schwellenstadium der Geschichte, in dem Macht immer noch vor Recht ging, erklärten diese kühnen Männer, das Gebot der Gerechtigkeit und Rechtschaffenheit müsse für alle Menschen maßgebend sein. Aufgrund ihrer im Alten Testament niedergelegten Offenbarungen setzte die Politisierung der Religion ein. Und ihre Proklamation tönt bis heute nach: Wenn das Leben nicht ist, wie es sein sollte, stehen einschneidende Veränderungen an.

Die Propheten waren die spirituellen »Antennen« Israels, stets im Bilde über die Treue der Menschen zu dem zwischen Gott und Moses auf dem Berg Sinai geschlossenen heiligen Bund. Indem sie ihrem Volk seine Schwächen und sein Versagen vorhielten und die Realität an den heiligen Idealen maßen, begründeten sie die Tradition der an allen gleichermaßen, auch an den Mächtigen der Welt geübten moralischen Kritik. Heute gilt uns dieser Ansatz als unverzichtbares Element einer gerechten Gesellschaft. Für die Propheten gehört das moralische Handeln ebenso zum Herz der Religion wie Ritual und mystische Verzückung. »Kein anderes Corpus heiliger Schriften«, schreibt der Philosoph Walter Kaufman, »enthält Bücher, die sich so beredt, so unverhohlen und so feinfühlig gegen soziale Ungerechtigkeit aussprechen.« Dazu noch einmal Huston Smith: »Jeder Mensch ist schon durch sein bloßes Menschsein ein Kind Gottes und besitzt daher Rechte, die auch Könige respektieren müssen.« Und eben dies anzuerkennen forderten die jüdischen Propheten entschlossener, als es je zuvor gefordert worden war. In dieser Ausrichtung auf Selbsttransformation durch Moralfestigkeit sehen wir einen bedeutenden Fortschritt des Bewusstseins.

Die jüdische Kultur hat, indem sie zum Monotheismus überging und das moralisch Richtige in den Vordergrund stellte, die Frage nach der Stellung des Menschen in der Welt um einen entscheidenden Schritt weiter geführt. Die großen Weisen Asiens und die meisten griechischen Philosophen sahen das Leben auf der Erde als einen endlosen Rundkurs, dem nur die befreite Seele entkommen kann. Für die Juden dagegen war es jetzt ein Weg, der zu etwas Besserem führen sollte. Eines Tages würde ein Messias erscheinen und sein Volk in die Freiheit führen und dann sollte das Zeitalter der Gerechtigkeit anbrechen. Durch dieses Werkzeug des göttlichen Willens würde die Welt Erlösung finden. Die Zeit war jetzt nicht mehr zyklisch, sondern ein Pfeil: Die Welt befand sich auf dem Weg zu Höherem.

Auch in anderen antiken Kulturen gab es Visionäre, die einen allgemeinen Fortschritt der Welt erkannten, doch erst bei den Juden gewann der Gedanke diese Klarheit und Allgemeingültigkeit. Die erste Religion, die nicht nur die menschliche Seele, sondern die Welt überhaupt auf einer kosmischen Reise sah, war das Judentum – nichts mehr von zyklischer Geschichte wie im Osten oder im antiken Griechenland. Das Christentum trug den in der jüdischen Kultur entstandenen Gedanken der transzendenten Zweckbestimmung aller Ereignisse weiter, der später, wie wir noch sehen werden, von europäischen Philosophen weiterentwickelt wurde, als sie neuzeitliche Fortschrittsideen mit der Idee des Transzendenten verknüpften und die Welt fortan als fortschreitendes Manifestwerden der in ihr selbst liegenden Göttlichkeit erachteten.

Viele Propheten, Philosophen, Mystiker und Heilige haben die Lehren des Judentums mitgestaltet und verkörpert: Amos trat für soziale Gerechtigkeit ein. Hosea, der es nicht müde wurde, von der Liebe Gottes zu seinen Kreaturen zu künden. Jesaja, der mal gegen Abweichungen vom Bund seines Volkes mit Gott wetterte und dann wieder Versicherungen seiner unerschöpflichen Liebe und Nachsicht gab. Jeremia als leidenschaftlicher Verfechter der sozialen Gerechtigkeit und der Gewaltlosigkeit. Einer der wichtigsten Gestalter des jüdischen Glaubens in der Frühzeit des Christentums war Rabbi Hillel (ca. 60 v. Chr. bis ins erste Jahrhundert), der für die Unterstützung der Armen, soziale Gerechtigkeit, Tugendhaftigkeit und das Studium der Thora eintrat. Philo von Alexandrien (ca. 25 v. Chr. bis 50 n. Chr.), Philosoph und Theologe, war zutiefst mit dem platonischen Denken vertraut und sah das jüdische Leben als mystische Praxis, die zur Vereinigung mit Gott führt. Moses Maimonides (1135 bis 1204), von vielen als der größte jüdische Geist des Mittelalters angesehen, galt als Arzt ebenso viel wie als Philosoph, und er lehrte, dass religiöser Glaube rational begründbar sein müsse. Rabbi Israel Ben Elieser, der Baal Schem Tow (1700 bis 1760), Begründer des Chassidismus, war als Heiler und Lehrer ebenso berühmt wie als Mystiker und wusste das überlieferte jüdische Gesetz mit ekstatischer Praxis in Einklang zu bringen. Der Maggid von Meseritsch (1710 bis 1772) war nach dem Tod des Baalschem das Oberhaupt der chassidischen Bewegung; er soll dem Chassidismus zu seiner Breitenwirkung verholfen und ihn den neuplatonistischen Lehren der Kabbala angenähert haben. Schließlich Martin Buber (1878 bis 1965), der den Chassidismus weit über dessen ursprünglichen Wirkungsbereich hinaus bekannt gemacht hat. Ihm ist zu verdanken, dass viele Züge des jüdischen Glaubens in die Psychologie und das religiöse Denken unserer Zeit Eingang gefunden haben.

Das Christentum

Jahrhunderte nach den alttestamentlichen Propheten trat unter den Juden ein weiterer Prophet auf. Ähnlich seinen Vorgängern verkündete er Gottes Botschaft einer Welt, die spirituell zu ertauben drohte.

Der tiefere Sinn des Lebens, so sagte er, erschließt sich nur in der Beziehung zu Gott und in der Schaffung einer gerechten Gesellschaft. Sein Name war Jesus von Nazareth.

Sechshundert Jahre vor ihm war bei den Juden der Gedanke an einen kommenden Erlöser aufgekommen, den Messias, der sein Volk aufrichten und diese zerrissene Welt heilen würde. Die Menschen, die sich Jesus nun anschlossen, waren von seiner göttlichen Sendung so überzeugt, dass sie in ihm den lange erwarteten Messias sahen. Die kleine Gemeinschaft verbreitete die frohe Botschaft ihres Meisters im gesamten römischen Weltreich, wo sich zuerst einzelne, dann immer mehr Nichtjuden davon angesprochen fühlten. Dreihundert Jahre später war das Christentum bereits die einflussreichste Religion im römischen Weltreich, und heute gibt es weltweit keine Religion, zu der sich mehr Menschen bekennen. Wie jede andere große Bewegung hat sich natürlich auch das Christentum während seiner Ausbreitungsphase vieles zu Schulden kommen lassen. Aber christliches Denken und christliche Praxis haben auch bei vielen Menschen zu tiefer Selbstverwirklichung geführt und der Welt insgesamt zu einem moralischen Fortschritt verholfen.

Wichtigster Inhalt der Verkündigung Jesu ist die Liebe Gottes zu den Menschen, die jeder Christ durch sich hindurch strömen lassen und an seinen Nächsten weitergeben soll, auch wenn es sich um einen Feind handelt. Es muss eine Gemeinschaft ungewöhnlicher Menschen gewesen sein, wenn Jesus ihnen in jener Zeit gnadenloser Unterdrückung sagen konnte: »Liebet eure Feinde; segnet, die euch fluchen; tut wohl denen, die euch hassen; bittet für die, so euch beleidigen und verfolgen, auf dass ihr Kinder seid eures Vaters im Himmel.«

Der Theologe John Crossan beschreibt in wenigen Worten die christliche Utopie: »Materielle und spirituelle Güter, politische und religiöse Ressourcen, der Zugang zu ökonomischen Mitteln wie zur Transzendenz – all das wird jedem in gleicher Weise zugestanden, ohne dass sich Makler und Mittler störend einmischen.« Mit dieser Ausrichtung auf Liebe und Gemeinschaft vertieft das Frühchristentum den jüdischen Glauben an einen »Zeitpfeil«, daran also, dass die Welt Richtung und Ziel hat. Dieses teleologische Denken hat während der langen Geschichte des Christentums viele Gestaltungen erhalten.

Paulus wird manchmal als der zweite Stifter des Christentums bezeichnet. Seine Briefe, die nur hinter den Evangelien an Bedeutung zurückstehen, bilden den Prüfstein der christlichen Theologie. Er legt die Lehre Christi vor allem unter dem Gesichtspunkt der verwandelnden Kraft der Liebe aus: »Die Liebe ist langmütig und freundlich, die Liebe eifert nicht, die Liebe treibt nicht Mutwillen, sie blähet sich nicht, sie stellt sich nicht ungebärdig, sie suchet nicht das Ihre, sie lässt sich nicht erbittern, sie rechnet das Böse nicht zu, sie freuet sich nicht der Ungerechtigkeit, sie freuet sich aber der Wahrheit; sie verträgt alles, sie glaubet alles, sie hoffet alles, sie duldet alles. Die Liebe höret nimmer auf.« (1. Korinther 13,4–8)

Nach Paulus war der heilige Augustinus (354 bis 430) der einflussreichste Denker des europäischen Frühchristentums. In seinen *Bekenntnissen* verkündete er: »Das Verstehen folgt dem Glauben«, und dies wurde einer der erkenntnistheoretischen Grundpfeiler der Kirche. Doch wie alle Weltreligionen hat auch das Christentum verschiedene Zugänge zum Transzendenten geschaffen. Zahlreiche Denker, Heilige und Mystiker haben sich seine Prinzipien zu Eigen gemacht, sie gedeutet und ausgestaltet: Der vom Neuplatonismus beeinflusste Dionysios Areopagita (seine Hauptwerke entstanden um die Wende vom fünften zum sechsten Jahrhundert) schilderte den Aufstieg der Seele zu Gott in ekstatischen Worten und übte einen nachhaltigen Einfluss auf das spätere kontemplative Christentum aus. Origenes (185/86 bis 254) war ein Zeitgenosse Plotins und der größte Theologe der Ostkirche (auf die wir im 15. Kapitel zurückkommen werden). Die Wüstenväter in Ägypten, Palästina, Arabien und Persien gaben im vierten und fünften Jahrhundert ein so leuchtendes Beispiel, dass sich in dieser Zeit des Niedergangs des römischen Imperiums viele Menschen davon inspirieren ließen, sogar Aristokraten. Der heilige Benedikt gründete in Monte Casino das erste große Kloster Westeuropas, und die von ihm aufgestellte Regel diente allen späteren als Vorbild. Die irischen Mönche des Frühmittelalters trugen wesentlich zur Bewahrung der abendländischen Zivilisation bei, indem sie griechische und lateinische Texte abschrieben und nach Kontinentaleuropa brachten. Hildegard von Bingen (1098 bis 1179) war nicht nur Äbtissin eines Benediktinerinnenklosters und visionäre Mystikerin, sondern hinterließ auch Dichtungen, Gemälde und musikalische Kompositionen; in ihr verband sich spirituelle Tiefe mit großer künstlerischer Begabung und praktischen Fähigkeiten. Der heute noch überall verehrte Franz von Assisi (1182 bis 1226) war und ist der Inbegriff des Mitgefühls, der Einfachheit und der Naturliebe. Thomas von Aquin (1225 bis 1274) widmete sich mit aller Leidenschaft den Grundfragen des Menschseins; sein erstaunlich weiter Horizont und die Tiefe seines Forschens machen ihn zum größten christlichen Theologen des Mittelalters. Meister Eckhart (1260 bis 1327) findet wegen seiner Lehre von der Gottheit im Innern heute wieder viel Beachtung (»Das Auge, mit dem ich Gott sehe, ist das Auge, mit dem Gott mich sieht«), denn hier zeigen sich Berührungspunkte mit dem hinduistischen, buddhistischen und sufischen Denken. Teresa von Avila (1515 bis 1582), ebenfalls Äbtissin und Mystikerin, leitete eine Reform des Karmeliterordens ein, und ihre Schriften, unter anderen *Die innere Burg*, gehören zu den wichtigsten Handbüchern der Kontemplation. Ein weltberühmter Mystiker war auch Johannes vom Kreuz (1542 bis 1591), der Teresa von Avila bei ihren Reformbemühungen zur Seite stand. Der Mystiker Jacob Böhme (1575 bis 1624), ein protestantischer Laie, beeinflusste die Quäker, William Blake, Schelling und andere Philosophen und Dichter. Die Karmeliterin Therese de Lisieux (1873 bis 1897) inspiriert durch ihre heilige Einfalt Menschen auf der ganzen Welt. Der charismatische Kapuzinermönch, Heiler und Stigmatisierte Padre Pio (1877 bis 1968) besitzt eine weltweite Anhängerschaft unter Katholiken und Nichtkatholiken. Mutter Teresa (1910 bis 1998), eine aus Albanien stammende Nonne, wurde wegen ihres unermüdlichen Einsatzes für die Armen weltberühmt und erhielt 1979 den Friedens-Nobelpreis. Paul Tillich (1886 bis 1965), ein herausragender Theologe unserer Zeit, wirkte richtungsweisend für die christliche Theologie. Schließlich der französische Jesuit, Geologe und Paläontologe Pierre Teilhard de Chardin (1881 bis 1955), dessen Evolutionsbegriff die religiösen Denker des zwanzigsten Jahrhunderts stark beeinflusste.

Diese Liste ließe sich beliebig erweitern, doch sie gibt in dieser Form gewiss schon einen Eindruck von Reichtum und Tiefe des Christentums. Es hat für die Transzendierung des Ego auf seine Weise so viel geleistet wie die anderen bereits erwähnten spirituellen Traditionen. Es trug die Lehre Jesu weiter, dass Gottes Liebe, durch uns weitergegeben, die Welt erlösen kann. Es hielt den Gedanken der Selbsttransformation wach und bereitet damit den Weg für die spirituelle Weiterentwicklung des Menschen.

Der Islam

An zweiter Stelle, was die Zahl der Gläubigen angeht, steht der Islam, und er breitet sich schneller aus als alle anderen Religionen. Als Zeitpunkt der Stiftung wird die Geburt des Propheten Mohammed im sechsten Jahrhundert angesehen, doch viele Muslime sehen ihre Religion als die Vollendung älterer Überlieferungen, die mit Abraham begannen und zuerst Judentum und Christentum hervorbrachten. Die erste der beiden zentralen Affirmationen des Islam lautet: »Es gibt keinen Gott außer Gott«. Der hier angesprochene Gott ist auch der Gott der Juden und Christen, der Gott, der die Welt erschuf, der Abraham, Moses und den Propheten seinen Willen kundtat, der Gott, den Jesus Vater nannte. Nach islamischer Auffassung wurde die Botschaft Gottes jedoch in jüdischer und christlicher Zeit vielfach entstellt oder gänzlich verfehlt. Deshalb habe Gott den Entschluss gefasst, sich den Menschen ganz und in eindeutigen Worten mitzuteilen. Das Werkzeug, das er sich wählte, war Mohammed, ein frommer Araber von großem Charisma, dessen Stellenwert als Sprachrohr Gottes in der zweiten großen Affirmation des Islam zum Ausdruck kommt: »Mohammed ist der Prophet Gottes«. Aufgezeichnet sind die Offenbarungen Gottes im Koran, der heiligen Schrift des Islam. Für Muslime repräsentiert der Koran das lebendige Wort Gottes, die Gegenwart Gottes auf Erden. Neben dem Koran beruft der Islam sich noch auf eine zweite große Quelle, die Hadith oder »Überlieferungen«, nämlich der von anderen aufgezeichneten Worte und Taten des Propheten. Islam bedeutet wörtlich soviel wie Hingabe oder Ergebung: Unterwerfung unter den Willen Allahs und die Lehren des Koran.

Die Frömmigkeit im Islam ist nicht zuletzt auf die für jeden Tag vorgeschriebenen fünf Gebete zurückzuführen. Ein Muslim kann zu Hause, bei der Arbeit oder in der Moschee beten; man verneigt sich in Richtung Mekka und spricht die Gebete laut oder innerlich. Es hat natürlich auch bei den Muslimen immer schon Menschen gegeben, die Gott näher und tiefer erfahren wollten, als es durch die gewöhnliche alltägliche Andachtspraxis möglich ist. Dieses Verlangen stillt der Sufismus, die mystische Tradition des Islam. Das Ideal des Sufi ist nicht die vorgeschriebene tägliche Andachtsübung, sondern das unablässige Beten. Für jeden Muslim gibt es nur einen Gott, aber für den Sufi gibt es nur Gott. Wir sind nichts als Strahlen einer einzigen Sonne, immer auf der Suche nach unserem Ursprung.

Einen dreifachen großen Segen empfängt der, der Gott rückhaltlos liebt: Islam (Unterwerfung), Iman

(Glaube) und Ihsan (Gottesbewusstsein). Einer, an dem dieser dreifache Segen sichtbar wurde, ist der große Mystiker und Heilige al-Hallaj (gest. 922). Mit seinen Worten »Ich bin die Wahrheit« zeugte er für die Erfahrung, in seinem tiefsten Wesenskern eins mit Gott zu sein. Für die meisten Sufis setzt die ekstatische Vereinigung mit Gott kein klösterliches Leben voraus. Sheikh Muzaffer, ein Sufi-Lehrer unserer Zeit, sagt es sehr deutlich: »Die Hände können mit unseren weltlichen Pflichten beschäftigt sein, während unser Herz ganz bei Gott ist.«

Das islamische Denken und insbesondere der Sufismus ist wie die jüdische und christliche Mystik direkt oder auf Umwegen vom Neuplatonismus beeinflusst. Viele bedeutende Gestalten, von denen wir wiederum nur einige nennen können, stehen in dieser Tradition: Abu Hamid al-Ghazzali (1058 bis 1111) war ein glänzender Theologe und Gelehrter, der im Streben nach der unmittelbaren Erfahrung Gottes die Krönung des religiösen Lebens und den Königsweg zur Wahrheit sah. Der Perser Shihabuddin Suhrawardi (ca. 1153 bis 1191) verknüpfte platonische Ideen mit einer ekstatischen Theologie. Muhyiddin ibn Arabi aus Andalusien (1165 bis 1240) gilt als einer der größten mystischen Visionäre überhaupt. Ahmad Ahsai gründete im siebzehnten Jahrhundert die Shaiki-Schule der persischen Mystik. Denker wie Avicenna (980 bis 1037) und der Spanier Averroes (ca. 1126 bis 1198) verknüpften islamisches Denken mit der klassischen griechischen Philosophie und trugen so zu deren Bewahrung zur Zeit des europäischen Mittelalters bei. Sie erkundeten die Überschneidungsbereiche von Philosophie und mystischer Erfahrung und darauf können wir heute bei unserem Bemühen um Transformation zurückgreifen.

Daneben kann der Islam sich auch vieler großer Dichter rühmen. Rabia al-Adawiyya (gest. 801) aus Basra gilt als die Frau, die dem großen sufischen Thema der allumfassenden Liebe Gottes seine gültige Formulierung gab; sie schrieb: »Ich werde den Himmel niederbrennen und die Höllenfeuer löschen, auf dass wir Gott aus Liebe anbeten.« Weiterhin sind zu nennen: Abu Yazid al-Bistami (gest. 874). Hafiz (ca. 1320 bis 1389), einer der besonders geliebten sufischen Mystiker, humorvoll und schalkhaft; er schildert seine Vereinigung mit dem Göttlichen in über fünftausend Gedichten, aus denen eine tiefe Begeisterung spricht. Kabir (1440 bis 1518), der wegen seines Humors und seiner Toleranz geschätzt wurde, predigte eine schlichte Gottesliebe.

Der Name Jalaluddin Rumis (1207 bis 1273), wohl einer der größten mystischen Dichters aller Zeiten, überstrahlt alle anderen. Er war ein frommer, gelehrter und eher nüchterner Muslim und bereits Sufi-Meister, als er mit siebenunddreißig Jahren den ekstatischen Mystiker Shams-i Tabriz kennen lernte. Drei Jahre der Freundschaft und der Tod des geliebten Freundes verwandelten Rumi selbst in einen Ekstatiker und mystischen Dichter, der bis zu seinem Lebensende tausende von Gedichten, Parabeln, Fabeln und an Zoten nicht armen Lehrgeschichten verfasste. Die zweiundzwanzigtausend Verse seines Hauptwerks *Mesnewi* sind ein einziges Lied von der Liebe und ihren nie endenden Überraschungen, von der Evolution des Bewusstseins und der Vereinigung mit Gott. Hier geht es, in seinen eigenen Worten, um »das geheime

Werk«, um das »Öffnen der Augen des Herzens«, um das »Wachsen der Seele«. Über siebenhundert Jahre nach seinem Tod dürfte er zu den meist gelesenen Dichtern weltweit gehören. Rumis Verse sind, wie der Übersetzer Coleman Barks anmerkt, nach wie vor Sprengstoff:

> Eine Kraft ist in dir, welche dir Leben gibt –
> suche Das.
> Ein unschätzbares Juwel liegt in deinem Körper –
> suche Das.
> Suchst du, o wandernder Sufi,
> den größten Schatz, so schau nicht außen,
> schau nach innen und suche Das.

Seit der Mitte des zwanzigsten Jahrhunderts gewinnt der Sufismus in Europa und Amerika eine wachsende Anhängerschaft unter Menschen, die außerhalb der klösterlichen Traditionen nach echter spiritueller Verwirklichung suchen. Sie fühlen sich von der Erdverbundenheit, dem Humor, der Ausdrucksfreiheit des Sufismus angezogen, die sich so gut mit der geistigen Weite seiner Philosophen und seiner anspruchsvollen Praxis verbindet. Etliche Lehrer haben sich in den letzten Jahrzehnten darum bemüht, der modernen Gesellschaft den Sufismus nahe zu bringen, unter anderen der iranische Schriftsteller Idries Shah und der indische Sufi Hazrat Inayat Khan sowie sein Sohn Pir Vilayat Khan. Auch andere, nicht-sufische Lehrer wie der russische Mystiker Gurdjieff und sein Schüler Ouspensky haben in ähnlicher Weise gewirkt, wenn sie in ihren zum Zweck der Meditation und Selbsterforschung gebildeten Gruppen auch sufische Übungen anwendeten.

Im Islam gab und gibt es wie in den meisten Religionen auch Dogmatismus, Intoleranz, Hass und Grausamkeit, aber vor allem hat er die Menschen in vielen Teilen der Welt aufgerichtet und sie spirituell bereichert. Außerdem hat er der mystischen Ekstase eine unvergleichlich anschauliche Sprache verliehen. Sein Abkömmling, der Sufismus, und der Überblick schaffende Geist seiner größten Philosophen haben einer Vision und Praxis der Transformation manches zu bieten.

Die Renaissance

In den annähernd tausend Jahren des Mittelalters, vom Untergang des Römischen Reichs bis zur italienischen Renaissance, erlebte Europa die Institutionalisierung des Christentums, die Entstehung der großartigen gotischen Bauwerke, die strahlende Weisheit eines Meister Eckhart oder Ibn al-Arabi oder Maimonides, Dantes große Dichtung, das Wachstum großer Städte, den Ausbau des Handels und der Gesellschaftsordnung. Es erlebte jedoch auch das Elend des Krieges und der Armut, die unseligen Kreuzzüge und den Verlust eines Großteils der klassischen Hochkultur. Manche griechischen und lateinischen Manuskripte überlebten in Klöstern, aber viele waren auch verschollen – bis in Florenz ein gelehrter junger Poet namens Petrarca (1304 bis 1374) auf den Gedanken kam, nach ihnen zu forschen. Er wird vielfach als der erste Humanist und der Vater der Renaissance bezeichnet, und seine Liebeslyrik, seine ganze Leidenschaft für das Leben nimmt zum Teil schon die Haltung der neuzeitlichen Gesellschaft vorweg: Die Natur wird höher bewertet als das Übernatürliche, der individuelle Ausdruck höher als fromme Anonymität.

Der Name Petrarca steht für die Liebe zur Kultur des klassischen Altertums, die während der nächsten zweihundert Jahre in Florenz und anderen italienischen Stadtstaaten blühte. Geistliche, Gelehrte und Kaufleute begeisterten sich für die klassische Literatur, für Rechtsphilosophie, Politik, Architektur, Ästhetik, Geschichte und Ethik. Diese »Wiedergeburt« bekam weitere Impulse, als Cosimo di Medici in Florenz eine Akademie nach dem Vorbild Platons einrichtete, der Marsilio Ficino (1433 bis 1499) vorstand, der einflussreichste Gelehrte seiner Zeit. Hier beschäftigten sich die Lehrer und Schüler mit den platonischen Dialogen, mit persischer Dichtung, arabischer Philosophie und jüdischer Mystik, aber auch mit Magie, Alchimie und den okkulten Wissenschaften. Ficino schuf glänzende Übersetzungen der Werke Platons, Plotins und anderer antiker Autoren und trat für eine ganzheitliche Bildung des Verstandes, der Tugendhaftigkeit und der kontemplativen Fähigkeiten ein. Von Platon übernahm er den Gedanken, dass ein Teil der menschlichen Seele göttlich ist, und dieser Gedanke war von zentraler Bedeutung für die Renaissance. Der Mensch, so schrieb Ficino an einen Freund, »wäre selbst imstande, den Himmel und was darin ist zu erschaffen, könnte er sich die Werkzeuge und den Himmelsstoff verschaffen«.

Auch die Künste erlebten eine Hochblüte. Die in Florenz regierende Familie Medici, insbesondere ihr Patriarch Cosimo und dessen Enkel Lorenzo, ein gefeierter Staatsmann und Dichter, förderte Künstler wie Botticelli, Michelangelo und Leonardo da Vinci.

Leonardo verkörperte das Ideal der Renaissance. Er beschrieb sich selbst als einen »Schüler des Experiments«; er bewies große Originalität in seiner Auseinandersetzung mit wissenschaftlichen Problemen, er entwarf Bauwerke und Waffen, er schuf einige der größten Kunstwerke der Menschheit.

Neben die Jenseitigkeit des Mittelalters trat zunehmend ein ganz weltlicher Realismus und das Individuum rückte immer mehr in den Vordergrund. Der Goldschmied und Bildhauer Benvenuto Cellini rühmte sich in seiner Autobiografie offen seiner eigenen Talente und Leistungen. Niccolò Machiavelli, Diplomat und politischer Denker, legte mit seinem *Il Principe* eine düster-realistische Analyse der Macht vor. Maler wie Giotto, Mantegna und Masaccio gaben ihren Porträts eine zunehmend naturalistische Ausgestaltung. Hierzu passt eine Anekdote über den florentinischen Bildhauer Donatello, der vor einer seiner lebensechten Statuen ausgerufen haben soll: »So sprich doch! Warum sprichst du nicht?« In diesen Worten klingt ein neues Bewusstsein an, eine Achtung für die Gestalt, Schönheit und Würde des Menschen, die es im Mittelalter nicht gab. Ein weiterer kultureller Durchbruch zeichnete sich ab: An die Stelle der Weltfluchttendenzen, wie sie in den meisten Religionen zu erkennen sind, trat zunehmende Begeisterung für die erstaunlichen Entfaltungsmöglichkeiten, die das Diesseits bot. Dieses neue Bewusstsein sollte sich bald über ganz Europa ausbreiten.

Die Gleichgültigkeit gegenüber dem Individuum wich einem wachsenden Sinn für persönlichen Ausdruck und persönliche Erfüllung. Das macht beispielsweise der florentinische Gelehrte Pico della Mirandola deutlich, wenn er sagt: »Gottvater gibt dem

Menschen bei seiner Geburt die Keime zu jeder Möglichkeit und jedem Leben mit.« Ohne diesen Sinn für Potenzial und Wert des Individuums und ohne die Liebe zur Natur und zum Forschen, die in der Renaissance befreit wurde, gäbe es heute noch nicht viel über die erstaunlichen Fähigkeiten des Menschen zu berichten, die Inhalt dieses Buchs sein sollen.

DIE AUFKLÄRUNG

Die Hinwendung zur Natur und zum Individuum erfasste bis zum Beginn des achtzehnten Jahrhunderts weite Teile Europas. Voltaire vertrat die Auffassung, der Mensch könne durch das gesprochene und das geschriebene Wort aufgeklärter und besser gemacht werden, und hier sprach er allen aus dem Herzen, die auf die Vernunft setzten und die Bevormundung durch Kirchen und Könige abschaffen wollten. Voltaires Worte machten ihn zu einem der Namensgeber des Zeitalters, und er selbst verkörperte die Aufklärung wie nur wenige andere.

Der Disput zwischen Glauben und Vernunft hatte seinen Ursprung im elisabethanischen England, in Worte gefasst von Shakespeare, Francis Bacon und anderen; während der Renaissance und im Reformationszeitalter spitzte er sich zu, aber den entscheidenden Schwung bekam er durch die atemberaubenden Fortschritte der Naturwissenschaft. Dazu schreibt Richard Tarnas in *The Passion of the Western Mind* (*Idee und Leidenschaft*): »Viele empfanden die Notwendigkeit einer klärenden, einheitlichen Sicht, die über den offenbar unlösbaren religiösen Konflikten stehen sollte. Auf dem Höhepunkt der metaphysischen Verunsicherung setzte die naturwissenschaftliche Revolution ein, und sie war es, die im abendländischen Bewusstsein schließlich die Oberhand gewann.« Immer neue wissenschaftliche Entdeckungen machten den Rückgriff auf das Übersinnliche überflüssig, wenn es um die Erklärung der Welt und der menschlichen Natur ging.

Die Aufklärung verstand sich als das Zeitalter, in dem mit der Unwissenheit des Menschen aufgeräumt werden sollte. Sie war eine literarische, wissenschaftliche und philosophische Bewegung, angeregt durch die Entdeckungen großer Wissenschaftler wie Kopernikus, Kepler, Galilei, Newton, Harvey und Linné, durch den Rationalismus René Descartes', die Experimentalmethoden Francis Bacons, den Empirismus John Lockes und den Skeptizismus David Humes. Die Vordenker der Aufklärung, etwa Voltaire, Rousseau und Diderot, verwarfen das von Kirche oder Staat vertretene althergebrachte Wissen, sofern es den wissenschaftlichen Fortschritt behinderte oder politische Unterdrückung rechtfertigte.

Bis zum Ende des achtzehnten Jahrhunderts hatte die Aufklärung das Leben in Europa und Amerika bereits tiefgreifend geprägt. Das Sendungsbewusstsein der Bewegung zeigt sich besonders deutlich in Denis Diderots *Encyclopédie*, einer sehr umfangreichen Dokumentation des wissenschaftlich-technischen Fortschritts unter der Devise »Wissen ist Macht«. Den Ruf nach intellektueller Freiheit, Toleranz und Herrschaft der Vernunft griffen in England der Historiker Gibbon, in Deutschland Lessing und Goethe, in Amerika Benjamin Franklin und Thomas Jefferson auf. In Russland war es vor allem Zar Peter der Große, der Westeuropa bereist hatte und sich von dem dort herrschenden Entdeckergeist begeistern ließ.

Den Bestand der Fortschritte dieses Zeitalters sicherten Einrichtungen, die sich die weitere Verbesserung der wissenschaftlichen Arbeit und die Abwehr von Einmischungen seitens der Kirchen und des Staates zum Ziel setzten. Nach dem Vorbild der Akademie in Florenz wurde 1660 die Royal Academy in London gegründet und weitere Akademien der Wissenschaften entstanden in Paris (1666), Berlin (1700) und Sankt Petersburg (1724). Hier erhielten die Prinzipien der Naturwissenschaft ihre Bleibe: genaue Naturbeobachtung, die Aufstellung überprüfbarer Hypothesen, das Experiment unter genau zu dokumentierenden Bedingungen, die Voraussage natürlicher Ereignisse und Phänomene und die Formulierung von Naturgesetzen.

Doch der Aufstieg der Naturwissenschaft hatte auch seine Schattenseite. In ihrem verbissenen Eifer, sich von den zweifelhaften Glaubenssätzen und Dogmen der institutionalisierten Religion zu befreien, lehnte sie auch immer entschiedener die Aussagen von Menschen ab, die sich der Erforschung der Innenwelt widmeten, auch wenn deren Erkenntnisse methodisch gewonnen waren und von anderen Forschern auf diesem Gebiet bestätigt wurden. Auf dieses Thema werden wir noch ausgiebig zurückkommen. Die Naturwissenschaft jedenfalls suchte die Spreu des Aberglaubens vom Weizen der verifizierbaren Tatsachen zu sondern, wandte sich dabei jedoch von den ebenfalls nachprüfbaren Tatsachen der Innenwelt ab, die viel über das im Menschen schlummernde Potenzial aussagen. Die Philosophen und Naturwissenschaftler der Aufklärung diskreditierten die alten Mythen und die als überholt geltende Alchimie, und leider erklärten sie auch alle echte Spiritualität zum Aberglauben. Das setzte sich fort, bis schließlich ein streng materialistisches Welt- und Menschenbild entstand. Eine der Folgen dieser Entwicklung war und ist die rücksichtslose Ausbeutung der Natur und die Zerstörung der Umwelt. Die Aufklärung schoss also letztlich übers Ziel hinaus, doch sie bewirkte auch eine Befreiung des menschlichen Geistes und damit einen großen evolutionären Fortschritt. Das Ende der absolutistischen Herrschaft ist nicht zuletzt auf das entschiedene Auftreten der Aufklärung gegen intellektuelle, moralische, soziale und politische Unterdrückung zurückzuführen. Klerikaler Stumpfsinn wurde in kühlen Analysen, aber auch satirisch gegeißelt, und das gab den Kirchen Gelegenheit, mit der Selbstbefreiung aus Aberglauben und Dogmatismus zu beginnen. Und indem die Aufklärung die Vernunft über alles stellte, trug sie zu den staunenswerten Errungenschaften der Naturwissenschaft bei, leitete die Entwicklung der Technik ein, förderte die Entwicklung der Medizin und der Wirtschaft und damit des Wohlstands. Der wissenschaftliche und soziale Fortschritt dieser Zeit gibt uns heute mehr Freiheit und Wissen für die weitere Entfaltung des menschlichen Potenzials.

Der deutsche Idealismus

Vor der Aufklärung hätte kaum jemand vermutet, dass die Welt älter als nur ein paar Tausend Jahre ist. Isaac Newton beispielsweise, der größte Wissenschaftler seiner Zeit, stimmte Erzbischof James

Ussher zu, die Welt sei im Jahre 4004 vor Christi Geburt erschaffen worden. Das war zu Beginn des achtzehnten Jahrhunderts. Kaum ein Jahrhundert später hatten die Geologen und Paläontologen bewiesen, dass die Welt schon seit Millionen von Jahren existiert. Mit der Kenntnis dieses hohen Alters der Erde entstand die Idee des Fortschritts. Die Revolutionen in Frankreich und Amerika, die schier unglaublichen Erfolge der Naturwissenschaft, die Wunderwerke der Technik und der neue Wohlstand gaben Anlass zu dem Glauben, die Menschheit sehe immer besseren Zeiten entgegen. Wissenschaftler, Philosophen und Laien traten an, um das biblische Diktum zu entkräften, es geschehe »nichts Neues unter der Sonne« – und werde auch nie etwas Neues geben.

Der französische Naturforscher Georges Louis Leclerc de Buffon (1707 bis 1788) gehörte zu den ersten, die den dramatischen Bruch mit der bis dahin gültigen, auf einer Berechnung nach den Chroniken der Bibel beruhenden Auffassung vom Alter der Erde wagten. In seiner *Histoire Naturelle* gibt er an, die Erde müsse bereits seit fünfundsiebzigtausend Jahren bestehen. Er stützte sich hierbei auf Schlussfolgerungen aus der zunehmenden Zahl von Fossilienfunden, die von anderen Forschern wie zum Beispiel Jean-Baptiste Lamarck gemacht wurden. Schon 1803 ging der Geologe Sir Charles Lyell sehr viel weiter und schrieb in seinen *Principles of Geology* (*Lehrbuch der Geologie*, 1833), die Veränderungen auf der Erde seien im Laufe von Jahrmillionen schrittweise vonstatten gegangen. Damit war das alte Bild von der immer gleich bleibenden Erde bis in die Grundfesten erschüttert. Die Erde war nicht nur wesentlich älter, als man sich je hätte träumen lassen, sie hatte ganz offensichtlich auch immer komplexere und immer bewusstere Lebensformen hervorgebracht. Als den Menschen klar wurde, in welch gewaltigen Zeiträumen die Entwicklung der Erde sich abspielte, fragten sie sich staunend: »In welcher Beziehung steht dieses evolvierende Universum zu Gott? Welche Rolle spielen *wir* für die weitere Entwicklung der Erde? Und entwickelt sich auch die Natur des Menschen?« Das Gefühl breitete sich aus wie zweitausend Jahre zuvor bei den Propheten, dass die Zeit ein Pfeil ist. Die Welt befand sich offenbar auf einer großen Reise. Was trieb sie an? Wohin war sie unterwegs? Eine Antwort von geschichtlicher Bedeutung gaben zu Beginn des neunzehnten Jahrhunderts die beiden Philosophen-Freunde Schelling und Hegel. Auf den kürzesten Nenner gebracht lautet sie ungefähr so:

Der göttliche Geist bleibt zwar einerseits allen erschaffenen Dingen transzendent, doch er involvierte sich zugleich in die Genesis des Universums und alles, was daraus folgte; und was daraus folgte, hat, wenn auch mäandrierend, immer höhere Existenzformen auf der Erde entstehen lassen. Schelling schrieb, er setze Gott als Erstes und Letztes, Alpha und Omega, als den unentwickelten *Deus implicitus* und den voll entwickelten *Deus explicitus*. Der ewige Gott war am Anfang. Er ist jetzt bei uns und wird es immer sein, während die Welt sich entfaltet.

Die Evolution folgt demnach auf eine *Involution*. Der zuerst implizite Geist in allen Dingen manifestiert sich nach und nach und wird explizit. So ist die Welt, in Schellings Worten, »schlummernder Geist«, der im Laufe der Geschichte mehr und mehr aufwacht. Etwas anders sagte es in unserer Zeit der indische Lehrer Sri Aurobindo: »Die erscheinende Natur ist heimlicher Gott.« Wir könnten diese Weltanschauung als »evolutionären Pantheismus« bezeichnen: Das Göttliche ist der Welt sowohl immanent als auch transzendent. Ein anderer möglicher Name wäre »evolutionärer Emanationismus«: die Welt ist eine Emanation Gottes.

Auch Hegel verstand die Welt als sich entfaltenden Geist. Jede Stufe der menschlichen Entwicklung, so möchten wir ihn stark vereinfachend paraphrasieren, wird im dialektischen Prozess der Geschichte sowohl negiert (»aufgehoben«) als auch bewahrt (»aufgehoben«). In seiner *Phänomenologie des Geistes* von 1807, die er als »Geschichte der Bildung des Bewusstseins« verstanden wissen wollte, verfolgt er diesen Prozess von den Sklaven der Altertums (denen es gelang, sich gegen die Widrigkeiten der Natur zu behaupten) über die Stoiker (denen es um eine von den Gegebenheiten der Natur unabhängige innere Freiheit ging), die Skeptiker (die Freiheit in der Auflösung restriktiver Denkkategorien suchten) und die gläubigen Christen (die ihre Freiheit in einem transzendenten Gott suchten) bis hin zu den neuzeitlichen Intellektuellen (die sich die höchsten Prinzipien der Vernunft anzueignen versuchen). Bei dieser dialektischen Entwicklung wird jede bestehende Bewusstseinsform von der jeweils nächsten aufgehoben, das heißt negiert und zugleich bewahrt.

Andere Denker sind in die Fußstapfen Hegels und Schellings getreten, unter ihnen die russischen Philosophen Wladimir Solowjew und Nicolai Berdjajew, der französische Nobelpreisträger Henri Bergson, der englische Philosoph Alfred North Whitehead, der amerikanische Theologe Charles Hartshorne der französische Paläontologe und Priester Pierre Teilhard de Chardin, der indische Philosoph und Mystiker Sri Aurobindo und gegenwärtig der amerikanische Philosoph Ken Wilber. Auch wenn die Genannten sich in ihrem Denken wesentlich unterscheiden, sie alle sprechen von einem evolvierenden Universum in seiner Beziehung zu etwas Letztem, Immerwährendem oder Ewigem. Sie treten, jeder auf seine Weise, für die Aussöhnung von Natur und Übernatur ein, denn alle setzen sie den Fortschritt der Welt zu einer transzendenten und zugleich immanenten Wirklichkeit in Beziehung, die je nach Ausrichtung »Geist«, »das Göttliche«, »Satchitananda« oder anders genannt wird. Dieses so vielgestaltige und gehaltvolle Denken zeigt wohl, dass die Betrachtung des evolvierenden Universums in seiner Beziehung zu einem höchsten oder göttlichen Prinzip ein sehr ergiebiges Feld philosophischen Forschens erschließt.

Darüber hinaus macht dieses Denken erkennbar, was die Herausbildung der noch weitgehend schlummernden menschlichen Fähigkeiten fördert und was sie behindert. Wenn wir den Idealisten folgen, die die Welt als Entfaltung der in ihrem Wesen liegenden Göttlichkeit sahen, lässt sich verstehen, weshalb alles, was unser Menschsein ausmacht – Wahrnehmung, Erkenntnis, Wille, Liebe – wachsen und immer höhere Entwicklungsstufen erreichen kann. Sollten wir tatsächlich mit dem Ursprung dieser immer wieder erstaunlichen Welt verbündet sein, müssen wir auch in irgendeiner Weise an seinen Kräften der Transformation Teil haben.

Denker wie Schelling, Hegel, Teilhard und Aurobindo stehen für einen grundlegenden Wechsel der Perspektive: von der alten Anschauung, dass die

Welt als Ganzes kein Ziel hat, zu der Überzeugung, dass sie immer höhere Existenzformen hervorbringt, wenn auch nicht ohne Rückschläge und Katastrophen. Unter diesem Gesichtspunkt ist die Entwicklung, die wir als Einzelne nehmen, zutiefst mit der Evolution des Ganzen verknüpft. In dem Maße, wie wir alles in uns Angelegte verwirklichen, haben wir Teil an der fortschreitenden Manifestation des Göttlichen, das heißt, wir treiben die Evolution des Universums voran. Diese Sicht der Dinge, erstmals vom deutschen Idealismus mit dieser Klarheit formuliert, bildet das philosophische Rüstzeug für die Vision des evolutionären Wandels, die wir in diesem Buch vortragen.

DIE ENTDECKUNG DER EVOLUTION

Im Juli 1858, fünfundzwanzig Jahre nach dem Erscheinen seines Buchs *Principles of Geology* (mit dem er eine völlig neue Vorstellung von geologischer Zeit schuf), legte Charles Lyell zusammen mit dem Botaniker J.D. Hooker der Londoner Linnean Society einen Bericht vor. Dessen Titel lautete »Über die Tendenz der Arten, Abwandlungen hervorzubringen; und über die Erhaltung der Abwandlungen und Arten durch natürliche Auslese.« Lyell und Hooker erläuterten, dieser Bericht sei »das Ergebnis der Untersuchungen zweier unermüdlicher Naturforscher, Mr. Charles Darwin und Mr. Alfred Wallace«, und diese beiden seien gleichzeitig zur Theorie der natürlichen Auslese als Erklärung für die Evolution der Arten gelangt, obwohl sie unabhängig voneinander in verschiedenen Erdteilen gearbeitet hätten.

Darwin hatte schon viele Jahre an seiner Theorie gearbeitet, aber die Veröffentlichung noch aufgeschoben, um, wie er in seiner Autobiografie schrieb, nicht durch verfrühte Publizierung »zu voreiligen Schlüssen Anlass zu geben«. Fast zwei Jahrzehnte hatte er abgewartet, um genügend Beweismaterial für seine Thesen zu sammeln, bis er 1858 Kenntnis von Wallaces Evolutionstheorie bekam. Gentleman wie immer, gab Darwin Wallaces Darstellung an Lyell weiter und fügte einen Abriss seiner eigenen Entdeckungen bei, nicht ohne freilich in einem Brief zu erläutern, dass sie schon älter seien. So drang die Kunde von Darwins und Wallaces Evolutionstheorie erstmals und ohne jeden Rummel an die Öffentlichkeit.

Auf die revolutionäre Enthüllung folgte ein auffallendes Schweigen. Ein Jahr darauf, am 21. November 1859, erschien jedoch Darwins Buch *On the Origin of Species* (*Über die Entstehung der Arten*, 1860), und diesmal ging ein Aufschrei durch die Reihen der Wissenschaftler, während die Kirchen nur Hohn über Darwins Werk ausgossen. Darwin besaß jedoch auch einflussreiche Mitstreiter, darunter den großen Biologen Thomas Huxley, der über Darwins Werk sagte, es sei »für die Erweiterung unseres Wissens über die Natur das überzeugendste Instrument, das der Mensch seit der Veröffentlichung von Newtons *Principia* an die Hand bekommen hat«. *Über die Entstehung der Arten*, von vielen als »die wichtigste Veröffentlichung des Jahrhunderts« bezeichnet, gibt eine kühne Darstellung von Darwins Theorie der Evolution durch natürliche Auslese. Doch schon damals und bis heute haben viele nachdenkliche Menschen bedauert, dass Darwin keine göttliche

Beteiligung am Entwicklungsprozess der Lebewesen vorsah. Dennoch haben sich auch viele religiöse Denker den Gedanken der Evolution zu Eigen gemacht. Auf lange Sicht, so kann man sagen, war der Darwinismus von weit reichendem Einfluss auf Naturwissenschaft und Religion.

Wenn Darwin auch zweifellos die Hauptperson dieses historischen Ereignisses ist, gab es doch eine ganze Reihe von Wegbereitern. Viele Wege haben zur Entdeckung der Evolution geführt, wie Daniel J. Boorstin in *The Discoverers* (*Die Entdecker*) schrieb:

> Hier wären unter vielen anderen zu nennen: die Ahnungen und Andeutungen der alten Griechen; Augustinus mit seiner Anschauung, alle Lebewesen seien am Anfang von Gott erschaffen worden, manche jedoch nur als Keime, die erst später in Erscheinung treten sollten; Montesquieu, der aus der Entdeckung fliegender Lemuren auf Java schloss, dass es eine Vermehrung der Artenvielfalt geben müsse; der französische Mathematiker Maupertuis mit seinen Spekulationen über Zufallskombinationen elementarer Teilchen; Diderots Vermutung, alle höheren Tiere stammten vielleicht von einem »Ur-Tier« ab; Buffon mit seinen Worten über Entwicklung und »Degeneration« der Arten; Linné und seine bohrenden Zweifel am Dogma der Unwandelbarkeit der Arten; und schließlich Darwins Großvater, Erasmus Darwin, mit seinen fantastischen Spekulationen über den von »Wollust, Hunger und Gefahr« beflügelten Drang der Lebewesen, sich zu neuen Formen zu entwickeln.

Zwei Männer übten einen besonders nachhaltigen Einfluss auf Darwin aus. Der erste war der Geistliche und Nationalökonom Thomas Malthus (1766 bis 1834), dessen Theorie der Bevölkerungsentwicklung den Gedanken des »Daseinskampfs« enthielt. Darwin schrieb in seiner Autobiografie, Malthus' Idee habe ihm einen der Schlüssel zum Mechanismus der Evolution geliefert. Die natürliche Auslese, so fährt er fort, sei »die Lehre Malthus', aber mit vervielfältigter Kraft auf das gesamte Tier- und Pflanzenreich angewandt«. Ebenso wichtig war Lyell, der Darwin mit seiner Freundschaft und seinem Interesse an dessen Arten-Konzept den Rücken stärkte. Auch der französische Naturforscher Jean Baptiste Lamarck (1744 bis 1829) trug zur Verbreitung des Evolutionsgedankens bei. Er sprach allerdings nicht von Evolution, sondern von *Transformisme*, und die dahinter stehende Theorie, dass erworbene Merkmale erblich seien, konnte zwar die Entstehung neuer Arten nicht hinreichend erklären, brachte aber den Aspekt der allmählichen Entwicklung ins Spiel, der Darwin den Weg ebnete.

Nach der geschichtsträchtigen Veröffentlichung von Darwins Hauptwerk erwärmten sich immer mehr Menschen für den Gedanken, dass sich die Erde über Äonen entwickelt und dabei zuerst einzellige Lebewesen, später Pflanzen und Tiere und schließlich den Menschen hervorgebracht hatte. Darwins Werk machte die Entwicklung des Lebens nicht nur grundsätzlich plausibel, sondern lieferte zugleich auch eine glänzende Theorie ihrer Mechanismen. »Weshalb also glauben wir an die Evolution?«, fragte Sir Peter Medawar in seinem Essay »The Evidence of Evolution«. Nur durch Evolution, so antwortet er, sind die Muster der Ähnlichkeit und Verschiedenheit zu erklären, die durch vergleichende Anatomie erkennbar werden. Nur die Evolution erklärt rudimentäre, funktionslos gewordene Organe wie den zweiten und vierten Zeh beim Pferd. Nur die Evolution erklärt das Vorhandensein von scheinbar ganz aus dem Rahmen fallenden Lebewesen: Lungenfische, gefiederte Dinosaurier, Eier legende Säugetiere.

Wie schon gesagt, die Fakten der Evolution haben viele Fachleute und Laien in ihrem Materialismus bestärkt, aber sie liefern auch unserem Gefühl für die Immanenz des Göttlichen Nahrung. Im Übrigen wird sich wohl jeder mit ihnen befassen müssen, der die Welt als Ganzes sieht und dem das Schicksal der Menschheit am Herzen liegt. Deshalb sind sie für die Philosophie großer moderner Denker wie Henri Bergson, Alfred North Whitehead, Pierre Teilhard de Chardin und Sri Aurobindo von so entscheidender Bedeutung. Sie vertragen sich nicht nur mit der Vision persönlicher und gesellschaftlicher Transformation, sondern machen diese Vision glaubwürdig und geben einen Eindruck von ihren atemberaubenden Dimensionen.

Der Evolutionsgedanke bekräftigte die im vorchristlichen Judentum entstandene Vorstellung vom Pfeil der Zeit; er gab den Vertretern des deutschen Idealismus ein, sich in ihrer Vision von der Entwicklung des Bewusstseins und der Welt bis zu einem Ur-Ereignis zurückzutasten; er gibt unserer heute sichtbar werdenden Befähigung zu einer ganz anderen Form des Lebens Gewicht und Gehalt – keine andere wissenschaftliche Entdeckung kommt ihm an Bedeutung gleich, wenn es die erstaunliche Geschichte unseres Universums aufzudecken und die Rolle des Menschen bei der weiteren Evolution zu bestimmen gilt.

Das Potenzial des Menschen – moderne Entdeckungen

Seit Beginn des neunzehnten Jahrhunderts haben Wissenschaftler und Gelehrte auf allen Gebieten zahllose Entdeckungen gemacht, die zusammen einen für jedermann zugänglichen Schatz des Wissens über höhere menschliche Fähigkeiten bilden, wie es ihn nie zuvor gegeben hat. Diese Erkenntnisse verdanken sich dem seit der Aufklärung herrschenden neuen Wissenschaftsverständnis und stammen aus ganz unterschiedlichen Quellen: Man erfuhr immer mehr über bis dahin fremdartig wirkende und weitgehend unbekannte religiöse Traditionen ferner Länder und immer mehr spirituelle Texte wurden in moderne Sprachen übersetzt; auf dem Gebiet der Erziehung und der therapeutischen Ansätze wurde intensiv experimentiert und viele Forscher beschäftigten sich empirisch mit den noch brachliegenden Möglichkeiten des Menschen. Ein systematisches Forschen von dieser Breite und Methodenvielfalt hatte es nie zuvor gegeben. Wir werden einige dieser Ansätze beleuchten, um verständlich zu machen, von welcher Bandbreite und Kreativität dieses weltumspannende Forschen war.

Heilmagnetismus und Hypnose

Ein halbes Jahrhundert vor der Veröffentlichung von Darwins *Über die Entstehung der Arten* war der in Wien tätige Arzt Franz Anton Mesmer (1734 bis 1815) auf die Spur von etwas gekommen, das später die Psychiatrie und die Erforschung des Unbewussten beeinflussen sollte. Er glaubte, es gebe ein magnetisches »Fluidum«, das alle Dinge durchströmt, aber auch durch die Hand direkt übertragbar sei. Berühmtheit erlangte Mesmer in den siebziger Jahren zuerst in Wien, später in Paris, wo er spektakuläre Heilungen bewirke, aber auch sehr umstritten war. In mancher Hinsicht entsprach Mesmers Therapie den von Gesundbetern schon immer angewandten Methoden – Bestreichung mit den Händen oder dramatische Beschwörungsformeln –, doch er kleidete seinen Ansatz in eine pseudowissenschaftliche Sprache, die den Tonfall des Rationalismus seines Jahrhunderts treffen sollte. Auf suggestive Weise stellte er – mit Methoden, die uns heute teilweise bizarr erscheinen – bei den Kranken eine Heilungs- oder Linderungserwartung her, die offenbar die Selbstheilungskräfte anregte; eigentlich demonstrierte er hier also keine übernatürlichen Wirkungen, sondern die Fähigkeit des Menschen, auf natürlichem Wege tief greifende Veränderungen zu bewirken. Mesmers etwas reißerisches Gehabe und die nicht verifizierte Theorie des »magnetischen Fluidums« stießen in der damaligen Schulmedizin auf schroffe Ablehnung, so dass er schließlich als unseriös eingestuft wurde.

Trotzdem wuchs sein Einfluss, weil seine Anhänger weitere Entdeckungen machten, die zur Entwicklung der Hypnose führten. Mesmerismus und Hypnose haben bis heute den Ruf des etwas Zweifelhaften behalten, sind jedoch trotzdem immer wieder zu experimentellen und therapeutischen Zwecken benutzt worden: um die Kraft der Suggestion zu demonstrieren, als Schmerztherapie oder allgemein gesundheitsfördernde Maßnahme, gegen Phobien und Süchte, zur Steigerung der körperlichen Kraft und

Energie, gegen Gedächtnisverlust, zur Verbesserung der Konzentration, als Verhaltenstherapie. Es wurden Erscheinungen induziert, die paranormale Erfahrungen sein könnten, Verzückungszustände, die etwas Mystisches hatten; es wurden alle möglichen Fähigkeiten mobilisiert, von denen bis dahin nichts zu spüren gewesen war. Die therapeutische und erzieherische Wirksamkeit der Hypnose ist durch zahlreiche genau kontrollierte Experimente belegt, und viele ihrer Wirkungen sind kaum noch mit guten Gründen anzuzweifeln.

Von Mesmers Theorie eines universalen Fluidums fühlten sich in Deutschland viele Romantiker angesprochen, die sich das Universum als einen lebendigen Organismus mit einer einzigen »Seele« dachten. Angeregt durch Heilungen und Ekstasen, die auf den Heilmagnetismus zurückgeführt wurden, beschäftigten sich deutsche Philosophen, Dichter und Ärzte in den dreißiger, vierziger und fünfziger Jahren des neunzehnten Jahrhunderts mit der Frage nach der Verbindung zwischen Trance, Hellsichtigkeit und Präkognition, mit den Verzückungen und körperlichen Zeichen von Stigmatisierten, mit den jetzt experimentell produzierbaren veränderten Bewusstseinszuständen. Es gab zwei den mesmerschen Phänomenen gewidmete Zeitschriften, in denen manche dieser Arbeiten veröffentlicht wurden. In England und Indien setzten die beiden britischen Ärzte John Elliotson und James Esdaile, die den Mesmerismus auf paranormale Kräfte zurückführten, »magnetischen Schlaf« ein, um Patienten bei Operationen schmerzunempfindlich zu machen, und so konnten sogar schmerzlose Amputationen vorgenommen werden. Viele, die mit den Methoden experimentierten, fanden schließlich heraus, dass man auf Bestreichungen und andere heilmagnetische Methoden verzichten konnte, und der englische Arzt James Braid prägte 1843 den Begriff »Hypnose«, um das Gebiet des Mesmerismus von den vielfach überzogenen Behauptungen seiner Anwender zu säubern und es für die Ärzteschaft akzeptabel zu machen. Die Erforschung der Hypnose wird auch heute noch fortgesetzt und erweitert unser Wissen um noch unerschlossene Fähigkeiten und ihre Freisetzung durch die Kraft der Suggestion.

In den vergangenen beiden Jahrhunderten haben zahllose Experimente mit Heilmagnetismus und Hypnose gezeigt, dass tief greifende geistig-körperliche Veränderungen ohne Drogen möglich sind und dass man zur Erklärung solcher Phänomene nicht auf übernatürliche Instanzen zurückgreifen muss. Typische Wirkungen bei solchen Experimenten sind vermehrte Konzentrationsfähigkeit, selbstvergessene Sammlung auf das, was gerade zu tun ist, ungewöhnliche Schärfe und Flexibilität der Wahrnehmung, bessere Merkfähigkeit, vermehrte Körperkraft und Körperbeherrschung sowie Zugang zu tieferen Schichten des Bewusstseins. Was sich in der Hypnose an außergewöhnlicher Intelligenz, Energie und Intention zeigt, kann für die Entwicklung der im zweiten Teil beschriebenen Fähigkeiten genutzt werden.

Tiefenpsychologie

Hundert Jahre nachdem Mesmer die Kraft der Suggestion zu Heilzwecken und zum Freisetzen ungenutzter Fähigkeiten auf seine dramatische Art demonstriert hatte, verkündete der Wiener Arzt Sigmund Freud (1856 bis 1939) die Existenz des Unbewussten und schuf die Psychoanalyse als ein Verfahren, die das Verborgene im Menschen aufzudecken erlaubt. Seine Methode geht von der »freien Assoziation« aus. Dabei lässt der Patient seinen Gedanken freien Lauf, damit unbewusste Inhalte zum Vorschein kommen können. Dann beginnt die Erforschung der »Abwehrmechanismen«, mit denen wir als bedrohliche empfundene Gedanken, Gefühle, Impulse und soziale Einflüsse unter Verschluss zu halten versuchen. Die dritte große Domäne der Arbeit Freuds war die »Traumdeutung«. Freuds Ausrichtung auf die »Verdrängung« der Sexualität, insbesondere der sexuellen Traumatisierung im Kindesalter, führte zwar zum Bruch mit etlichen anderen Psychiatern, insbesondere C.G. Jung, Otto Rank und Alfred Adler, aber er hat unsere Sicht der menschlichen Natur doch entscheidend geprägt. Dazu schreibt Richard Tarnas: »Freud versetzte dem ganzen Aufklärungsprojekt den Todesstoß, als er darlegte, dass jenseits des rationalen Verstandes ein riesiges Lager an gewaltigen Kräften existiert, die der rationalen Analyse keineswegs ohne weiteres zugänglich sind und schon gar nicht bereitwillig den Vorgaben des Bewusstseins folgen.«

Freuds Schüler und Mitarbeiter Carl Gustav Jung, ein Schweizer Psychiater, der sich außerdem mit Religion, Kunst und vergleichender Mythenforschung befasste, verließ die psychoanalytische Bewegung 1913 und begründete die analytische Psychologie, die davon ausgeht, dass die Erfahrung eines Menschen nicht nur durch seine Biografie und seinen Sexualtrieb, sondern darüber hinaus durch universale geistige Kräfte bedingt ist, die Jung das »kollektive Unbewusste« nannte. Über dieses kollektive Unbewusste haben wir Zugang zu uralten Erinnerungsbildern der Menschheit, den »Archetypen«, über die man durch Mythenforschung und genaue Betrachtung der Träume Aufschluss gewinnen kann. Ziele der analytischen Psychologie sind »Individuation« und Bewusstseinserweiterung, die Jung als die eigentlichen Aufgaben des Menschen ansah. Seinen bleibenden Beitrag zur Bewusstseinsforschung sehen wir darin, dass er so viel Wert auf die spirituelle Seite des Unbewussten und auf die schlummernden schöpferischen Kräfte des Menschen legte; wir verdanken ihm außerdem die Begriffe des »Schattens«, also der dunklen Seite des Ich, der Introversion und Extraversion und der Synchronizität.

Der österreichische Psychoanalytiker Otto Rank (1884 bis 1939), ebenfalls ein Schüler Freuds, erforschte die Rolle des Helden in der Gesellschaft, das Problem der Existenzangst, das schöpferische Ringen und die Dimension des Heiligen in der Liebe. Moderne Menschen leiden nach Ranks Auffassung, weil sie kosmischen Sinn in menschlicher Liebe zu finden versuchen. »Kein Wunder also«, schreibt Ernest Becker in *The Denial of Death* (*Die Überwindung der Todesfurcht*), »dass Rank auf den Gedanken kam, die Liebesbeziehung des modernen Menschen sei ein *religiöses* Problem.« Der Versuch, sexuelle Liebe als Ersatz für göttliche Liebe zu nehmen, so Becker weiter, ist zum Scheitern verurteilt. »Er erzeugt dieses Gefühl von vollkommener Verzweiflung, das wir beim modernen Menschen vorfinden.« Als einen der Wege aus der Neurose sieht Rank die schöpferische Arbeit: Wir fertigen für die

Welt ein Geschenk an und machen uns so zu Akteuren in einem Drama der Selbsttranszendenz, das der Welt weiterhilft.

Wilhelm Reich (1897 bis 1957) leitete von 1924 bis 1930 das Wiener Seminar für Psychoanalytische Therapie, und einige der in dieser Zeit von ihm verfassten Arbeiten werden Schülern der analytischen Methode bis heute empfohlen. Er entwickelte auch Theorien über die destruktiven Strukturen autoritärer Gesellschaften, die er vor allem in *Die Massenpsychologie des Faschismus* (1933) und *Die Entdeckung des Orgon* (1942) darstellte. Reich distanzierte sich schließlich von der orthodoxen Psychoanalyse Freuds, als er die Symptomanalyse zu Gunsten der Charakteranalyse aufgab, bei der es um die Persönlichkeitsstruktur als Ganzes geht. Aus seiner Charakteranalyse entwickelten sich weitere psychotherapeutische Ansätze, und seine Arbeiten über die gesellschaftlichen Determinanten der Neurose haben die Familientherapie, die Gruppentherapie und die Industriepsychologie geprägt. Die Therapie nach Reich geht davon aus, dass Neurosen und andere psychische Störungen durch Blockaden im Strom der emotionalen und sexuellen Energie ausgelöst werden. Reich nannte diese Energie »Orgon«; sie wirkt wie das indische Prana und das chinesische Qi (ältere Schreibweise Ch'i) im gesamten Organismus und kann durch die Hände oder beim Geschlechtsverkehr direkt übertragen werden. Die Energieblockaden erzeugen nach Reich Erstarrungen und Fehlbildungen der Persönlichkeit und zeigen sich dann als »Körperpanzer«, und zwar in Gestalt von chronisch kontrahierten Muskeln und Bändern. Die Therapie zielt darauf ab, diesen psychosomatischen Panzer durch Maßnahmen aufzulösen, die Muskelverspannungen abbauen und dadurch den Energiefluss wieder in Gang bringen sollen; dazu dienen Massagen, körperliche Übungen und andere Maßnahmen, die durch Einsicht in die seelischen Zusammenhänge eine kathartische Wirkung entfalten.

Wenn wir die in uns schlummernden Möglichkeiten betrachten und uns klar machen, wie oft sie unentwickelt bleiben, müssen wir uns fragen: »Was hält uns zurück?« Hier gibt uns die Tiefenpsychologie einige wichtige Antworten, indem sie aufzeigt, wie soziale Konditionierung, die Verdrängung von Kindheitstraumen und Existenzangst und andere psychische Prozesse zusammenwirken und unser Fühlen einschränken, unser Denken eingleisig machen und dazu führen, dass wir unsere höheren Fähigkeiten nicht mehr wahrnehmen. Zu keiner früheren Zeit wussten wir so viel über seelische Pathologien, destruktive gesellschaftliche Prägungen und unbewusste Motive. Dieses Wissen brauchen wir zur weiteren Ausbildung der Fähigkeiten, von denen in diesem Buch die Rede sein wird.

Biofeedback

Biofeedback ist eine Trainingsmethode der psychosomatischen Selbstregulation, die zur Verbesserung der Gesundheit oder bestimmter Fertigkeiten eingesetzt wird, aber man kann damit auch gezielt veränderte Bewusstseinszustände herbeiführen. Während einer Sitzung werden bestimmte Körperfunktionen von empfindlichen Instrumenten wie dem Elektroenzephalografen (Gerhirnströme) oder Elektromyografen (Muskelaktivität) aufgenommen und dem Probanden akustisch oder visuell zurückübermittelt, so dass er jede kleine Veränderung unmittelbar nachvollziehen kann und mit der Zeit zu beeinflussen lernt. Damit sind jetzt auch Körperfunktionen der willentlichen Steuerung zu unterwerfen, die früher als autonom, als nicht dem Willen unterliegend angesehen wurden. Wie das funktioniert, ist noch nicht bis ins Letzte geklärt, aber man kann jetzt schon sagen, dass die meisten, wenn nicht alle Menschen, ihre Selbstregulation durch das Biofeedback verbessern können. Bis heute sind über zehntausend Studien in Fachzeitschriften veröffentlicht worden, die belegen, dass man mit Biofeedback die Gehirnströme, die Pulsfrequenz, die Tätigkeit von Magen und Darm und andere Körperfunktionen beeinflussen kann. Alyce und Elmer Green von der Menninger Foundation sprechen aus, was viele Forscher auf diesem Gebiet glauben: »Es könnte sein, dass jede elektronisch erfassbare und darstellbare physiologische Funktion bis zu einem gewissen Grad der bewussten Kontrolle zu unterwerfen ist.« Darüber hinaus konnte in zahlreichen Studien gezeigt werden, dass eine durch Biofeedback erworbene Selbstregulationsfähigkeit auch später erhalten bleiben kann. Bis 1990 beispielsweise lernten über zweitausend Probanden in der Menninger Foundation, verschiedene Körperfunktionen bewusst zu beeinflussen; dazu wurden jedoch neben dem Biofeedback auch das autogene Training und Visualisationen eingesetzt, so dass die erlernte Selbstkontrolle letztlich nicht an Maschinen gebunden war. Die meisten heutigen Biofeedback-Trainingsprogramme betonen die Bedeutung des Bewusstseins und des Willens beim Erlernen der Selbstregulation, das heißt für die Beherrschung autonomer Funktionen.

Bei Yogis und Schamanen ist die sehr weit gehende Beherrschung körperlicher und geistiger Prozesse nichts Außergewöhnliches, aber erst seit kurzem verfügen wir über Instrumente, mit denen jeder diese Beherrschung bis zu einem gewissen Grade erlernen kann. Auch das ist ein bedeutsamer Fortschritt in Richtung einer transformativen Praxis.

Imagination

Es ist ein uralter Glaube, dass Vorstellungen dazu dienen können, Verbindungen zum Unbewussten zu knüpfen, zu heilen, bestimmte Fertigkeiten leichter zu erlernen und auszubauen, das Bewusstsein zu erweitern und ungewöhnliche körperliche und seelische Energien nutzbar zu machen. Solche Vorstellungen können nicht nur visueller Natur sein, sondern in allen Sinnesbereichen gebildet werden, und sie begegnen uns in Fantasien, Visionen, Träumen, in Kunstwerken und religiösen Symbolen. Seit der Mitte des neunzehnten Jahrhunderts zeichnet sich durch klinische und experimentelle Forschung immer deutlicher ab, dass man durch Imaginationsübungen bestimmte Stärken, Fertigkeiten und Fähigkeiten entwickeln und allerlei Störungen und Leiden wie Depressionen, Angst, Schlaflosigkeit, Übergewicht, sexuelle Probleme, chronische Schmerzen, Phobien und sogar Krebs günstig beeinflussen kann. In medizinischen Zeitschriften sind zu diesem Thema tausende von Forschungsberichten veröffentlicht worden. Einen kurzen Überblick finden Sie in *Der Quanten-Mensch* von Michael Murphy (siehe Bibliografie zum ersten Kapitel). Nie zuvor sind so viele Imaginationspraktiken allgemein zugänglich gewesen. Sie können das Bewusstsein erweitern, die Willenskraft stärken, das emotionale Leben bereichern und außergewöhnliche körperliche Fähigkeiten fördern und sind damit für die Thematik dieses Buches von Bedeutung.

Somatische Erziehung

Der Begriff »somatische Erziehung« wird auf etliche im zwanzigsten Jahrhundert entwickelte Ansätze angewandt. Neuerdings hat der amerikanische Philosoph Thomas Hanna dafür den Begriff »Somatics« geprägt, während französische Ärzte und Pädagogen den Ausdruck »Somatotherapie« vorziehen. Der Philosoph Don Johnson hat sich um das Verständnis der Grundprinzipien dieses Ansatzes besonders verdient gemacht und unterscheidet die somatische Erziehung von Osteopathie, Chiropraktik und medizinischen Standardverfahren, die vor allem auf Symptombeseitigung aus sind. Die Somatik, so Johnson, »wird mit Recht als ein Gebiet bezeichnet, denn ihren vielen Methoden ist gemeinsam, dass sie auf die Beziehung zwischen Körper, Kognition, Emotionen, Willen und anderen Ich-Aspekten abgestellt sind. Innerhalb dieses Gebietes lässt sich eine bestimmte somatische Methode anhand ihrer besonderen körperlichen Ansatzpunkte definieren.« Hier einige der bekannteren somatischen Methoden: Das Rolfing bemüht sich um Auflösung verhärteter Strukturen der Muskeln und Faszien, die Alexander-Methode um eine bessere Haltung durch Ausrichtung von Kopf, Hals und Wirbelsäule. Durch die Feldenkrais-Methode werden das kinästhetische Bewusstsein und die Bewegungsfreiheit verbessert, wodurch mehr Spielraum für Spontanverhalten entsteht. Die von Edmund Jacobson eingeführte Technik der progressiven Entspannung zielt auf ruhige, bewusste Effizienz in allem Tun ab. Johannes Schultz und Wolfgang Luthe möchten mit ihrem autogenen Training eine tiefe Entspannung bewirken, die das Erlernen psychosomatischer Selbstkontrolle ermöglicht. Der »Sensory Awareness« genannte Ansatz von Elsa Gindler und Charlotte Selver möchte mehr sensorisches und kinästhetisches Bewusstsein schaffen. Dann gibt es noch etliche an Wilhelm Reich orientierte neue Therapieformen, die Einschränkungen des Fühlens und Denkens und daraus resultierende Verhaltenshemmungen durch die Auflösung von psychosomatischen Spannungen und Abwehrhaltungen abzubauen versuchen. Jeder dieser somatischen Ansätze kann zu dem in diesem Buch besprochenen ganzheitlichen Vorgehen beitragen.

Meditationsforschung

Meditation dürfte schon immer im Zentrum aller religiösen Praxis gestanden haben. Erst in unserer Zeit wird sie jedoch auch wissenschaftlich erforscht. Das begann in den dreißiger Jahren des zwanzigsten Jahrhunderts mit ersten Untersuchungen an Yogis und Zen-Meistern und setzte sich in den bahnbrechenden Studien von Herbert Benson und Keith

Wallace fort, die sie zwischen 1970 und 1972 in den Zeitschriften *Science, The Journal of Physiology* und *Scientific American* veröffentlichten. In jüngster Zeit sind viele Wirkungen der Meditation genauer untersucht worden; das betrifft neben Bewusstseins- und Verhaltensänderungen vor allem das Herz-Kreislauf-System, die Großhirnrinde, das Hormonsystem und den Stoffwechsel.

Die moderne Forschung gibt uns zwar nur ein erstes Bild von den Ausläufern der Meditation und lässt uns die Gipfel nur ahnen, doch ihre Ergebnisse entsprechen in vieler Hinsicht den traditionellen Darstellungen der kontemplativen Erfahrung, und durch immer weitere Verfeinerung der Methoden wird unser Verständnis immer besser und ergänzt die traditionellen Darstellungen. Kommende Generationen werden aus diesem wachsenden Wissensschatz schöpfen können. Im zweiten Teil werden wir einige dieser Ergebnisse erörtern.

Die Erforschung des »Übernatürlichen«

Zahlreiche Berichte von so genannten übernatürlichen Phänomenen sind in den *Proceedings, Journals* und Archiven der britischen und amerikanischen Society for Psychical Research erschienen. Außerdem in den Veröffentlichungen des Alister Hardy Research Centre an der Oxford University (ursprünglich Religious Experience Research Unit) sowie in Büchern wie *Human Personality* von Frederic William Henry Myers, *Gespenster lebender Personen und andere telepathische Erscheinungen* von Edmund Gurney und anderen, *Die Vielfalt religiöser Erfah-*

rung von William James, *Die körperlichen Begleiterscheinungen der Mystik* von Herbert Thurston, *Ecstasy* von Marghanita Laski, *Watcher on the Hill* von Raynor Johnson und *Der Quanten-Mensch* von Michael Murphy. Alles in allem haben wir hier eine Art Naturgeschichte, aber nicht der Steine oder Tierarten, sondern der außergewöhnlichen menschlichen Erfahrung. Diese Berichte gehen über traditionelle Darstellungen der übernatürlichen Erfahrung – etwa in Patanjalis *Yoga-Sutras* oder im *Visuddhimagga* des Theravada-Buddhismus – insofern hinaus, als sie empirische Forschungsergebnisse berücksichtigen, die es in früheren Zeiten noch nicht gab. Dieses Buch schöpft direkt oder indirekt aus allen diesen Quellen.

Humanistische und transpersonale Psychologie

Das von Rank, Jung und anderen Psychiatern ausgehende spirituelle Interesse innerhalb des therapeutischen Ansatzes ist durch einen lockeren Verbund humanistischer und transpersonaler Psychologen in Amerika, Europa, Japan und Australien weiter entwickelt worden. Es gibt keine das Denken dieser Leute beherrschende überragende Gestalt und sie fühlen sich auch keinem einheitlichen Ansatz verpflichtet, aber sie greifen häufig auf C.G. Jung, William James, Abraham Maslow, Carl Rogers, Rollo May und andere Psychologen und Psychiater zurück, die nicht nur auf die Schwächen des Menschen, sondern auch auf sein Potenzial blicken. Zwei Foren sind für diese Bewegung seit den sechziger Jahren von Bedeutung gewesen, nämlich das *Journal of Humanistic Psychology* und das *Journal of Trans-*

personal Psychology. Der Philosoph Ken Wilber hat ein Modell der menschlichen Entwicklung erarbeitet, das die humanistische und transpersonale Perspektive mit den Erkenntnissen von Entwicklungspsychologen wie Lawrence Kohlberg und den wesentlichen Aussagen der spirituellen Traditionen verknüpft. Indem die transpersonale Psychologie nach Verbindungen zwischen der modernen psychologischen Forschung und den religiösen Einsichten aller Kulturen und Zeiten forscht, weist sie den Weg zu einer ganzheitlichen Psychologie, wie wir sie für die Erforschung unseres Potenzials brauchen.

Die »Human-Potential«-Bewegung

Wie die bisher besprochenen Entdeckungen unsere Sicht des menschlichen Potenzials direkt oder indirekt erweitert haben, ist von den Soziologen und Kulturhistorikern noch gar nicht angemessen erfasst worden. Der Einfluss dieser Entdeckungen auf die Persönlichkeitstheorie und Psychotherapie, auf die Erziehungswissenschaft und das religiöse Denken nimmt jedoch immer weiter zu. Hinzu kommen gerade in jüngster Zeit die weltweite Verbreitung östlicher Philosophien, Yogaformen und Kampfkünste, der mystischen Praxis christlicher Prägung, des Sufismus, des Neuplatonismus und der Kabbala und nicht zuletzt der Einfluss bedeutender Lehrer des neunzehnten und zwanzigsten Jahrhunderts – G.I. Gurdjieff, Rudolph Steiner, Sri Ramakrishna, Sri Ramana Maharshi und Sri Aurobindo, um nur einige zu nennen. Allenthalben ist zu verfolgen, wie weit diese einst den Eingeweihten vorbehaltenen Ansätze bereits ins öffentliche Bewusstsein vorgedrungen sind. Sogar die Kirchen, Volkshochschulen und Universitäten – von unzähligen privaten Organisationen ganz zu schweigen – bieten Yoga- und Meditationskurse und viele andere Programme für die Persönlichkeitsentwicklung an.

In kaum noch zu überblickender Zahl gibt es außerdem Bücher, Zeitschriften, Fernsehsendungen, Tonbänder, Videos und Zeitungsartikel zum Thema. Hier besteht natürlich eine große Bandbreite der Qualität und Tiefe, von glänzenden Übersetzungen alter hinduistischer oder buddhistischer Texte bis hinunter zu abwegigen Traktaten über untergegangene Kontinente, Ufos und dergleichen und zuletzt den messianischen Ergüssen der Oberhäupter zweifelhafter Kulte. Und in der Masse der Seminare und Workshops findet sich alles vom absolut Lächerlichen bis zum Erhabenen. Doch mit der Flut der Angebote entwickelt sich auch langsam ein Unterscheidungsvermögen, das die Stärken und Schwächen der Veranstaltungen und die Qualitäten der Lehrer immer sicherer einzuschätzen vermag. Überall auf der Welt findet also beim Erkunden des menschlichen Potenzials in aller Stille ein Aussieben der Ansätze statt. Die Menschen suchen nach neuen Möglichkeiten der persönlichen Entwicklung und lernen durch eigene Erfahrung gute Lehrer von schlechten, Fakten von wilden Behauptungen, fördernde von destruktiven Methoden zu unterscheiden. Dieser Lernprozess (dem sich etliche Bücher in unserer Bibliografie widmen) schafft einen informellen Wissensschatz, der sich mit der überlieferten Weisheit und den Ergebnissen der modernen Wissenschaft zu einem Gesamtbild unseres wahren menschlichen Potenzials ergänzt.

Dieses Wissen ist zwar noch nicht in seiner ganzen Tragweite erkannt und von den meisten Historikern noch nicht einmal zur Kenntnis genommen worden, aber es kann nicht mehr verloren gehen. Es entspringt den verschiedensten Forschungsgebieten und dem zunehmenden Streben nach Synthese. Es besitzt eine empirische Grundlage und ist immer wieder systematisch überprüft worden, wissenschaftlich und durch die praktische Umsetzung. Wir könnten diesen Ansatz als synoptischen oder multidisziplinären oder integralen Empirismus bezeichnen (wobei freilich zu bedenken bleibt, dass man unter »Empirismus« für gewöhnlich eine auf sinnlicher Erfahrung beruhende Gewinnung und Verifikation von Daten versteht).

Diese umfassende Wissenschaft des menschlichen Potenzials entwickelt sich nun seit über eineinhalb Jahrhunderten und hat Debatten um den Gegensatz von Wissenschaft und Religion oder den von Körper, Geist und Seele zunehmend obsolet gemacht. Viele deutliche Hinweise auf unsere schlummernden Fähigkeiten wurden gesammelt, studiert und in immer mehr Ansätze zur Persönlichkeitsentwicklung integriert. »Jetzt beginnt eigentlich die Erforschung Gottes«, schreibt der Dramatiker Christopher Fry, »und da ist die Landkarte noch weiß.«

DER STAND DER DINGE

Vor langer Zeit erlernten die Menschen den Gebrauch des Feuers, sie zogen auf der Suche nach besseren Lebensbedingungen durch ganze Kontinente oder folgten ihren Schamanen in die Geisterwelt.

Heute haben wir die Kernkraft nutzbar gemacht, schicken Sonden auf andere Planeten und folgen spirituellen Lehrern aller Art in neu entdeckte Regionen des Geistes und der Seele. Diese lange Reise von der Steinzeit herauf hat sich in den letzten dreitausend Jahren merklich beschleunigt. Die großen Phasen des Erwachens, die wir hier betrachtet haben, gaben der Erkenntnis der Welt, unserer selbst und des Transzendenten neue Anstöße. Den religiösen Traditionen verdanken wir Visionen eines hohen moralischen Entwicklungsstandes, Zeugnisse von außergewöhnlichen menschlichen Fähigkeiten und eine Vielzahl von Praktiken, die einen tief greifenden Wandel bewirken können. Renaissance und Aufklärung bewirkten eine gänzlich neue Wertschätzung des Individuums und setzten die Kräfte der Vernunft frei. Die moderne Naturwissenschaft hat die Evolution als Tatsache etabliert. Und vom deutschen Idealismus ausgehend, haben zahlreiche Philosophen begonnen, ein Bild des evolvierenden Universums in seiner Beziehung zum Göttlichen zu zeichnen.

Dieser allgemeine Fortschritt wurde jedoch immer wieder von monströsen Entgleisungen und von Verbiegungen des Menschengeists unterbrochen. Beispielsweise kommen Frauen in vielen Chroniken überhaupt nicht vor, weil ihnen Grundrechte und vor allem die Gleichstellung mit dem Mann praktisch überall verwehrt blieben. Das liegt unter anderem daran, dass sie von den Männern als geistig minderbemittelt angesehen wurden und man ihnen folglich keine Bildungschancen und erst recht keine Berufschancen bot. Doch trotz solcher Regressionen und Abwege erhebt sich die Menschheit nach und nach aus ihrer Unwissenheit und Unfähigkeit. Die an sich schon erstaunliche Geschichte des Aufstiegs von der Steinzeitkultur zu den Wundern des modernen Lebens wird noch wunderbarer, wenn wir diesen Aufstieg als einen Schritt des evolvierenden Universums betrachten. Die Menschheit wird, wie der Kosmos insgesamt, nicht vor ihren scheinbaren Grenzen Halt machen. Mit jedem der angesprochenen Wendepunkte der Geschichte sind die Entwicklungsmöglichkeiten der Menschheit gewachsen. Und alle diese Phasen des Erwachens, so glauben wir, weisen auf einen weiteren Sprung der Evolution voraus, auf den sie uns zugleich auch vorbereitet haben.

Zweiter Teil

✦

Der neue Mensch

Die großen Phasen des Erwachens in der Geschichte der Menschheit haben die Grundlagen für das geschaffen, was wir als den nächsten großen Schritt der Evolution voraussehen. Von dem ausgehend, was Menschen bisher an Neuem gelernt haben, können wir das Bild einer Zukunft skizzieren, in der noch weitere der in uns angelegten Fähigkeiten zum Ausdruck kommen werden. Viele spüren in Augenblicken der Inspiration ein größeres Leben, in dem manches an uns weiter entfaltet sein wird, als es heute ist – Wahrnehmung und mystische Erkenntnis, Kommunikationsfähigkeit, Vitalität, ja sogar unsere Identität. Wir sind zutiefst davon überzeugt, dass wir diese langsam erkennbar werdenden Fähigkeiten gezielt ausbauen können, bis sie sich in unserem Leben manifestieren – als Liebe, als klare Ausrichtung, als die Bereitschaft, Hand in Hand zu arbeiten.

In den folgenden Kapiteln werden wir diese außergewöhnlichen menschlichen Erfahrungen erörtern.

Wir werden darstellen, wie sie in Erscheinung treten und wie wir sie zum bleibenden Bestandteil unseres Lebens machen können. Was für einen Wandel wir vor Augen haben, können Sie sich an einem Beispiel vergegenwärtigen: Bis vor ein paar Jahren war der Umgang mit Computern den besonders dafür ausgebildeten Experten vorbehalten, und heute machen bereits Grundschüler ihre Hausaufgaben teilweise am Computer. Auch die außergewöhnlichen Fähigkeiten, von denen jetzt die Rede sein soll, sind einstweilen nur bei wenigen Menschen voll entwickelt, aber im Prinzip sind sie jedem von uns zugänglich. Sie sind einfach ein noch nicht entwickelter Teil der menschlichen Natur, können aber, wie wir glauben, für jeden selbstverständlich werden.

3.

WAHRNEHMUNG

Wissen Sie, wie weit Ihre Wahrnehmung in die Welt ringsum hineinreicht? Glauben Sie, dass Ihrem Bewusstsein mehr als die unmittelbar gegebene stoffliche Welt zugänglich ist? Zahlreiche Untersuchungen belegen, dass wir unsere Sinne – unser Seh- und Hörvermögen, unser Tastempfinden, unsere Empfindlichkeit für Gerüche, unser inneres Körperbewusstsein – weit über das gewohnte Maß hinaus verfeinern und dazu auch noch außersinnliche Fähigkeiten entwickeln können. Vermutlich erleben alle Menschen hin und wieder solche Augenblicke gesteigerter Wahrnehmungsfähigkeit, und wir glauben, dass sie systematisch entwickelt werden kann.

So gibt es beispielsweise Weinkoster, die tausende von Lagen unterscheiden können. Die Duftexpertinnen der Parfümhersteller unterscheiden bis zu dreißigtausend Duftnoten. Manche »Tuchfühler« können Stoffqualitäten sogar noch durch eine auf die Finger aufgetragene Wachsschicht unterscheiden.

Auch unser Gleichgewichtssinn ist trainierbar, wie wir an Tänzern, Turmspringern, Hochbauarbeitern und Turnern sehen. Hellsichtigkeit, manchmal spontan erlebt, lässt sich ebenso entwickeln wie die Empfindlichkeit für feinstoffliche Energien. Versuchen Sie sich bei der Lektüre des Folgenden an Augenblicke zu erinnern, in denen die gewohnten Grenzen Ihrer Wahrnehmung sich weiteten, in denen einer Ihrer Sinne oder mehrere eine neue Lebendigkeit bekamen.

Die Kunst des Sehens

Viele Sportler berichten von verblüffenden Veränderungen ihres Sehvermögens. John Brodie, jahrelang einer der besten Quarterbacks der National Football League, schilderte in einem Interview mit einem der Autoren solch eine Begebenheit: »Die Zeit wird auf einmal viel langsamer, richtig unheimlich, als würden sich alle in Zeitlupe bewegen. Das ist so, als hätte ich alle Zeit der Welt, um mir die Kombinationen der Fänger anzusehen, und zugleich weiß ich, dass die Verteidigerlinie mit Normalgeschwindigkeit auf mich zukommt.«

Der Golfer Jack Fleck erzählt, was er bei bei den U.S. Open von 1955 während seines Playoff-Sieges über Ben Hogan erlebte: »Das Loch hatte für mich den Durchmesser eines Waschzubers. Plötzlich war ich überzeugt, dass ich es gar nicht verfehlen konnte. Ich hatte nur Mühe, das Gefühl so zu lassen und es nicht in Frage zu stellen.« Und um das Maß voll zu machen: Der Footballspieler MacArthur Lane sagt, er habe das Spielfeld manchmal wie mit einem »dritten Auge« gesehen, das sich über seinem Kopf befand.

Bei solchen Erlebnissen wie auch bei künstlerischen oder religiösen Eingebungen hat man häufig das Gefühl, sie würden einem zuteil, wie von einer höheren Macht geschenkt, doch tatsächlich handelt es sich meist um das Ergebnis intensiven Bemühens. Typisch sind neue Funktionsweisen, die mit Formulierungen wie »drittes Auge« oder »Punkt über dem Kopf« angedeutet werden. Und vielfach verlangen solche Erlebnisse eine klare Entscheidung, sich ihnen zu ergeben, sie »nicht in Frage zu stellen«, wie Jack Fleck es ausdrückte.

In seinem Buch *The Art of Seeing* (*Die Kunst des Sehens*) schildert Aldous Huxley seine Genesung von einem an Blindheit grenzenden Zustand als eine Art Parabel der Moderne. Er schreibt von der Eintönigkeit und panischen Hetze der Städte als einem psychischen Hindernis für gutes Sehen und empfiehlt imaginative Übungen sowie gezielte Entspannungstechniken wie das »Palmieren« und Besonnen. Sein Fazit: »Viel zu häufig starren wir unverwandt auf eine Sache und denken dabei an eine andere.«

Können wir unser Sehvermögen entwickeln? Betrachten wir zur Beantwortung dieser Frage einmal Menschen, deren berufliches Fortkommen von hoch entwickeltem Sehvermögen abhängt – Chirurgen, Forscher, Rennfahrer, Polizisten, Feuerwehrleute oder auch Baseballspieler, denen weniger als eine halbe Sekunde Zeit bleibt, um mit dem Schläger einen hundertfünfzig Stundenkilometer schnellen Ball zu treffen.

Als Mark McGwire dabei war, einen neuen Homerun-Rekord im Baseball aufzustellen, wurde einer seiner Teamkameraden gefragt, was denn McGwires Geheimnis sei. Die Antwort: McGwire saß vor jedem Spiel eine halbe Stunde lang einfach da und starrte ins Dunkel seines geöffneten Spindes, um jeden einzelnen Wurf des Spiels zu visualisieren. Er sah dann im Spiel mit besonderer Klarheit, was seine Chancen, den Ball zu treffen, erheblich vergrößerte.

Der japanische Baseball-Star Sadaharu Oh erlebte auf dem Höhepunkt seiner Karriere als Schläger eine furchtbare Schwächeperiode. Um sich wieder sammeln zu können und neues Selbstvertrauen zu schöpfen, begann er mit dem Kendo, der japanischen Schwertkunst. Eine der Techniken im Kendo heißt »Metsuke« und bezeichnet die gesammelte Aufmerksamkeit des Übenden. Sadaharu Oh schreibt dazu in seiner Autobiografie:

Bei dieser Übung muss der Kämpfer seinen Gegner zutiefst erfassen, und zwar augenblicklich. Im tatsächlichen Kampf darf man nämlich nicht mit viel Zeit für so etwas rechnen. Der Schüler lernt hier gleichsam mit zwei Augenpaaren zu sehen. Das eine beobachtet die Augen des Gegners, an denen abzulesen ist, was in ihm vorgeht, während das andere auf seinen Körper achtet. Diese »zweischichtige« Art des Sehens erscheint einem anfangs nahezu unmöglich und ist auch wirklich sehr schwer zu erlernen. Deshalb lautet die Anweisung häufig, man solle den Gegner ansehen, als wäre er ein ferner Berg. Musashi [ein berühmter Samurai] nannte es »distanzierte Betrachtung naher Dinge«.

Manche Völker haben besondere Sehfähigkeiten entwickelt, wie wir zum Beispiel durch Laurens van der Posts Beobachtungen in Afrika wissen. Er berichtet von den Buschmännern der Kalahari, die sich darin üben, ihr Wild aus über einer Meile Entfernung zu erkennen. Von großen Fotografen wie Henri Cartier Bresson wissen wir außerdem, dass sie ihre Aufmerksamkeit gezielt schulen, um den »entscheidenden Augenblick« für ein geschichtsträchtiges Bild nicht zu verpassen. Bei dem Schriftsteller Jacques Reda war jeder Gang durch die Straßen von Paris von der Absicht begleitet, alle Tage etwas Neues zu sehen – eine Übung, mit der er seine Liebe zu dieser Stadt immer wieder erneuerte.

Und wie sieht es mit Ihrer eigenen Erfahrung aus? Vielleicht haben Sie bei irgendeiner sportlichen Betätigung erlebt, dass Ihre Umgebung plötzlich und geheimnisvoll in neuer Schönheit erstrahlte. Vielleicht kam Ihnen das Licht heller und klarer vor oder Sie staunten über die bestürzende Schönheit der Gräser. Vielleicht kamen Sie einmal unerwartet in eine Gefahrensituation und merkten, dass Sie plötzlich viel schärfer sehen konnten.

Wir können heute aus vielen derartigen Berichten schöpfen, die uns sagen, dass wir manchmal schärfer sehen und tiefer blicken können, als wir es gewohnt sind und erwarten. Ferne Dinge wirken ganz nah, so dass wir viele Einzelheiten wahrnehmen können. Die Zeit kann so verlangsamt sein, dass wir Abläufe wahrnehmen, die uns normalerweise entgehen würden. Farben, Umrisse und »unwichtige« Details treten so überdeutlich hervor, dass wir in ehrfürchtigem Staunen vor ihnen stehen. Die Welt wird in solchen Augenblicken lebendig und alle Dinge erscheinen uns wie verwandelt. Der amerikanische Dramatiker Eugene O'Neill lässt Edmund, eine Gestalt seines Stückes *Long Day's Journey Into Night* (*Eines langen Tages Reise in die Nacht*), solch einen Augenblick schildern:

> Ich lag mit dem Kopf nach achtern auf dem Bugspriet, unter mir das schäumende Wasser, über mir die hoch aufragenden Masten mit allen Segeln im Mondlicht. Diese Schönheit und der tönende Rhythmus – Trunkenheit kam über mich, und für einen Augenblick verlor ich mich, verlor wahrhaftig mein Leben. Ich war frei! Ich ging auf in das Meer, wurde weiße Segel und fliegende Gischt, wurde Schönheit und Rhythmus, wurde Mondlicht und das Schiff und der hohe blass bestirnte Himmel. Ich war geborgen, ohne Vergangenheit und Zukunft, in Frieden und Einssein und einer wilden Freude, in etwas größerem als meinem Leben oder dem Leben des Menschen – im Leben selbst. In Gott, wenn man so will.

Die Glückseligkeit solcher Augenblicke äußert sich meist nicht nur in einem veränderten Sehen. Die übrigen Sinne werden mitgezogen, als hingen sie alle unlösbar aneinander.

HÖREN WIE NIE ZUVOR

Intuitiv wissen wir, dass Musik und andere Laute oder Geräusche sich auf unsere Stimmung auswirken. Das Gurren einer Taube vor dem Fenster kann uns froh machen, der Klang einer fernen Kirchglocke kann uns verzaubern, und beim Pfiff einer Lokomotive kommen uns vielleicht Erinnerungen an die Kindheit – aber nur, wenn wir wirklich hören. Der taube Lyriker David Wright schreibt in seiner Autobiografie vom Zauber des Lauschens:

> Nehmen wir an, es sei ein sehr ruhiger Tag, kein Zweig, kein Blatt regt sich. Mir wird er still wie das Grab erscheinen, mögen die Hecken auch voller lärmender, aber unsichtbarer Vögel sein. Dann ein Lufthauch, gerade ausreichend, um ein Blatt aus der Ruhe zu heben. Ich sehe die Bewegung und höre sie als einen Ruf. Die eingebildete Lautlosigkeit ist unterbrochen. Ich sehe, als hörte ich, in einem Wogen des Laubes ein visionäres Sausen von Wind ... Manchmal muss ich mir ganz bewusst klar machen, dass ich nichts hören würde, wenn ich hören könnte, weil nichts zu hören da ist. Solche Nicht-Laute sind beispielsweise der Flug oder Bewegungen eines Vogels oder auch Fische in klarem Wasser oder einem Aquarium. Vogelflug, zumindest in einiger Entfernung, ist wohl unhörbar, und Fische im Wasser, zumindest in der Tiefe, sind unhörbar. Aber mir kommt es so vor, als hörte ich die Bewegungen, und jede Art erzeugt ihre eigene »Augen-Musik«, von der gelassenen Melancholie der Möwen bis zum Staccato der schwirrenden Schwalben.

Es gibt aber auch ein Hören von Lauten, für die keinerlei physische Quelle auszumachen ist. Solche Erfahrungen schildert einer der frühen Forscher auf diesem Gebiet, Edmund Gurney, in seinem Buch

Phantasms of the Living von 1886 (*Gespenster lebender Personen und andere telepathische Erscheinungen*). In dieses Buch hat Gurney den folgenden Bericht von Prof. Ernesto Bozzano aufgenommen:

Den zweiundzwanzigsten März des Jahres 1832, gegen zehn Uhr am Abend, zwei Stunden vor Goethes Tod, hielt eine Kutsche vor dem Hause des großen Dichters. Eine Dame entstieg ihr, trat eilig ein und fragte den Diener mit bebender Stimme: »Lebt er noch?« Es war die Komtess V., eine glühende Verehrerin des Dichters, welcher sie ob der erquickenden Lebhaftigkeit ihrer Konversation stets mit Vergnügen empfing. Auf dem Wege die Treppe hinauf hielt sie plötzlich inne, lauschte und fragte nach einer Weile den Diener: »Wie? Musik in diesem Hause? Gütiger Himmel, wie kann jemand hier an einem solchen Tage musizieren?« Der Mann lauschte ebenfalls, war jedoch erbleicht und zitterte und erwiderte nichts. Unterdessen hatte die Komtess den Salon durchquert und das Arbeitszimmer betreten, zu dem nur sie Zugang hatte. Frau von Goethe, die Schwägerin des Dichters, empfing sie. Die beiden Frauen fielen einander unter Tränen in die Arme. Gleich darauf fragte die Komtess: »Sagen Sie, Ottilie, ich hörte Musik, als ich die Treppe heraufkam. Wie kann das sein? Oder habe ich mich verhört?«

»Also haben Sie es auch gehört?«, fragte Frau von Goethe. »Es ist unerklärlich. Seit dem gestrigen frühen Morgen erklingt von Zeit zu Zeit eine geheimnisvolle Musik, die in den Ohren und bis ins Mark tönt.« In eben diesem Augenblick erklangen von oben und wie aus einer höheren Welt liebliche, getragene Akkorde, um langsam, nach und nach, wieder zu verklingen.

Im religiösen Umfeld wird häufig von wunderbaren, auf keine erkennbare Quelle zurückführbaren Klängen berichtet. Der englische Heilige Guthlac vernahm Engelsgesänge, als er starb; auch Therese von Lisieux und William Blake hörten auf ihrem Sterbelager Himmelsmusik. Der heilige Joseph von Cupertino hörte am Tag vor seinem Tod Glockenläuten, das ihn zu Gott rief. Der englische Mystiker Richard Rolle (1290 bis 1349) erzählt in seinem Werk *The Fire of Love* von Musik, die beim Beten erklang:

> Wenn ich zum Sprechen der Psalmen [in der Kapelle] saß, wie ich es vor dem Abendmahl zu tun pflegte, vernahm ich über mir die Klänge von Harfen, vielmehr Gesang. Und wandte ich mich im Gebet mit aller Kraft des Herzens den himmlischen Dingen zu, so vernahm ich, ich weiß nicht wie, in mir eine Melodie von erhabenster himmlischer Harmonie, welche in meinem Gemüt fortdauerte. Meine Gedanken verwandelten sich dann alsbald in Gesang, und ob ich betete oder die Psalmen sang, stets tönte eben dieser Klang aus mir.

Für Musik ohne physische Ursache oder »himmlische« Musik gibt es in der hinduistisch-buddhistischen Überlieferung das Sanskritwort *Nad*. Die Rhythmen und Harmonien des Nad, wie sie sich bei religiösen Andachtsübungen offenbaren können, steigern sich in der hingebungsvollen spirituellen

Praxis zu immer größerer Intensität. Es heißt, wir alle könnten uns auf diese transzendente Harmonie einstimmen, als wäre sie eine konstante Hintergrundmusik. Freude, Zorn und Traurigkeit, ja alle unsere Stimmungen werden durch diese Musik verstärkt. Diese Lehre wird in der Nada-Bindu-Upanishad des Rig-Veda vorgetragen, verbunden mit der Aufforderung, uns auf das Nad zu konzentrieren, um uns aus dem gewöhnlichen Bewusstsein herauszuheben. Das Geheimnis liegt im intensiven Lauschen.

Haben Sie schon einmal so gehört? Denken Sie an Augenblicke, in denen das Lauschen eine besondere Bedeutung hatte. Haben Sie als Kind einmal gespannt lauschend auf die Heimkehr Ihrer Eltern gewartet? In solchen Augenblicken erwartungsvoller Stille hören wir Geräusche, die uns sonst entgehen, vielleicht das Knacken im Haus oder einen Zug in der Ferne oder die Laute von nächtlichem Getier. Wenn Sie dieses Lauschen kultivieren, kann es eine Übung werden, die Ihr Hörvermögen auf erstaunliche Weise steigert.

LICHT-ERSCHEINUNGEN

Wer an Irland denkt, dem fallen vielleicht auch Dinge wie das »zweite Gesicht« ein – die Fähigkeit, Dinge zu sehen, die dem äußeren Auge verborgen bleiben. In ihren Liedern und Dichtungen erzählen die Iren von »dünnen Stellen«, wo das Außergewöhnliche oder Heilige leichter durchscheinen kann. Es kann sich um heilige Stätten oder Orte mit großartigem Ausblick handeln, oder um besondere Tageszeiten wie Morgengrauen und Abenddämmerung, die Zeit des Zwielichts. In der hinduistischen und buddhistischen Überlieferung finden wir die Lehre vom »dritten Auge« und anderen übersinnlichen Fähigkeiten. Auch jüdische, islamische und christliche Mystiker beschreiben verschiedene »spirituelle Sinne«.

So gibt es Menschen, die die Aura von Pflanzen, Tieren und Menschen sehen können; andere nehmen Funken in der Luft wahr oder unerklärliche Lichter in Tempeln und in Höhlen, die zeremoniellen Zwecken dienten. Ernst genommen wurden solche Phänomene in neuerer Zeit zum Beispiel von C.G. Jung und Wilhelm Reich. Jung zog von solchen Erfahrungen eine Linie zu den in alchimistischen Texten erwähnten Lichtpunkten, zu den »Welt erfüllenden Seelenfunken« der kabbalistischen Überlieferung, zu den »Licht-Atomen«, von denen die Gnostiker sprachen, und zu »Funken der Sternen-Essenz«, von denen wir bei Heraklit und Demokrit hören.

Der Physiker und Geschäftsmann Edward Russell berichtet in der Zeitschrift *Quadrant* von mehreren Erlebnissen dieser Art:

> Ich besprach mit einem meiner Angestellten eine schwierige Aufgabe und muss wohl das Unmögliche von ihm verlangt haben, denn er hatte plötzlich etwas Entmutigtes, Verlorenes und Hoffnungsloses an sich. Dann flammten in seiner Aura hunderte kleiner Funken auf.
>
> Manchmal kündigt ein kleiner Funken genau in der Mitte zwischen zwei Personen und etwas über ihnen an, dass aufgrund einer gemeinsamen Idee im nächsten Moment ein tiefer Rapport zwischen ihnen entstehen wird. Ich habe Liebende

erlebt, die zusammen in einer »Wolke der Zuneigung« zu sein schienen, die ich als einen sie einhüllenden und zwischen ihnen strömenden Dunst sehe. Bei angeregten Diskussionen (wenn der Funke überspringt), habe ich die Lichter buchstäblich zwischen den Gesprächsteilnehmern strömen sehen ...

In praktisch allen spirituellen Überlieferungen wird gesagt, dass Auren, unerklärliche Licht-Erscheinungen und göttliche Funken keineswegs eingebildet, sondern wirklich vorhanden sind. Jeder könne durch Gebet, Meditation und andere Übungen lernen sie zu sehen. Vielleicht haben Sie schon einmal eine charismatische Gestalt oder die große Liebe Ihres Lebens von einem Lichthof umgeben gesehen. Viele Menschen berichten von solchen Erscheinungen bei ihrem neugeborenen Kind oder bei bestimmten Büchern und Kunstgegenständen, manchmal sogar bei völlig fremden Menschen.

HELLSEHEN

Vieles deutet darauf hin, dass es sich beim Hellsehen oder »Fern-Sehen« um eine generelle, aber noch wenig beachtete menschliche Fähigkeit handelt. Manche Anthropologen meinen, diese Fähigkeit könnte in den Steinzeitkulturen von den Schamanen für die Jagd und andere Zwecke eingesetzt worden sein. Im Hinduismus, Daoismus, Buddhismus und Sufismus wird sie als eine reale Kraft angesehen und auch vielen jüdischen und christlichen Mystikern spricht man sie zu.

In den letzten Jahrzehnten wurden an dem bekannten Forschungsinstitut SRI International in den Vereinigten Staaten etliche wissenschaftliche Experimente zur Frage der Hellsichtigkeit durchgeführt – und zwar mit Regierungsgeldern. Einer der Forschungsleiter, der Physiker Russell Targ, berichtet von Versuchen, das Hellsehen für Spionagezwecke zu nutzen. Targ hat diese Forschungen auch der russischen Akademie der Wissenschaften vorgestellt. In den USA gab es noch weitere mit öffentlichen Mitteln geförderte Forschungsvorhaben dieser Art, und auch in der Sowjetunion trieb die Regierungen diese Forschungen voran in der Hoffnung, man könne damit die Waffensysteme des Gegners aufspüren und seine militärischen Aktivitäten verfolgen.

1995 gab die CIA einen Ergebnisbericht für diese von der Regierung finanzierten Forschungen in Auftrag. Die Überprüfungskommission hatte den Auftrag, die zur Frage des Fern-Sehens durchgeführten Experimente zu bewerten. Der Kommission gehörten ein Physik-Nobelpreisträger, international bekannte Experten auf den Gebieten Statistik, Psychologie, Neurowissenschaft und Astronomie an sowie ein ehemaliger Generalmajor der amerikanischen Streitkräfte, der außerdem Arzt war. Da die Existenz des Fern-Sehens für die meisten Geldgeber auf Regierungsebene schon durch die Experimente hinlänglich bewiesen war, sollten die weiteren Experimente jetzt nicht mehr dem Beweis des Phänomens dienen; man wollte vielmehr wissen, wie Psi-Wahrnehmung genau funktioniert.

Bei einem dieser Experimente wurde der Versuchsperson nichts weiter angegeben als der genaue Längen- und Breitengrad eines Ortes irgendwo in der

Vereinigten Staaten. Der Mann beschrieb korrekt eine strenger Geheimhaltung unterliegende Einrichtung in Virginia. Er vermochte das Innere der Räumlichkeiten zu schildern und konnte sogar Codewörter angeben, die auf Ordnern in verschlossenen Aktenschränken standen. Ein skeptischer Zeitungsreporter erfuhr später von dieser erstaunlichen Geschichte und beschloss sich selbst ein Bild zu machen. Er fuhr zu der durch die Koordinaten angegebenen Stelle, hundertfünfunddreißig Meilen westlich der Hauptstadt Washington, und gedachte dort »das Basislager eines extraterrestrischen Erkundungstrupps oder doch wenigstens das Kommandozentrum für den Dritten Weltkrieg« zu finden. Stattdessen sah er einen »ziemlich ungenutzten Hügel mit ein paar Schafherden und massenhaft Schafskot«. Keine geheime militärische Einrichtung, keine Gebäude, keine Posten. Was er nicht wusste: Er sah genau das, was er sehen sollte, Schafe auf einem Hügel. Und die geheime militärische Einrichtung war wirklich da, nur tief unter der Erdoberfläche.

Die amerikanische Parapsychologin Rhea White schreibt von »heiligem Psi«, wie es Alban Butler in seinem Werk *Lives of Saints* verzeichnet, einer vielbändigen Sammlung von Geschichten über die Heiligen des Christentums. Haben Sie auch schon einmal so etwas erlebt? Haben Sie beispielsweise gespürt, dass jemand, den Sie kennen, in Schwierigkeiten ist? Wissen Sie manchmal, wenn das Telefon klingelt, wer anruft? Vielleicht sollten Sie solche nebensächlichen Dinge doch einmal ernst nehmen und genauer auf die leisen Regungen der Intuition achten.

Gesteigertes Körperbewusstsein

Nicht nur die Welt ringsum, sondern auch unsere Innenwelt können wir vollständiger und tiefer wahrzunehmen lernen. Die Mittel dazu sind Meditation, Yoga, Biofeedback, Kampfkünste, Sport und anderes. Langstreckenläufer beispielsweise lernen auf subtile Veränderungen des Muskeltonus zu reagieren und ihr Tempo entsprechend anzupassen. Erstklassige Segler erkennen an winzigen Gleichgewichtsveränderungen, ob ihr Boot den optimalen Kurs steuert. Rodeo-Reiter können sich vermöge ihres außergewöhnlich gut entwickelten Muskelsinns auf wild bockenden Stieren halten.

Körperbewusstsein ist jedoch mehr als Muskel- und Gleichgewichtssinn. Visuelle Bilder, Laute, Geschmack und Geruch tragen ebenfalls dazu bei. Es gibt Hochleistungssportler, die den Grad ihrer Belastung am Geschmack ihres Speichels oder am Geruch ihres Schweißes ablesen. Manche Läufer und Kampfsportler beschreiben visuelle Bilder, die offenbar ihre Organe, Gewebe und Zellen darstellen.

Anscheinend geht Körperempfinden jedoch über das hinaus, was durch normale Nerventätigkeit zu erklären wäre. Viele Menschen haben das Gefühl, die Vorgänge in ihren Organen und Zellen verfolgen zu können. Die Medizin tut sich hier schwer mit Erklärungen, aber solche Erfahrungen werden von Yogis, Zen-Meistern, Sufis und Praktizierenden anderer spiritueller Traditionen bestätigt, die ein sehr hoch entwickeltes Körperbewusstsein besitzen. In allen Religionen finden wir dazu eine ins Einzelne gehende Überlieferung.

Zu den im Yoga entwickelten *Siddhis* oder »außergewöhnlichen Kräften« gehört beispielsweise die Fähigkeit, die kleinsten Materieteilchen wahrzunehmen. Mit *Anudrishti-Siddhi* – zusammengesetzt aus *Anu*, »Atom«, und *Drishti*, »Einsicht« – meint man die Wahrnehmung kleiner, verborgener oder entlegener Dinge, womit auch Feinheiten des Körperbaus gemeint sind. Die *Antaradrishti-Siddhi* soll eine Art Röntgenblick in das Körperinnere ermöglichen. Und die *Animan-Siddhi*, eine der in vielen Yoga-Texten erwähnten acht großen Kräfte, gibt einem sogar die Möglichkeit, die Zellen des eigenen Körpers und deren Atome wahrzunehmen. Und all das wurde tausende von Jahren vor der Erfindung des Mikroskops und anderer Instrumente der modernen Naturwissenschaft entdeckt!

Neuere Experimente bestätigen jedoch eine uralte Erfahrung: Bewusste oder unbewusste psychische Gewohnheiten und Assoziationen wirken sich auf das Erscheinungsbild hellsichtiger Wahrnehmungen innerhalb und außerhalb des Körpers aus und können den tatsächlichen Informationsgehalt der Wahrnehmung überlagern und verzerren. Die Targ-Puthoff-Experimente, von denen bereits die Rede war, aber auch Zeugnisse der verschiedenen yogischen Traditionen deuten darauf hin, dass innere Hellsichtigkeit durch das jeweilige Geist-Körper-Gefüge mitsamt seiner genetischen und kulturellen Prägung gefärbt wird. Auf dieses Thema werden wir noch zurückkommen: Alle unsere natürlichen und übernatürlichen, körperlichen oder sonstigen Fähigkeiten unterliegen der Beschränkung und Färbung durch ererbte oder erworbene Konditionierung.

Dennoch können wir durch kluge Disziplin lernen, die Strukturen und Abläufe unseres Körpers wie unter einer Art Zoom-Mikroskop zu sehen und uns ganz gezielt bestimmten Organen, Geweben oder Zellen zuzuwenden, um einen Dialog in Gang zu bringen, in dessen Verlauf unser Körper uns Bedürfnisse mitteilen oder Frühwarnungen zukommen lassen kann. Vielleicht können wir sogar noch weiter gehen. Seher und Weise haben immer wieder gesagt, dass wir Reisen in die normalerweise unsichtbaren Räume unseres Körpers unternehmen und dort – wie im Weltraum – ungeahnte Geheimnisse der Materie aufdecken können.

Haben Sie schon solche Augenblicke einer alles Gewohnte sprengenden Wahrnehmung erlebt? Wenn ja, dann dürfte es gut sein, sie nicht als einzelne Vorkommnisse, sondern als Geburt einer neuen Weltwahrnehmung zu sehen. Überall auf der Welt gibt es Menschen, die immer häufiger solche überraschenden Erlebnisse haben – plötzlich ist alles von überwältigender Schönheit, oder man hört Laute auf ganz neue Art oder sieht etwas den körperlichen Augen Unerreichbares in allen Einzelheiten.

Sehr viel spricht dafür, dass wir durch beharrliches und systematisches Üben alle in uns angelegten Fähigkeiten zum Vorschein bringen und entwickeln können. Im sechzehnten Kapitel werden wir Übungen vorstellen, mit denen Sie die hier und in den folgenden Kapiteln beschriebenen Fähigkeiten fördern können.

4.

Das Wunder der Bewegung

Der Legende zufolge tat Galilei nach dem Prozess, der ihn von seiner neuen Lehre, dem heliozentrischen Weltbild, abzuschwören zwang, den historischen Ausspruch: »*Eppur si muove* – Und sie bewegt sich doch.« Hier ging es konkret um die Planetenbewegungen und das Festhalten der Kirche am alten Weltbild einer unbewegt im Zentrum der Schöpfung ruhenden Erde; doch die Galilei in den Mund gelegten Worte stehen wohl ganz allgemein für die Faszination der Bewegung. Wir bewegen uns, also leben wir.

Viele Berichte von außergewöhnlichen Leistungen – im Alltag, im Sport, in den Kampfkünsten, aber auch beispielsweise im Schamanismus oder den spirituellen Traditionen – zeugen vom hohen Stellenwert der Bewegung in der menschlichen Erfahrung. So sagt der japanische Schwertmeister Yagyu Munenori (1573–1645), man könne die Schwertkunst so weit vervollkommnen, dass »der ursprüngliche Geist mit menschlichen Händen greift, mit menschlichen Füßen geht und mit menschlichen Augen sieht«. Ähnlich werden bei manchen indianischen Gruppierungen durch schamanistische Praktiken höhere Kräfte entwickelt, die ein unter normalen Umständen undenkbares Leistungsniveau etwa beim Laufen ermöglichen. Im tibetischen Buddhismus gibt es so genannte *Lung-gom*-Praktiken, die gewöhnliche Bewegungen angeblich in etwas Übermenschliches verwandeln. Lama Anagarika Govinda spricht in seinem Buch *Der Weg der weißen Wolken* (S. 135 f.) von der »Kontrolle vitaler Funktionen des menschlichen Körpers durch die feineren Kräfte des Geistes«. Er fährt fort:

> In dieser Weise wird eine direkte Beeinflussung körperlicher Organe und Funktionen ermöglicht, so dass ein harmonisches psycho-physisches Zusammenwirken erzielt wird: ein Parallelismus von Gedanken und Bewegung, und ein Rhythmus, der alle verfügbaren Kräfte des Individuums in seinen Dienst nimmt.
>
> Wenn man den Punkt erreicht hat, an dem die Transformation einer Kraft oder eines Materialisationszustandes in einen anderen möglich ist, können verschiedenartige Wirkungen von scheinbar übernatürlichem Charakter erzielt werden, wie zum Beispiel die Verwandlung psychischer Energie in körperliche Bewegung (ein Wunder, das wir in kleinerem Maßstab in jedem Augenblick vollziehen, ohne uns dessen bewusst zu sein) oder die Transformation von Materie in einen aktiven Energiezustand, der zugleich in einer Gewichtsabnahme oder in einer scheinbaren Aufhebung oder Verminderung der Gravitation resultiert.

Govinda zitiert auch die berühmte Tibetforscherin Alexandra David-Neel, die den wohl ältesten Augenzeugenbericht von der Begegnung mit einem Lung-Gom-Praktizierenden gegeben hat. Auf der weit gehend menschenleeren Hochebene Tibets sah sie einen Menschen, »der sich in einer ungewöhnlichen Weise und mit einer außerordentlichen Geschwindigkeit fortbewegte ... Der Mann lief nicht, sondern schien sich sprungweise vom Boden zu schnellen ... als besäße er die Elastizität eines Gummiballs ... Seine Schritte hatten die Regelmäßigkeit eines Pendels.« Die Tibeter in David-Neels Expedition erkannten die Gestalt sofort als einen Lung-Gom-Pa, einen Mönch mit übernatürlichen Kräften, und verneigten sich ehrerbietig, als er vorüberzog. Vier Tage später begegnete David-Neel Nomaden, die den Lama ebenfalls gesehen hatten, und konnte durch den Zeitvergleich errechnen, dass er sich mit schier unglaublicher Schnelligkeit fortbewegt haben musste.

Bei einer Versammlung der indianischen Native American Church in den Bergen Nordmexikos Anfang der neunziger Jahre kamen auch sechs Tarahumara-Indianer, die zuvor zweihundertfünfzig Meilen (je fünfzig Meilen an fünf aufeinander folgenden Tagen) gelaufen waren, und das mit Salztabletten als einziger Verpflegung. Sie berichteten vor der Versammlung, sie hätten während ihres Laufs weder essen noch trinken müssen, weil sie »von den Göttern voll« waren und »den ganzen Weg gebetet« hatten.

Daoismus und Buddhismus kennen für dieses Erlebnis der Kraft und Anmut in der Bewegung den Begriff des »Nichttuns im Tun«. Dazu kommt es, wenn man nichts mehr bewusst anstrebt und das Tun mühelos wird. Dann sind die Dinge ihrem natürlichen Rhythmus überlassen, oder wie man in Japan sagt: »Der Frühling kommt, das Gras wächst von selbst.«

Vielleicht können wir auch »außerkörperliche Hellsichtigkeit« als eine außergewöhnliche Bewegungsfähigkeit ansehen. In praktisch allen Kulturen existiert der Glaube, dass unser Geist-Körper sich außerhalb unseres physischen Körpers bewegen kann, und das Phänomen ist auch von glaubwürdigen Forschern unserer Zeit untersucht worden. Dr. Brian Weiss beispielsweise bekam von einem Chirurgen folgende Geschichte erzählt: Ein Patient, bei dem er nach einer Operation zur Visite war, fragte ihn, ob er den wertvollen Stift wiedergefunden habe, der ihm während der Operation aus der Tasche gefallen sei. Er konnte sogar exakt die Stelle angeben, an der der vermisste Stift lag. Nun hatte dieser Patient aber zur fraglichen Zeit in tiefer Narkose gelegen und war außerdem blind. Er konnte also nach menschlichem Ermessen unmöglich wissen, wann der Stift gefallen und wohin er gerollt war.

Seit dem neunzehnten Jahrhundert gibt es gute Dokumentationen solcher Geschichten. Einer der ersten Vertreter der modernen Psi-Forschung war Frederic William Henry Myers, der in seinem Buch *Human Personality and Its Survival of Bodily Death* folgendes Beispiel für außerkörperliche Bewegung mitteilt. Es handelt sich um den Reisebericht eines Mr. Wilmot:

Am 3. Oktober 1863 trat ich auf dem Dampfer »City of Limerick« der Inman Line, Kommandant Captain Jones, von Liverpool aus die Überfahrt nach New York an. Am Abend des zweiten Tages, kurz hinter Kinsale Head [südirische Küste bei Cork] brach ein schwerer Sturm los, der neun Tage lang anhielt. In dieser Zeit sahen wir weder Sonne noch Mond, noch irgendein Schiff. Luvseitig verloren wir am Bug Teile des Schanzkleides; einer der Anker riss sich aus seiner Lasching los und richtete erheblichen Schaden an, bevor er wieder gesichert werden konnte; etliche derbe Sturmsegel wurden davongeweht, obwohl sie ganz kurz gerefft waren, und die Bäume wurden geknickt.

In der Nacht nach dem achten Tag flaute der Sturm ein wenig ab, und zum ersten Mal seit dem Auslaufen genoss ich erfrischenden Schlaf. Gegen Morgen träumte mir, ich sähe meine Frau, die ich in den Vereinigten Staaten zurückgelassen hatte, im Nachtgewand in der Kabinentür stehen. Hier schien sie zu bemerken, dass ich nicht der einzige im Raum war, und zögerte ein wenig, kam dann aber an meine Seite, beugte sich herab und küsste mich, streichelte mich einige Augenblicke und verschwand so still, wie sie gekommen war.

Beim Erwachen bemerkte ich überrascht, dass der Mitreisende in meiner Kabine mit aufgestütztem Kopf dalag und mich fixierte. »Sie sind mir ja einer«, sagte er nach einer ganzen Weile, »dass Sie einfach eine Dame hier zu Besuch laden.« Ich bat ihn, seine Worte zu erklären, was er zunächst ablehnte, doch schließlich erzählte er, was er hellwach in seiner Koje liegend gesehen hatte. Es entsprach genau meinem Traum.

Dieser Herr hieß William J. Tait und war schon bei der Hinfahrt im vergangenen Juli mit dem Dampfer »Olympus« der Cunard Line mein Kabinennachbar gewesen; er stammte aus England und war der Sohn eines Geistlichen der Staatskirche. Er lebte seit einigen Jahren in Cleveland im Staate Ohio, wo er das Amt eines Bibliothekars der Associated Library bekleidete. Er war zu der Zeit wohl um die fünfzig Jahre alt und alles andere als ein Witzbold, vielmehr ein gesetzter und sehr religiöser Mann, dessen Aussagen über jeglichen Gegenstand man unbedingt Glauben schenken konnte.

Der Vorfall erschien mir derart sonderbar, dass ich Mr. Tait immer wieder ausfragte, und zu drei verschiedenen Gelegenheiten, das letzte Mal kurz vor dem Einlaufen in unserem Zielhafen, wiederholte er mir den Bericht dessen, was er gesehen hatte. In New York trennten wir uns, und ich habe ihn seither nie wieder gesehen.

Am Tag nach der Ankunft fuhr ich mit dem Zug nach Watertown in Connecticut, wo meine Kinder und meine Frau sich seit einiger Zeit zu Besuch bei den Eltern meiner Frau aufhielten. Eine der ersten Fragen, die sie mir stellte, sobald wir miteinander allein waren, lautete: »Hattest du am Dienstag vergangener Woche Besuch von mir?« »Besuch von dir?« fragte ich. »Wir waren über tausend Meilen weit draußen auf See.« »Ich weiß«, entgegnete sie, »aber mir war so, als würde ich dich besuchen.«

Meine Frau erzählte mir sodann, wegen des schlechten Wetters und eines Berichts vom Verlust der »Africa«, die am Tag unserer Abfahrt aus Liverpool nach Boston ausgelaufen und am Cape Race gescheitert war, sei sie in äußerster Sorge um mich gewesen. In der Nacht zuvor, eben jener Nacht, in der, wie berichtet, der Sturm ein wenig abzuflauen begann, hatte sie in Gedanken an mich lange wach gelegen, und gegen vier Uhr morgens habe sich ein Gefühl eingestellt, als sei sie auf der Suche nach mir, über das weite stürmische Meer hin. Nach einiger Zeit sei sie zu einem niedrigen schwarzen Dampfschiff gekommen, sei an Deck und dann hinunter in die Kajüte gestiegen, habe sich nach achtern gewandt und dort schließlich meine Kabine erreicht. »Sag«, fragte sie, »gibt es überhaupt solche Kabinen, wo die obere Koje weiter nach hinten geht als die untere? Oben lag ein Mann, der mich direkt anblickte, und für einem Moment war es mir unangenehm, hineinzugehen, doch dann bin ich an dein Bett getreten, habe mich heruntergebeugt und dich geküsst, dich umarmt, und bin wieder gegangen.«

Die Schilderung, die meine Frau von dem Dampfer gab, war in allen Einzelheiten zutreffend, obgleich sie das Schiff nie gesehen hatte.

Diese »Bilokation« genannte Erfahrung, an zwei Orten gleichzeitig zu sein, spielt in der katholischen Überlieferung eine erhebliche Rolle; sie wird von manchen sogar zu den wichtigsten Erscheinungsformen christlicher Frömmigkeit gezählt. Auch im Yoga, sowie im Daoismus, im tibetischen Buddhismus und im Sufismus ist das Phänomen wohlbekannt. Es kommt jedoch, wie unser Beispiel zeigt, nicht nur im religiösen Bereich vor. Alle ekstatischen Erfahrungen erotischer oder anderer Art, aber auch Krankheit, Todesnähe, lebhafte Träume, Krisen und sehr hautnah erlebte Abenteuer können Bilokationserlebnisse auslösen. Ein Kletterer beispielsweise erzählt:

> Vier bis sechs Meter über dem Boden verlor ich den Halt und stürzte ab. Im Fallen hatte ich das Gefühl, gut über einen Meter von der Wand entfernt zu sein und meinen Körper fallen zu sehen. Sehr undeutlich erinnere ich mich, dass ich mich auch noch auf die andere Seite meines Körpers bewegte und ihn von da aus sah. Der Aufschlag und der Schmerz holten mich sofort wieder in meinen Körper zurück.

Außerkörperliche und andere ungewöhnliche Erfahrungen lassen wohl darauf schließen, dass wir nicht auf die Welt unserer gewohnten sensomotorischen Möglichkeiten beschränkt sind. Wir können nicht nur in anderen Dimensionen hören oder sehen, sondern uns anscheinend auch zeitweilig in einer Art Geistkörper in ihnen bewegen.

Vielleicht haben Sie dergleichen schon erlebt, etwa beim Laufen, wo es manchmal durch Endorphin-Ausschüttung zu einer Art Ekstase kommt. Oder Sie saßen mit Ihrer Tochter in einem Tretboot, und das rhythmische, gleichzeitige Pumpen der Beine löste ein tiefes Staunen über den Zusammenhang dieses Tretens und der Bewegung des Bootes aus. Vielleicht spazieren Sie aber auch einfach nur durch den Wald und Ihnen fällt auf, dass Ihnen in diesem Hochgefühl, das sich dann einstellt, die besten Ideen kommen.

Erinnern Sie sich also an ungewöhnliche Bewegungserlebnisse und bauen Sie anhand der im sechzehnten Kapitel dargestellten Übungen gezielt darauf auf. Jeder tief greifende Wandel beginnt mit Bewusstsein und Intention.

5.

NEUE WEGE DER KOMMUNIKATION

Von den ersten stimmlichen und gestischen Ansätzen eines Kommunikationsverhaltens bis zu den hoch entwickelten Sprachen war es ein weiter Weg. Unser Kommunikationsvermögen hat nicht nur durch die wachsende Vielfalt und Präzision des sprachlichen Ausdrucks, sondern auch durch immer differenziertere Gestik und Mimik zugenommen. Doch offenbar kommunizieren wir auch noch auf ganz anderen – und geheimnisvolleren – Wegen. Wenn wir den spirituellen Traditionen, aber auch modernen Forschern wie zum Beispiel William James folgen, stehen wir auch über telepathische Kanäle miteinander in Verbindung. Für die in diesem Buch entwickelte Vision von den Möglichkeiten des Menschen kommt es vor allem darauf an, dass alle diese Kommunikationswege erweitert und ausgebaut werden können.

Die meisten Menschen haben schon »Berührungen« oder Begegnungen erlebt, die mit unseren normalen Sinnen nichts zu tun zu haben scheinen, sich aber trotzdem nicht unnatürlich anfühlen. Das ist nach unserer Auffassung deshalb so, weil solche Erfahrungen von Anfang an Bestandteil unserer Sozialisation sind. Freud, Jung und anderen Psychologen, aber auch vielen modernen Parapsychologen verdanken wir unzählige Hinweise, denen zu entnehmen ist, dass wir unser Leben lang über sinnliche und außersinnliche Kanäle kommunizieren.

Vom Tag unserer Geburt an sind wir mit Worten, Gesten, Körperhaltungen und Mienen konfrontiert, die wir nach einiger Zeit nachzuahmen beginnen. Unsere Mittel der Interaktion mit anderen werden ständig zum Besseren oder Schlechteren durch Angehörige, Freunde und Lehrer geformt, daneben jedoch auch durch vorübergehende Bekanntschaften und schließlich durch Menschen, mit deren Gedichten, Filmen oder Büchern wir uns identifizieren. Wir lernen neue Wörter und Ausdrücke, stimmen unsere Reaktionen immer feiner ab, eignen uns neue Ausdrucksbewegungen an, über die wir unsere Gefühle, Absichten und Gedanken mitteilen können.

Es wäre ein neuer und nach unserer Auffassung möglicher Schritt dieser Sozialisation und Evolution, wenn wir uns bewusst dem Kommunikationsniveau annähern würden, das wir bei manchen Mystikern und Heiligen antreffen. Franz von Assisi sprach nach Aussagen seiner Freunde mit den Tieren des Waldes. Die heitere Gelassenheit eines Yogi überträgt sich auf die Menschen in seiner Umgebung. Den Berichten über die Wüstenväter können wir entnehmen, dass es für kontemplative Christen nicht ungewöhnlich ist, außersinnliche Mittel anzuwenden, um für andere da sein oder mit ihnen kommunizieren zu können.

Außerdem scheint es so zu sein, dass manche Yogis und Heilige auf diesem Wege ekstatische Zustände übertragen können. Der hinduistischen Tradition zufolge kann solch eine Übertragung oder *Diksha* durch einen beiläufigen oder intensiven Blickkontakt, eine Berührung, ein Wort, eine Umarmung oder eine Geste geschehen. Der Empfänger muss sich des Geschehens jedoch nicht unbedingt bewusst sein, ja, er muss nicht einmal physisch gegenwärtig sein. Auch Jesus konnte dem biblischen Bericht zufolge durch bloße Berührung heilen.

Während der letzten Jahrzehnte hat sich die Wissenschaft mit der telepathischen oder »nichtlokalen« Kommunikation beschäftigt. Eine herausragende Serie von Experimenten führten der Psychologe William Braud und die Anthropologin Marilyn Schlitz von der Mind Science Foundation in San Antonio, Texas, durch. An den dreizehn von Braud und Schlitz geleiteten Studien waren zweiundsechzig »Beeinflusser«, zweihunderteinundsiebzig Versuchspersonen und vier Experimentatoren beteiligt. Das Experiment selbst bestand darin, dass eine Person die elektrische Hautreaktion einer zweiten Person in einem anderen Raum durch Visualisationen und über Biofeedback von dieser Person beeinflussen sollte. Die Hautreaktionen der Versuchspersonen wurden mit einer Art Lügendetektor aufgezeichnet und diese Aufzeichnung direkt dem Beeinflusser überspielt, der versuchen sollte, die Ausschläge zu dämpfen oder zu verstärken. Dazu wurden, einzeln oder kombiniert, drei Verfahren angewandt:

- Visualisationen und Selbstregulationstechniken, mit denen der Beeinflusser den gewünschten Zustand – Entspannung oder Anregung – bei sich

selbst erzeugen sollte, während er zugleich versuchte, durch bildhafte Vorstellungen und Intention einen entsprechenden Zustand bei der Versuchsperson herbeizuführen.
- Visualisation der zu beeinflussenden Person in entspannenden oder anregenden Situationen.
- Visualisation der angestrebten Ausschläge des Aufzeichnungsgeräts, also wenige und kleine Ausschläge in Entspannungsphasen, viele und größere Ausschläge in Aktivierungsphasen.

Die Befunde wurden statistisch ausgewertet, und es ergab sich, dass die angestrebten Effekte signifikant häufiger eingetreten waren, als nach der Zufallswahrscheinlichkeit zu erwarten gewesen wäre. Das Experimentaldesign dieser Versuche von Braud und Schlitz war besonders gut durchdacht und auf mögliche Fehlerquellen abgeklopft worden. Man kann aus den Experimenten schließen, dass es tatsächlich zuverlässige und relativ stabile Fernwirkungen zwischen Menschen gibt. Die Experimente zeigen nach Auffassung von Braud und Schlitz »Fälle von direkter Beeinflussung der physiologischen Aktivität bei einer Person durch eine andere beziehungsweise anomale Informationsprozesse im Zusammenhang mit unbewusster physiologischer Selbstregulation seitens der beeinflussenden Person«. Die Anlage der Experimente stellte sicher, dass als Ursache für die beobachteten Effekte weder normale sensomotorische Auslöser noch äußere Reize, noch gewöhnliche innere Rhythmen in Frage kamen und auch der Zufall ausgeschlossen werden konnte.

Dann wurden bei diesen Experimenten aber auch andere als physiologische Effekte beobachtet. Die

Versuchspersonen berichteten häufig von emotionalen oder mentalen Reaktionen, die den jeweiligen Zuständen des Beeinflussers entsprachen. Ein Mann erzählte beispielsweise von dem sehr lebhaften Eindruck, dass der Beeinflusser in sein Zimmer komme, sich hinter ihn stelle und an seinem Stuhl zu rütteln beginne. Er konnte kaum glauben, dass nichts dergleichen tatsächlich geschah, so deutlich war der Eindruck – und tatsächlich, der Beeinflusser hatte sich genau diese Szene bildhaft vorgestellt.

Bei einem anderen Versuch sagte der Experimentator zur beeinflussenden Person, die Kurven des Aufzeichnungsgeräts erinnerten ihn an die sehr technisch klingende Instrumentalmusik der Gruppe »Kraftwerk«, und als er später ins Zimmer der Versuchsperson ging, sagte diese als Erstes, sie habe in einem früheren Teil der Sitzung aus irgendeinem Grund an die Gruppe »Kraftwerk« gedacht. Dass sie die Bemerkung des Experimentators gehört haben konnte, war ausgeschlossen.

Die Versuche von Braud und Schlitz bestätigen die Erfahrungen von spontaner Übereinstimmung, die schon von vielen gemacht wurden: von Sportmannschaften, Orchestern oder Jazzgruppen, deren Mitglieder sich plötzlich inspiriert fühlten, von Teilnehmern an Massenheilungen an heiligen Stätten oder bei Zusammenkünften der Erweckungsbewegung. Man kann hier natürlich an Gruppeneffekte denken, die doch über sensorische Auslöser zu Stande kommen; aber die Experimente von Braud und Schlitz nähren zumindest den Verdacht, dass Stimmungen und Intentionen sich auch auf außersinnliche Weise mitteilen können.

Und hören wir nicht alle Tage von außersinnlicher Kommunikation oder erleben sie selbst? Sie haben vielleicht schon einmal gespürt, dass jemand anrufen und was er sagen wird, und gleich darauf ruft diese Person tatsächlich an und sagt genau das. Oder Sie haben irgendwie gespürt, dass eine Freundin unbedingt mit Ihnen sprechen muss, und als Sie anriefen, sagte sie: »Ich wollte sowieso mit dir reden.«

Hier müssen wir jedoch zur Vorsicht mahnen. Die Alltagserfahrung und die religiösen Traditionen lehren uns, dass paranormale Kommunikationsfähigkeiten auch zu destruktiven Zwecken eingesetzt werden können. Diese uralte Erkenntnis ist durch Psychotherapeuten und Forschungspsychologen bestätigt worden. Sigmund Freud, Wilhelm Stekel, Jule Eisenbud, Jan Ehrenwald und andere Psychoanalytiker beispielsweise sagen aufgrund ihrer therapeutischen Erfahrung, dass telepathische Interaktion wie jede andere Fähigkeit entwickelt werden und von dem gleichen ethischen Empfinden getragen sein muss, dass wir auch bei normaler Kommunikation erwarten.

Zum Schluss wieder der Hinweis, dass es praktische Anleitungen zur Ausbildung höherer Kommunikationsfähigkeiten gibt. Im sechzehnten Kapitel werden wir dazu einige Anregungen liefern.

6.

LEBENSENERGIE

Schamanen, Heilige und Mystiker aller Zeiten und Kulturen berichten von Erlebnissen mit außergewöhnlichen Energien. Diese vielfach »Lebenskraft« genannten Energien entspringen der Erfahrung des Transzendenten und gehen häufig mit vertiefter Wahrnehmung, größerer Freiheit der körperlichen Bewegung und einem neuen Kommunikationsvermögen einher. Sie wirken vitalisierend auf Geist, Körper und Seele und verbessern alle unsere Fähigkeiten einschließlich der Wahrnehmung.

Die Tänzerin und Choreografin Martha Graham drückt es so aus:

> Es gibt eine Lebenskraft, etwas Belebendes, das du in Aktion umsetzt, und zwar auf einzigartige Weise, da es dich nur ein einziges Mal gibt. Verweigerst du dich, findet diese Umsetzung, die außer dir niemand leisten kann, nicht statt. Es liegt an dir, sie klar und direkt zu deiner Sache

zu machen, den Verbindungsweg offen zu halten.

Schon immer streben die Menschen nach dieser Lebenskraft, sei es in körperlicher Betätigung, in der Erotik, im Ritual, in den Heilkünsten, im Gebet, in der Meditation oder im Yoga. Einen Menschen, der sie »hat«, erkennen wir augenblicklich. Wir sagen, er besitze »Charisma« oder »Ausstrahlung«, es sei eine geheimnisvolle Entschlossenheit oder Zielstrebigkeit an ihm. »Was also«, fragte die legendäre französische Tanzlehrerin Nadia Boulanger, »ist diese Kraft, die Heilige, Heroen und Genies macht, die Menschen ihrer Bestimmung bis ans Ende folgen lässt? Mir scheint, es ist eine Art des Sehens, die den großen Mystikern an Tagen besonders tiefer Sammlung zuteil wird.«

Diese Energie stellt sich in vielen Äußerungsformen dar, unter anderem als die Fähigkeit mancher Schamanen, unter extremen Umweltbedingungen zu existieren, als das *Incendium amoris* oder »Feuer der Liebe« bei manchen Mystikern wie zum Beispiel Filippo Neri, als das »kochende *Num*« (außergewöhnliche Körperwärme und Vitalität) der Buschmänner im Kalahari-Gebiet, als *Tumo*-Wärme, die tibetische Yogis unempfindlich gegen Kälte macht, oder auch in Gestalt der Kundalini-Wirkungen, die durch manche Formen des Yoga herbeigeführt werden.

Manche dieser Phänomene lassen sich teilweise auch wissenschaftlich erklären. So ist bei der Tumo-Praxis tibetischer Yogis eine Erweiterung der Blutgefäße zu beobachten, und die Hitze der Buschmänner dürfte durch im Tanz erzeugte Energien mitverursacht sein. Doch wenn man hier sehr genau beobachtet, drängt sich der Eindruck auf, dass noch andere Dinge im Spiel sind. Bedenkt man nämlich, dass diese Erscheinungen in aller Regel mit mystischen und ekstatischen Zuständen einhergehen, so ist die Beteiligung anderer, wissenschaftlich noch nicht erfasster Energien zu vermuten, und genau das sagen ja auch die Schamanen, Mystiker und Heiligen, ja sogar manche Sportler.

»Das spirituelle Bewusstsein eines Menschen erwacht erst, wenn seine Kundalini sich regt«, sagte Sri Ramakrishna. Von den Kung-Buschmännern erfuhr der Ethnologe Richard Katz, das Num werde »von den Göttern geschenkt«. Für viele christliche Heilige ist das »Feuer der Liebe« ein Geschenk des heiligen Geistes. Und viele Sportler sagen, bei ihren größten Leistungen fühlten sie sich »durch eine Verbindung zu größeren Energien« getragen.

Es gibt etliche Zeugen dafür, dass Filippo Neri häufig buchstäblich entbrannt war von seiner Liebe zu Gott. Der katholische Gelehrte Herbert Thurston schrieb:

> Die Hitze breitete sich mitunter über seinen gesamten Körper aus, und so alt und hager er auch war, so bescheiden er sich auch ernährte, man musste selbst an den kältesten Wintertagen und mitten in der Nacht die Fenster öffnen, sein Bett lüften, ihm Kühle zufächeln und alles Erdenkliche tun, um die große Hitze zu lindern. Mitunter brannte sie ihm in der Kehle und seinen Arzneien wurde meist etwas Kühlendes beigemischt, um ihm Erleichterung zu verschaffen. Kardinal Crescenzi sagte, wenn er die Hand des Heiligen berührte, habe sie wie von einem heftigen Fieber

gebrannt ... Selbst im Winter trug er seine Kleidung oberhalb des Gürtels fast immer offen, und wenn man ihm sagte, er solle sie binden, um nicht zu Schaden zu kommen, antwortete er, das sei wegen der Hitze beim besten Willen nicht möglich. Einmal in Rom war sehr viel Schnee gefallen und er ging wie gewöhnlich mit aufgeknöpftem Gewand durch die Straßen. Als einige der Büßer, die ihn begleiteten, erkennen ließen, dass sie die Kälte unerträglich fanden, lachte er und sagte, wenn ein alter Mann die Kälte nicht spüre, sei es für junge Männer eine Schande, so empfindlich zu sein.

Das kochende Num der Buschmänner hat mit der christlichen Liebesglut manches gemein. »Du tanzt, tanzt, tanzt«, erzählte ein Kung-Heiler dem Ethnologen Richard Katz. »Dann erhebt Num dich in deinem Bauch und erhebt dich in deinem Rücken und du erschauerst. Num lässt dich zittern, es ist heiß. Num dringt in alle Teile deines Körpers ein, bis in die Fingerspitzen und sogar in die Haarspitzen.«
Berichte dieser Art sind zu zahlreich, die Energiezustände zu auffällig, als dass man solche Erscheinungen einfach auf körperliche Anstrengung, Gefäßerweiterung und kollektive Suggestion zurückführen könnte. Sie haben etwas Eigenständiges und Ansteckendes, eine unaufhaltsame Kraft, die den Körper verändert, ekstatische Zustände herbeiführt und besondere Fähigkeiten verleiht. Menschen, die solche Zustände kennen, grenzen sie scharf von normalen geistigen und körperlichen Erscheinungen ab und führen sie auf höhere Kräfte zurück.

Sie haben diese Lebenskraft vielleicht selbst schon kennen gelernt. Sie kann einem beim Tennisspielen, beim Halten eines Vortrags, beim Liebesakt, bei der Arbeit im Labor, beim Schreiben eines Gedichts und bei alltäglichen Verrichtungen begegnen. Wir erkennen sie an einem Sportler, der plötzlich ungeahnte Kraftreserven entdeckt, an einem Erzähler, der einen ganzen Saal begeistern kann, an einer Mutter, die Tag für Tag und in manchen Fällen wochen- oder jahrelang mitten in der Nacht aufsteht, um ihr krankes Kind zu versorgen.

Es gibt heute viele Techniken, mit denen wir unsere geistigen und körperlichen Energien steigern können. Durch die Forschungen auf dem Gebiet der somatischen Erziehung wissen wir beispielsweise, wie man behindernde Bewegungseinschränkungen des Körpers aufheben kann. Die Ergebnisse der Fitnessforschung zeigen klar, dass wir unser Energieniveau durch regelmäßiges intelligentes Training anheben können. Die unterschiedlichsten psychotherapeutischen Ansätze erschließen uns neue Vitalität, indem sie innere Konflikte auflösen, die Verdrängung alter Traumata aufheben und chronische Muskelspannungen reduzieren. Und durch spirituelle Praxis können wir uns einem Bewusstsein des Transzendenten annähern, das auch die in diesem Kapitel angesprochene Lebenskraft einschließt.

7.
EKSTASE

Im Herbst 1987 wurde Joseph Campbell, der weltberühmte Mythenforscher, im Rahmen einer Fernsehreihe unter dem Titel *The Power of Myth* von seinem Gesprächspartner Bill Moyers gefragt, was ein Mensch in der Midlifecrisis tun könne, wenn er nicht weiterwisse.

»Ich habe meinen Studenten immer gesagt, sie sollten ihrer tiefsten Freude folgen«, antwortete Campbell. »Wenn man seiner tiefsten Freude nachgeht, öffnen sich Türen, wo vorher gar keine zu sein schienen.«

Campbells Idee der tiefsten Freude wurzelt in dem alten indischen Begriff *Ananda*, der göttlichen Glückseligkeit, in der das ganze Universum ruht. Aus der ewigen Freude Gottes, Ananda, kommt die starke und anhaltende Inspiration, der Welt zu dienen. Natürlich sprach Campbell nicht von »Spaß«, von schneller Bedürfnisbefriedigung und Selbstgenuss. In einem Dokumentarfilm über sein Lebenswerk sagte er: »Mit tiefer Freude meine ich dieses Gefühl, sich ganz und gar auf das Leben eingelassen zu haben.« Dieses Aufgehen in dem, was man tut – etwa bei selbstvergessener Arbeit oder in dem Gefühl, auf dem richtigen Weg zu sein – kann zu einer Erfahrung von Ananda, von transzendenter Ekstase führen. Freude gehört wie die anderen höheren Fähigkeiten, von denen wir hier sprechen, zu den Grundbestandteilen eines höheren Menschseins.

In dieser tiefen Freude fühlen wir uns zu einem höheren Sein bereit und höheren Berufungen gewachsen, sei es bei der Arbeit, in der Liebe, beim Spiel, in der Andacht oder in der Meditation. In dieser Verfassung kommt in unserem Tun das zum Ausdruck, was wir eigentlich sind und was wir werden. Wenn solche Augenblicke sich wie Gottesgeschenke anfühlen, kann man sich ins Gedächtnis rufen, dass die alten Griechen es auch so sahen. Sie glaubten, ekstatische Erfahrungen versetzten den Menschen aus der gewohnten Wirklichkeit in eine höhere Sphäre, und dieses Gefühl des Erhobenseins verkörperte für sie der Gott Dionysos.

Als »Ekstatiker« bezeichnet man Menschen, die »von Gott berauscht« sind. Denken wir an Franz von Assisi, Rumi, Hildegard von Bingen, William Blake oder den großen indischen Mystiker Sri Ramakrishna. Doch nicht nur spirituell verwirklichte Menschen erleben die transzendente Freude, sondern auch Soldaten im Krieg, die nach Hause schreiben, Mütter nach der Geburt, Wissenschaftler bei überraschenden Entdeckungen und Künstler bei der schöpferischen Arbeit. Es gibt unzählige Formen der Freude.

Haben Sie schon einmal im Wald geschlafen? Die Lyrikerin Mary Oliver schreibt:

Ich meinte, die Erde
erinnere sich an mich, sie
nahm mich so zärtlich wieder an, bereitete
ihre dunklen Röcke, die Taschen
voller Flechten und Samen. Ich schlief
wie nie zuvor, ein Stein
im Flussbett, zwischen
mir und dem weißen Feuer der Sterne nichts
als meine Gedanken, und sie schwebten
leicht wie Nachtfalter zwischen den Ästen
der vollkommenen Bäume. Die ganze Nacht
hörte ich die Reiche des Kleinen rings um mich
atmen, die Insekten und die Vögel
des Dunkels. Die ganze Nacht
stieg ich und sank wie im Wasser, mit
lichtvollem Versinken ringend. Bis zum Morgen
war ich ein Dutzend Mal oder mehr
in etwas Besseres entschwunden.

Die ekstatische Entdeckerfreude beim Schreiben schildert Pablo Neruda in seinen Memoiren besonders schön:

In meinen Gedichten konnte ich die Tür zur
    Straße nicht schließen,
wie ich auch die Tür zu Liebe, Leben, Freude
oder Traurigkeit in meinem jungen Poetenherzen
    nicht zu schließen vermochte ...

*Du kannst sagen, was du willst, o ja, doch die
    Worte*
*sind es, die singen, sie schwingen sich auf und
    sinken ... Ich verneige mich vor ihnen ... Ich
    liebe sie, ich hänge an ihnen, ich erjage sie,*

ich beiße hinein, ich schmelze sie ... Ich liebe die Worte so sehr ...

Und es gibt die Freude der Liebenden. Diane Ackerman schrieb in ihrem Buch *A Natural History of the Senses* (*Die schöne Macht der Sinne*):

> Den vielleicht schönsten Kuss der Welt bildet Rodins Statue *Der Kuss* ab. Die beiden auf steinigem Untergrund sitzenden Liebenden umarmen einander in zärtlichem Strahlen zu einem immerwährenden Kuss. Sie hat die Linke um seinen Hals gelegt, und sie wirkt, als schwänden ihr die Sinne oder als sänge sie in seinen Mund. Seine geöffnete rechte Hand ruht auf ihrem Schenkel – einem Schenkel, den er kennt und liebt –, als wolle er ihn spielen wie ein Instrument ... Seine Waden und Knie sind wunderschön, ihre Fesseln kräftig und entschieden weiblich, ihr Gesäß, ihre Hüften und Brüste wohlgerundet. Ekstase ergießt sich von jedem Zentimeter ihrer Körper. Sie berühren einander nur an wenigen Stellen und scheinen sich doch mit jeder Zelle zu berühren ... Es ist, als wären sie ineinander gestürzt. Sie sind nicht nur versunken, sondern versenken einander in sich.

In seinem Buch *Ecstasy* (*Ekstase: eine Psychologie der Lebenslust*) schreibt der Psychologe Robert A. Johnson: »[Die Ekstase] galt einst als Gnadenerweis der Götter, ein Geschenk, das Sterbliche aus der gewöhnlichen Wirklichkeit in eine höhere Welt versetzen konnte. Das Verwandlungsfeuer der Ekstase brenne die Schranken zwischen uns und unserer Seele nieder ...«

Durch aktive Imagination, Traumarbeit, Ritual, Gebet und Meditation kann jeder Bereich unseres Lebens ekstatisch werden, und große Herausforderungen oder Schmerzen müssen kein Hindernis sein. Es ist sogar eine uralte Erfahrung des Menschen, von der Wissenschaft bestätigt, dass Freude uns auch die schwierigsten Umstände neu zu sehen und schließlich zu überwinden erlaubt. Durch sportliche Betätigung beispielsweise entdecken viele ihre Freude an strapaziösem Training, auch unter widrigsten Umweltbedingungen. Aufgrund ihrer asketischen Praktiken können Schamanen und Yogis Wunden und Verletzungen mit vollkommenem Gleichmut ertragen, der sogar in Freude übergehen kann. Und aus zahlreichen klinischen und experimentellen Studien geht hervor, dass Hypnose, Psychotherapie, Meditation, Sport, Yoga und andere Übungen Schmerzen lindern oder beseitigen und ein Gefühl von Wohlbefinden erzeugen können.

Die moderne Schmerzforschung stützt die Aussage aller spirituellen Traditionen, dass Leid und Schmerz durch unsere innere Haltung überwunden werden können. Sri Aurobindo fasst zusammen, was Heilige und Philosophen auf der ganzen Welt sagen:

Bei einem bestimmten Kontakt empfinden wir Lust oder Schmerz, weil das die Gewohnheit ist, die unsere Natur ausgebildet hat: eine beständige Beziehung, die wir dazu geknüpft haben. Es steht uns jedoch frei, eine ganz andere Reaktion zu zeigen – Lust, wo wir Schmerz zu empfinden gewohnt waren; Schmerz, wo wir sonst Lust empfanden.

Das Nerven-Wesen in uns ist in diesen Dingen auf eine gewisse Einseitigkeit eingestellt, es neigt zu einer falschen Absolutheit. Es gibt jedoch etwas in uns, das sich aller Dinge des äußeren Seins ohne Urteil erfreut und uns alle Mühen, Leiden und Prüfungen zu überstehen erlaubt.

Im alltäglichen Leben bleibt uns diese Wahrheit verborgen oder wir ahnen sie nur manchmal oder begreifen und beherzigen sie unvollkommen. Lernen wir jedoch in uns zu leben, so kann es nicht ausbleiben, dass wir für dieses innere Wesen, unser wahres Ich, empfänglich werden, für dieses Tiefe, Ruhige und Freudige, das nicht der Herrschaft der Welt unterliegt.

Und Michael Murphy schreibt in *The Future of the Body* (*Der Quanten-Mensch*):

Für christliche Mystiker werden Schmerz und Lust im Erlebnis der lebendigen Gegenwart Christi transzendiert. Für Buddhisten wurzelt das Leiden im Begehren, und das Begehren kann sich im Nirvana auflösen. Im Vedanta ist Ananda, die sich selbst entspringende Freude, das, was alles Unglück überwindet. So unterschiedlich die metaphysischen Hintergründe sein mögen, in Ost und West hören wir von den religiösen Lehrern, dass wir eine Freude finden können, in der gewöhnlicher Schmerz und gewöhnliche Lust aufgehoben sind. »Aus Freude sind alle diese Wesen geboren«, heißt es in der Taittiriya-Upanishad, »aus Freude leben sie und wachsen, in die Freude kehren sie zurück. Denn was könnte leben oder atmen, wäre da nicht diese pure Freude des Seins als das, worin wir sind?« Dies zu wissen genügt jedoch nicht, um uns von ererbten oder erworbenen bedingten Reaktionen auf potenziell schmerzhafte Reize zu befreien. Nur transformierende Praxis kann aus Schmerz und Lust die in der Taittiriya-Upanishad beschriebene bedingungslose Freude machen.

Eine formelle Praxis ist jedoch nicht in jedem Fall nötig. Manchmal genügt es, an einem sonnigen Morgen eine vertraute Straße entlangzugehen und nichts Bestimmtes im Sinn zu haben, oder der Blick eines geliebten Menschen, ein im Abendlicht liegendes Feld schenkt uns eine plötzliche, unerklärliche Freude, etwas Freies und Unantastbares. Oder mitten im Leid fühlen wir uns unverhofft von etwas emporgehoben, das unseren Schmerz von innen durchdringt, uns trägt und sich ohne unser Zutun sogar auf andere überträgt. Dann wissen wir zuinnerst, dass es etwas Wahres und Gutes gibt, eine Freude, in der diese Welt ruht und erlöst ist. In solchen unerwarteten, ungeschützten Augenblicken wird uns das zuteil, wovon die Mystiker sprechen, eine Freude, die über alles Verstehen hinausgeht.

8.
LIEBE

Nichts kündet so deutlich von dem in uns angelegten höheren Leben wie die Liebe. Schon die ältesten Geschichten und Mythen der Menschheit stellen die Liebe als das höchste aller menschlichen Vermögen heraus.

Ein griechischer Mythos erzählt von Theseus, der den menschenfressenden Minotauros im Labyrinth von Kreta töten will, und von Ariadne, die ihn liebt und die ihm ein Wollknäuel mitgibt, das er auf seinem Weg durchs Labyrinth abwickeln soll, um später den Rückweg zu finden. Dieser Mythos will uns wohl sagen, dass Liebe der Faden ist, an dem entlang wir uns durch das Labyrinth des Lebens tasten können. Liebe ist der Hinweis auf ein größeres Leben, das uns winkt.

Wohl jeder von uns kennt die Liebe in der Gestalt des Gemeinschaftsgefühls und der mitunter so fröhlichen Solidarität tiefer Freundschaft. Diese Liebe sahen wir bei Martin Luther King jr. und seinen Mitstreitern für eine Reform der Bürgerrechte. Wir erkennen sie auch im liebevollen Miteinander von Nonnen oder im Gemeinschaftsgefühl großer Sportmannschaften. Sie zeigt sich in Zeiten der Gefahr, wenn die Menschen plötzlich bereit sind, Sandsäcke zu schleppen, um drohende Überflutungen abzuwenden, oder wenn Mütter Arm in Arm gegen Drogenbarone marschieren, um ihre Kinder zu schützen.

Den Geist solcher Kameradschaft spüren wir in Filmen wie *Der Soldat James Ryan*, in dem ein Trupp GIs gegen Ende des Zweiten Weltkriegs den Auftrag erhält, in Frankreich den amerikanischen Soldaten Ryan zu finden. Dessen Schicksal hat plötzlich große Bedeutung bekommen, weil daheim in den Vereinigten Staaten bekannt geworden ist, dass seine vier Brüder bereits gefallen sind. Etliche Soldaten müssen also ihr Leben für diesen einen aufs Spiel setzen, und das erinnert uns an die berühmte Frage Arthur Schopenhauers, wie es sein könne, dass ein Soldat sich auf eine gezündete Granate wirft, um seine Kameraden zu retten. Er gibt die denkbar radikalste Antwort: Diesem Soldaten sei plötzlich klar geworden, dass er und seine Kameraden eins sind.

Hinter solchen Geschehnissen steht wohl die Ahnung, dass Liebe Einzelne und Gruppen, aber auch ganze Kulturen und schließlich die Welt verwandeln kann. Es kann nur so sein, denn wir wissen heute, welchen Einfluss Führungsgestalten, bei denen diese Liebe vorhanden ist, auf andere haben. Denken wir an Nelson Mandela oder an die Mütter für den Frieden in Nordirland, die zur Beendigung der religiös motivierten Gewalt beitrugen.

Doch schnell kann die Liebe, die aus einem gemeinsamen Vorhaben erwächst, wieder verschwinden, wenn die Ziele erreicht oder die Kameraden verschwunden sind. Solche Liebe ist an Zeiten, Orte und Umstände gebunden, und wenn die Umstände sich ändern, kann es sein, dass die Verbindung zu ihrem transzendenten Ursprung abreißt.

Auch die erotische Liebe kann sich verirren, obwohl ihr der Ariadnefaden des Transzendenten in die Hand gegeben ist. In *Die Legende des Baalschem* zitiert Martin Buber den Begründer des Chassidismus mit den Worten: »Der Mensch hat ein Licht über sich, und wenn zwei Menschen einander mit den Seelen begegnen, gesellen sich ihre Lichter zu einander, und aus ihnen geht *ein* Licht hervor.« In solcher Liebe kann das Transzendente widerscheinen, aber wir wissen, dass es oft nicht so ist.

Die Suche nach dem Eros wird alle Tage in Liebesromanen, Liebesliedern, Schauspielen und Filmen neu inszeniert. Wir erkennen sie sofort am Schmerz der Verliebten, an Eifersucht und Zorn der Verschmähten, am manchmal katastrophalen Ausgang einer viel versprechenden Romanze, am Rausch der Verschmelzung mit dem Menschen, den wir als unseren Seelengefährten ansehen. Nun erzählen uns die Geschichten und Songs zwar, dass die Liebe höchstes Glück für uns bereithält, aber sie wissen nicht, wie lange die Einheit der Liebe anhält. Das Erotische steht immer vor dem Problem, dass »das Begehren untergeht, weil es Liebe zu sein versucht«, wie der Lyriker Jack Gilbert schreibt. Die erotische Liebe stirbt oder fängt manchmal gar nicht erst richtig an, weil die Wallungen des Verliebtseins schon für die tiefere Liebe gehalten werden, die sich hier ihren Weg zu bahnen versucht.

Für jeden, der auf wahre Liebe aus ist, stellt sich die brennende Frage: Wie kann man das Echte vom bloßen Schein unterscheiden? Wie unterscheiden wir unsere Projektionen von echter Liebe? Wenn das Verliebtsein anhalten soll, muss es sich von einer höheren Liebe durchdringen lassen, die den Verliebten Klarheit über ihr gemeinsames Schicksal gibt. Der Philosoph Jacob Needleman bezieht sich in seinem Buch *A Little Book on Love* (*Das kleine Buch der großen Liebe*) auf Søren Kierkegaard, wenn er schreibt:

> Bewusst lieben können wir einen anderen Menschen nur dann, wenn wir fähig sind, uns dem Höheren (dem Ewigen oder Gott) in uns und über uns zu öffnen ... Es ist, wie Kierkegaard sagt, ein schwerer Irrtum, sich einzubilden, man könne einen anderen Menschen bewusst lieben, ohne zugleich – und dies ist die Grundlage – das Höchste in und über einem selbst zu lieben.

Ken Wilber untersucht in seinem Buch *Eros, Kosmos, Logos* die Ausdrucksformen der Liebe in der spirituellen Entwicklung. Den alten Griechen folgend, unterscheidet er zwischen Eros und Agape, einer höheren und reiferen Liebe. Durch Agape kann Eros in tiefere und beständigere Liebe verwandelt werden. Ähnliches gilt für Kameradschaft. Auch sie trägt, wie Eros, den Keim einer beständigen Liebe in sich. Auch sie kann über gemeinsame Ziele oder den historischen Augenblick hinaus eine bleibende transzendente Einheit werden.

Seit der Antike wird die verwandelnde Kraft der Liebe besungen. So schildert Sokrates in Platons

Symposion (210e-211a, 212a), wie die Liebe von der Hingabe an einen bestimmten Körper ausgeht, dann Liebe zum Schönen in allen Körpern und schließlich Liebe zur Schönheit in den Gesetzen und Institutionen und zuletzt Liebe zur Weisheit wird:

> Wer nämlich bis hierher in der Liebe erzogen ist, das mancherlei Schöne in solcher Ordnung und richtig schauend, der wird, indem er nun der Vollendung in der Liebeskunst entgegengeht, plötzlich ein von Natur wunderbar Schönes erblicken, nämlich jenes selbst ... um dessen willen er alle bisherigen Anstrengungen gemacht hat, welches zuerst immer ist und weder entsteht noch vergeht, weder wächst noch schwindet ... Dort allein [kann] ihm begegnen, indem er schaut, womit man das Schöne schauen muß; nicht Abbilder der Tugend zu erzeugen ... sondern Wahres.

Heilige und Mystiker wie Franz von Assisi und Sri Ramakrishna verkörperten diese universale und transzendente Liebe. Der Heilige Franziskus liebte die Aussätzigen, die Tiere und die Armen, er liebte die Hässlichen und die Schönen, die Hohen und die Niederen, die Sonne und den Mond. Die Legende erzählt, er habe mitten im Winter zu einem Mandelbäumchen gesagt: »Sprich mir von Gott«, und zur Antwort sei der Baum erblüht.

So kann auch die eheliche Liebe erblühen. Der Psychiater Rudolph von Urban, ein Schüler Freuds, schildert das in vielen Beispielen. Ein Paar erzählte ihm, in Augenblicken körperlicher Intimität erscheine die Frau manchmal wie eingehüllt »in einen Nimbus grünlichblauen Lichts, das von ihrem ganzen Körper ausstrahlte« und ihre Beziehung mit einer transzendenten Freude erfüllte. Ein anderer Mann und seine Frau erlebten ein elektrisches Strömen durch die Haut, »eine Million Quellen der Lust zu einer einzigen verschmolzen«.

Über solch ein Erlebnis, das ihm von einem Freund geschildert wurde, schreibt der britische Autor Peter Redgrove:

> Er schlief ein und erwachte kurz darauf in dem wunderbaren Gefühl nach dem Liebesakt, als wäre seine Haut offen und erweitert, als wäre sie keine Grenze mehr. Er fühlte seine an ihn geschmiegt schlafende Frau wie innerhalb seiner Haut, als mischten sich ihre Körper ineinander. Nachdem er eine Weile in diesem wohligen Nachglühen gelegen hatte, öffnete er die Augen und sah das Zimmer wie mit goldenen Spinnwebfäden durchzogen. Sie gingen aus goldenen Knotenpunkten hervor und bildeten ein Netz, und dieses Netz dehnte sich wie schützend oder fürsorglich zum Bettchen der Tochter hin.

Solche Erlebnisse haben etwas von der Ekstase, die Sri Ramakrishna beschrieb: »Durch spirituelle Praxis bekommt man einen Liebeskörper mit Liebesaugen und Liebesohren. Man sieht Gott mit diesen Liebesaugen. Man hört mit diesen Liebesohren die Stimme Gottes. Man bekommt sogar aus Liebe gemachte Geschlechtsteile. Und durch diesen Liebeskörper kommuniziert die Seele mit Gott.«

Ramakrishna besaß eine erstaunliche Ausstrahlung, die von anderen als ansteckend empfunden wurde. Während der Initiation seines Schülers Narendra und bei anderen Zusammenkünften spürten die Menschen in seiner Nähe eine Kraft, die von unmittelbarer physischer Wirkung war. Ramakrishnas Anhänger »M.« beschreibt in seinem Tagebuch mehrere Übertragungen dieser Art, bei denen sich durch Ramakrishnas Gottesliebe etwas Substanzhaftes zu materialisieren schien. Die Menschen sahen ihn von Licht umgeben oder spürten in seiner Nähe eine befreiende Kraft oder fühlten sich physisch von einer spirituellen Substanz eingehüllt, ganz ähnlich wie in den oben angeführten Beispielen von Leuten, die den geliebten Menschen von einer neuen Energie oder Licht-Erscheinung umgeben sahen. Wenn wir noch einmal zu Sokrates' Bildersprache zurückkehren, hat Ramakrishna nicht Abbilder, sondern physische Erscheinungsformen des Guten und Schönen hervorgebracht.

In praktisch allen spirituellen Traditionen werden mit der Ekstase bestimmte körperliche Zeichen in Verbindung gebracht – Schönheit der Stimme und äußeren Erscheinung, Licht-Erscheinungen, gesteigerte Vitalität. Der Ekstatiker scheint in einem neuen Körper zu leben. In allen Kulturen wird von Heiligen berichtet, deren Liebe zu Gott nicht nur ihren eigenen Körper regenerierte, sondern ähnlich auch auf Gefährten, ja auf den sie umgebenden Raum wirkte.

Agape vermag alle Beziehungen zu transformieren. Denken wir an einen Studenten, der sein Studium nur mit großer Mühe einigermaßen bewältigt und plötzlich durch das Interesse eines Lehrers neue Begabungen an sich entdeckt. Oder an einen Bekannten, den wir nur als depressiv kennen und den wir aufblühen sehen, seitdem er sich selbstlos für andere einsetzt. Oder an einen mutlos gewordenen Freund, der neuen Lebenssinn findet, weil jemand seine besonderen Begabungen zu schätzen weiß. Liebe hat viele Gestalten und Wirkungen, doch stets bringt sie ein neues Leben hervor.

Im Alltag zeigt die Liebe sich auf mancherlei Weise. Sie kann ganz plötzlich da sein, wenn die Blicke zweier Menschen sich treffen; sie geht in Fantasien über die Frau/den Mann unserer Träume ein, in einen Augenblick besonderer Nähe zwischen Freunden oder innerhalb einer Gruppe, die ein wichtiges Ziel verfolgt; und sie ist in der spirituellen Hingabe gegenwärtig. Es kommt darauf an, solche Augenblicke zu ihrer höchsten Steigerung zu bringen. Jeder Augenblick der Liebe ist ein vorläufiger Ausdruck der allgegenwärtigen, immerwährenden Liebe, die in uns geboren werden möchte. Wie viel von dieser Liebe können wir zum Ausdruck bringen? Wie weit können wir uns von Projektionen und unbewussten Bedürfnissen frei machen, die uns von dieser Liebe trennen? Wie tief sind unsere spirituellen Erfahrungen? Fragen wir, wie viel Liebe wir haben, das ist der beste Maßstab.

Liebe wächst durch Intention und Übung. Auch wenn uns das Verliebtsein oder die Gnade der göttlichen Liebe von Zeit zu Zeit ohne besonderes Zutun zuteil werden, glauben wir doch, dass es für uns alle gut und nützlich wäre, die Art von Aufmerksamkeit und Intention einzuüben, von der in den letzten Kapiteln die Rede war. Auch Jacob Needleman schreibt in seinem Buch, es bedürfe einer Liebe, die sowohl persönlich ist, als auch das Persönliche transzendiert. »Und tatsächlich weisen ja die praktischen

Weisheitslehren auf eine Liebe hin, die eben das ist: die persönliche Intensität subjektiven Begehrens *und* der selbstlose Wunsch für das Wohlergehen eines anderen.« Das Ideal des Philosophen ist eine Liebe, die alle Beteiligten fördert *und* auf das Transzendente gerichtet ist: »Das Werk der Liebe besteht darin, dass man den Wunsch zu erwachen im anderen voraussetzt.«

9.

Transzendente Identität

Die außergewöhnlichen Erfahrungen, von denen in diesem Buch die Rede ist, scheinen in der Gesamtschau ein Muster zu bilden. Sie wirken wie Facetten ein und derselben Natur, die in uns geboren werden möchte. Jede dieser Facetten deutet in Richtung einer höheren Integration und enthält selbst den Keim dazu. Erweiterte Wahrnehmung, höheres Bewegungsvermögen, außergewöhnliche Energiezustände – all das ruft uns in Richtung einer Natur, die mehr umfasst, als wir gewohnt sind, einer Fülle, die überfließt von Freude und Sinn.

Wir alle beginnen unser Leben in der kleinen Welt von Eltern und Freunden und erst nach und nach weitet unser Ich-Gefühl sich aus. Bei einigermaßen gesunder Entwicklung wachsen wir in den größeren sozialen Zusammenhang hinein und lernen zwischen uns selbst und all den anderen zu unterscheiden – wir gewinnen eine Identität. Wenn wir Glück haben, sehen wir uns immer mehr als einzigartigen Menschen in seiner Zugehörigkeit zu einer bestimmten Familie, einem Gemeinwesen, einem Land, einer Geschichte. Mit zunehmender Erfahrung differenziert sich unser Ich-Gefühl zu einer unverwechselbaren Identität.

Manchmal stehen wir aber auch vor der Möglichkeit oder Notwendigkeit einer neuen Identität jenseits unseres gewohnten Ich, eines Erwachens. Dichter und Philosophen sprechen schon immer davon und alle religiösen Traditionen beruhen darauf. Weise und Heilige aller Zeiten und Kulturen versuchen uns darauf aufmerksam zu machen, dass unsere wahre Identität mehr umfasst als unsere Biografie, nämlich das, was in Indien Atman, im Zen-Buddhismus das »wahre Wesen« und anderswo »die mit Gott vereinigte Seele« oder das »wahre Selbst« genannt wird. Wenn wir in diesem neuen Identitätsgefühl leben, das mit der Essenz und dem göttlichen Ursprung des Universums in Verbindung zu stehen scheint, ist es so, als hätten wir endlich herausgefunden, wer wir wirklich sind.

»Peace Pilgrim« wird eine Amerikanerin genannt, die nach einem Erlebnis dieser Art ihren Namen ablegte, ihr Zuhause und ihr ganzes bisheriges Leben hinter sich zurück ließ und viele Jahre lang für den Frieden durch die Welt pilgerte. Hier ihre eigene Schilderung dieses Erwachens, das ihr eine neue Identität gab und aus dem der Ruf, der Welt zu dienen, an sie erging:

> Mir war es zunehmend unangenehm, dass ich so viel besaß, während meine Brüder und Schwestern hungerten. Schließlich musste eine Lösung gefunden werden. Der Wendepunkt kam, als ich einmal verzweifelt und in dem tiefen Wunsch

nach einem sinnvollen Leben nachts allein durch den Wald ging. Ich kam auf eine im Mondlicht liegende Lichtung und betete.

Ich fühlte mich vollkommen bereit, mein Leben dem Dienen zu weihen. »Bitte benutz mich!« betete ich zu Gott. Und ein großer Friede kam über mich. Seitdem wusste ich, dass meine Arbeit dem Frieden dienen soll – Frieden zwischen Völkern, Gruppierungen und Einzelnen und Frieden im Innern. Die Bereitschaft sein Leben hinzugeben ist jedoch noch nicht die Hingabe selbst. Für mich lagen fünfzehn Jahre der Vorbereitung und Selbsterforschung dazwischen.

Dann machte ich einmal einen Morgenspaziergang, als ich mich plötzlich innerlich erhoben fühlte, mehr als je zuvor. Es war eine Erfahrung von Zeitlosigkeit, Raumlosigkeit und Leichtigkeit. Mir schien, dass ich gar nicht mehr auf der Erde ging. Es waren keine Menschen oder Tiere in der Nähe, aber jede Blume, jeder Busch, jeder Baum war wie von einem Strahlenkranz umgeben, alle Dinge schienen etwas auszustrahlen und kleine Goldflocken fielen in schrägen Schauern wie Regen im Wind.

Doch auf diese Erscheinungen kommt es nicht so sehr an; das Wichtigste war die Erkenntnis, dass die gesamte Schöpfung eins ist. Ich wusste schon, dass alle Menschen eins sind. Und jetzt erlebte ich das Einssein mit der übrigen Schöpfung. Mit den Tieren und den Pflanzen, mit der Luft, dem Wasser und der Erde selbst. Eins aber auch, und das war das Wunderbarste, mit dem, was in allem ist und alles verbindet und allem Leben gibt. Einssein mit dem, was viele Gott nennen.

Dieses Erlebnis war mit der Inspiration zu einer Pilgerreise verbunden. Vor dem inneren Auge sah ich mich bereits gehen. Ich sah eine Landkarte der Vereinigten Staaten, die großen Städte markiert. Es war, als hätte jemand mit dem Buntstift eine Zickzacklinie von Küste zu Küste, von Grenze zu Grenze und von Los Angeles nach New York quer übers Land gezogen. Ich wusste jetzt, was ich zu tun hatte. Es war die Vision der Route meiner ersten Pilgerreise 1953.

Ich trat in eine neue und wunderbare Welt ein. Mir wurde das Glück eines Lebens mit Sinn und Zweck zuteil.

Viele der großen Dichter, Denker und Weisen der Welt haben das Erlebnis einer höheren Berufung und Identität geschildert – die griechischen Philosophen Pythagoras, Sokrates und Platon, der sufische Dichter Jalaluddin Rumi, der christliche Mystiker Meister Eckhart, die englischen Dichter William Blake und William Wordsworth, der amerikanische Transzendentalist Ralph Waldo Emerson, der amerikanische Dichter Walt Whitman, die modernen indischen Mystiker Sri Ramakrishna, Sri Ramana Maharshi, Sri Aurobindo und viele andere. Der junge Siddharta, der einst der Buddha werden sollte, fühlte sich zunehmend unwohl in dem Luxusleben, das er im Palast seines Vaters führte; den jungen Jesus erzürnten die Geldwechsler im Tempel; der junge Franz von Assisi war seines Lebens als Taugenichts überdrüssig. Alle spürten eine höhere Berufung, zu der sie ihrer alten Identität entwachsen, mit ihrem bisherigen Leben brechen und Verbindungen zu einer tieferen Wirklichkeitsebene knüpfen mussten. Bei Emerson liest sich das so:

> Alles weist darauf hin, dass die Seele im Menschen kein Organ ist, sondern alle Organe belebt und gebraucht, dass sie keine Funktion wie das Gedächtnis oder die Fähigkeit zu kalkulieren und zu vergleichen ist, sondern diese als Hände und Füße benutzt, dass sie kein Vermögen, sondern ein Licht ist, dass sie nicht Verstand oder Wille, sondern deren Herr und Meister ist – der Hintergrund unseres Seins, in welchem diese ihren Ort haben, ein Unermessliches, das nicht Eigentum ist und nicht Eigentum sein kann. Von innen oder hinten scheint ein Licht durch uns hindurch auf die Dinge und lässt uns gewahren, dass wir nichts sind und das Licht alles ist.

Der indische Mystiker Sri Ramakrishna führte seinen berühmten Schüler Narendra (später Swami Vivekananda) an diese von Emerson gemeinte Erfahrung von transzendenter Identität heran. In seiner Einleitung zu *The Gospel of Sri Ramakrishna* (*Das Vermächtnis*) erzählt Swami Nikhilananda von Narendras Erlebnis:

> Narendra empfand es wegen seiner brahmanischen Erziehung als Blasphemie, den Menschen als eins mit seinem Schöpfer zu betrachten. Einmal im Tempelgarten sagte er zu einem Freund: »Was für ein Unsinn. Dieser Krug hier ist Gott? Diese Schale ist Gott? Alles, was wir sehen, ist Gott? Und wir sind auch Gott? Das ist doch absurd!« Sri Ramakrishna kam aus seinem Zimmer

und berührte ihn sanft. Narendra, wie gebannt, erkannte augenblicklich, dass tatsächlich alles in der Welt Gott ist. Da war alles um ihn her eine neue Welt. Als er wie benommen heimging, sah er auch dort, dass die Speisen, der Teller, er selbst beim Essen, dass die Menschen um ihn her alle Gott waren. Auf der Straße sah er, dass die Rikschas, die Pferde, die Menschenströme, die Gebäude Brahman waren. Er war kaum im Stande, seiner Arbeit nachzugehen. Und als die Intensität dieses Erlebens ein wenig abnahm, sah er die Welt als einen Traum. Es dauerte einige Tage, bis er wieder er selbst war. Es war ein Vorgeschmack auf die großen Erfahrungen, die ihn erwarteten.

Neue Welten erschließen sich, wenn das kleine Ich transzendiert wird. Etwas Größeres scheint sich in uns Bahn brechen zu wollen, das Wissen um unsere ursprüngliche Verbundenheit mit der gesamten Schöpfung. Und das ist keine Idee oder Schlussfolgerung, sondern ein unmittelbares Begreifen, mit dem mehr Gewissheit verbunden ist als mit unserer biografischen Identität.

Krishna sagt in der Bhagavad-Gita: »Ein ewiges Stück von mir ist in der Welt des Lebendigen ein Lebewesen geworden.« Diese Zeile wird meist so gedeutet, dass das alltägliche Handeln des Menschen in der Welt von etwas dem biografischen Ich Transzendentem, dem Selbst oder Atman, getragen ist. Krishna wäre nach dieser Deutung die Personifikation dieser höchsten Ich-Wesenheit, des Selbst – der Welt immanent und zugleich transzendent. In allen spirituellen Traditionen finden wir Lehren ähnlichen

Inhalts. Im Buddhismus gibt es, wie der japanische Buddhismusforscher Gadjin Nagao schreibt,

> ... den Ausdruck »großes Selbst« (*mahatmya*), der zweifellos mit dem Begriff der Universalseele in der Atman-Lehre verwandt ist. Das große Erwachen, das Erlangen der Buddhaschaft also, wird als Auslöschung des »kleinen Ich« und Realisierung des »großen Selbst« erklärt.

Nach Platon verständigt sich die Seele mit den göttlichen Urbildern, bevor sie in dieser beschränkten Welt der Sinne geboren wird. Übt sie sich hier jedoch in der Tugend und richtet sich gänzlich auf Gott aus, so kann sie sich ihrem höheren Leben wieder annähern. Plotin beschreibt, wie er selbst dieses Einswerden mit etwas Höherem erlebte:

> Ich bin häufig aus dem Körper erwacht und zu mir selbst gelangt; ich bin aus allen Dingen ausgegangen und in mich selbst eingegangen. Ich habe wunderbare Schönheit gesehen und die tröstliche Gewissheit erlangt, dass ich doch vor allem dem Besseren angehöre. Ich habe das beste Leben bis zu seiner Erfüllung gelebt und sehe mich als dem Göttlichen gleich.

Unzählig sind in der jüdischen, christlichen und islamischen Mystik die Stimmen, die von einer höheren Identität sprechen. »Mein Ich ist Gott, und ich erkenne kein anderes Ich als Gott selbst an«, schrieb Katharina von Genua. Und bei Meister Eckhart finden wir: »Um die Seele zu ermessen, müssen wir sie mit Gott messen, denn Gottes und der Seele Grund sind eins ... Das Auge, mit dem ich Gott sehe, ist das Auge, mit dem Gott mich sieht.«

Die höchste Identität, von der in all diesen Zitaten die Rede ist, wird von denen, die sie gefunden haben, als der eigentliche Grund und die Erfüllung des Menschseins verstanden. Deshalb sprechen Mystiker verschiedenster Kulturen einhellig von einem »eigentlichen« oder »wahren« Ich. Für Alan Watts repräsentiert dieses Erleben den Übergang von einem zersplitterten Weltbild zu einem Gefühl der Ganzheit, dem Gefühl, dass diese ganze Schöpfung mit unseren Augen sieht.

Schon immer sprechen Menschen von einer höheren Identität oder einem größeren Sein. Diese höhere Identität kann sich während eines Rituals, beim Beten oder in der Meditation offenbaren. Es kann jedoch auch außerhalb eines spirituellen Rahmens spontan dazu kommen – bei der Pflege eines Kranken oder draußen in der Natur, auf einem Höhepunkt des künstlerischen Schaffens, bei der Gartenarbeit, bei der Hausarbeit. So verschieden die Umstände auch sein mögen, solche Erfahrungen stimmen darin überein, dass sie auf eine höhere als die gewohnte Ich-Identität hinweisen. In dieser Identität, so glauben wir, finden die in diesem Buch dargestellten außergewöhnlichen Möglichkeiten des Menschen erst zu ihrer ganzen Kraft und Bedeutung.

Im Erleben dessen, was wir im Grunde sind, *meinen* wir nicht nur, dass wir Zugang zum Göttlichen in uns gefunden haben, sondern wir *wissen* es. Wir sehen alles ringsum als das Wirken einer höchsten Schöpferkraft, eines göttlichen Wollens, an dem wir zutiefst beteiligt sind.

Hier besteht jedoch ein scheinbares Paradox. Im Wissen um unser Einssein mit der Welt wissen wir auch um unsere Einzigartigkeit. Wir sind eins mit allem und haben im evolvierenden Universum doch einen einzigartigen Stellenwert. Die Heiligen und Weisen, die wir vor allem mit diesem Erwachen assoziieren, besaßen doch eine ganz individuelle Sicht ihrer Berufung und waren von unverwechselbarer Persönlichkeit. Niemand trat in seinem Kulturkreis deutlicher hervor als der Buddha, Jesus und Mohammed oder auch Franz von Assisi. Auch die zitierten Philosophen und Dichter waren Charaktere von unvergesslicher Eigenart. Wir werden im zwölften Kapitel auf dieses Paradox zurückkommen.

10.

TRANSZENDENTES ERKENNEN

Auch das transzendente Erkennen setzt die Erfahrung voraus, dass wir im Grunde mit Gott und dem evolvierenden Universum eins sind. Wir möchten den Begriff hier jedoch noch etwas weiter fassen und ihn auf besondere Inspirationen, Erinnerungen und Intuitionen ausdehnen, die weit über das Gewohnte hinausgehen. Was wir hier an Einsichten gewinnen können, befähigt uns, der Welt wirkungsvoller und mit mehr Kreativität zu dienen.

»Mystische Zustände«, schrieb William James, »haben manches mit Gefühlszuständen gemein, aber wer in einem solchen Zustand ist, erlebt ihn auch in seinem Erkenntnis-Aspekt. Es sind Zustände, die Einblicke in Tiefen der Wahrheit eröffnen, welche der diskursive Verstand nicht auszuloten vermag. Es sind Erleuchtungen, Offenbarungen, bedeutsam und wichtig, wenn sie auch unaussprechlich bleiben.«

Wir verbinden solche Erleuchtungen im Allgemeinen mit Mystikern und Heiligen, aber sie können jedermann widerfahren. Albert Einstein schrieb über dieses Erkennen in seiner Autobiografie *Mein Weltbild*:

> Das Schönste, was wir erleben können, ist das Geheimnisvolle. Es ist das Grundgefühl, das an der Wiege von wahrer Kunst und Wissenschaft steht. Wer es nicht kennt und sich nicht mehr wundern, nicht mehr staunen kann, der ist sozusagen tot und sein Auge erloschen ... Das Wissen um die Existenz des für uns Undurchdringlichen, der Manifestationen tiefster Vernunft und leuchtendster Schönheit, die unserer Vernunft nur in ihren primitivsten Formen zugänglich sind, dies Wissen und Fühlen macht wahre Religiosität aus.

William James gibt in seinem Buch *The Varieties of Religious Experience* (*Die Vielfalt religiöser Erfahrung*) den Erlebnisbericht des kanadischen Psychiaters Richard Bucke wieder:

> Urplötzlich, ohne jede Vorwarnung, sah ich mich von einer feuerfarbenen Wolke eingehüllt. Einen Augenblick lang dachte ich an ein Feuer, einen gewaltigen Brand irgendwo in dieser großen Stadt – doch dann wusste ich, dass das Feuer in mir war. Gleich darauf erfasste mich ein regelrechter Freudentaumel, dem unmittelbar ein tiefes, nicht in Worte fassbares Begreifen folgte.
> Unter anderen wurde mir klar, dass das Universum nicht aus toter Materie besteht, sondern etwas Lebendiges ist, und ich glaubte das nicht einfach, sondern sah, dass es so ist. Ich wurde mir eines ewigen Lebens in mir selbst bewusst.

Auch das war nicht die Überzeugung, dass mir das ewige Leben zuteil werden würde, sondern in dem Augenblick war mir bewusst, dass ich das ewige Leben schon hatte. Ich sah, dass alle Menschen unsterblich sind, dass die kosmische Ordnung dafür sorgt, dass alle Dinge, ausnahmslos, zum Wohl jedes einzelnen und des Ganzen zusammenwirken.

In solchen Augenblicken, in denen das mystische Erkennen sich mit einem Gefühl von transzendenter Identität verbindet, wird uns klar, dass wir aus einer Quelle jenseits des kleinen Ich Anstöße bekommen können, die die Welt bereichern. Für Erkenntnis und Identität gilt, was wir schon bei den bisher besprochenen außergewöhnlichen Fähigkeiten gesehen haben: Sie verschmelzen zu einer höheren Einheit und das löst für gewöhnlich eine wahre Flut der Inspiration aus.

Inspiration

Woher kommt Inspiration? Die Tänzerin und Choreografin Martha Graham gibt diese Antwort:

Wir alle kennen Zeiten, in denen das, was wir tun oder vorhaben, etwas so Mitreißendes bekommt, dass wir ganz darin aufgehen. Das, woran wir dann arbeiten, bekommt etwas tief Bedeutsames, ja Notwendiges, und das Werk scheint uns in dem zu bestätigen, was wir sind – oder vielmehr sein können. Wir wissen in diesem Augenblick, dass etwas Transzendentes in uns wirkt. Solche Inspiration lässt sich jedoch nicht fordern oder herbeizwingen. Sie muss in gewissem Sinne empfangen werden.

Von Mozart ist aus seinen Briefen bekannt, dass ihm die besten Einfälle kamen, wenn er »gänzlich ich selbst, mit mir allein und guten Mutes« war. Er fügte hinzu, dass er nicht wisse, woher sie kamen, und dass er sie nicht forcieren könne. Er gewöhnte sich an, diese musikalischen Einfälle vor sich hin zu summen, wobei sie sich wie von selbst ausgestalteten und zusammenfügten, den Regeln des Kontrapunkts und den Eigentümlichkeiten der einzelnen Instrumente entsprechend. Schließlich stand die ganze Komposition, und das betrifft auch große Werke, so gut wie vollständig vor seinem geistigen Auge, so dass er sie in ihrer Ganzheit wie ein Bild mit einem Blick betrachten konnte. Bei dieser »Betrachtung« hörte er die einzelnen Stimmen nicht für sich oder nacheinander, sondern »gleich alles zusammen«. Die Komposition war dann so weit ausgearbeitet, dass er die Niederschrift nicht mehr als schöpferischen Prozess, sondern als lästige Pflicht empfand.

Solche Inspirationen, ob sie einem Künstler wie Mozart, einem Mystiker oder einer um ihr Kind besorgten Mutter zuteil werden, haben manches gemeinsam, unter anderem ihre Schnelligkeit und Spontaneität, die begleitende Freude, den Umstand, dass sie weit über die gewohnten kognitiven Prozesse hinausgehen, und dieses Gefühl, dass ihr Inhalt sich nicht sukzessive entfaltet, sondern alles zugleich gegenwärtig ist. Manchmal treten in diesem Zusammenhang Erinnerungen auf, die unsere gewohnten Gedächtnisleistungen weit in den Schatten stellen.

SUPERGEDÄCHTNIS

Immer und überall hat es Menschen gegeben, die unerhörter Gedächtnisleistungen fähig waren. Im keltischen Irland wurde von einem Barden erwartet, dass er sich für jeden Tag des Jahres ein Gedicht, eine Weise, ein Rätsel oder ein Lied einprägte – und der Vortrag eines einzigen Tages konnte Stunden in Anspruch nehmen. Schulkinder und Dichter des alten Griechenlands lernten üblicherweise große Teile der *Ilias* und *Odyssee* auswendig. In ihrer meisterlichen Studie *The Art of Memory* untersucht Francis Yates »die innere Gymnastik und die unsichtbaren Mühen der Konzentration«, die zu außergewöhnlichen Gedächtnisleistungen gehören. Sie schildert den römischen Philosophen und Redner Seneca als einen dieser Gedächtnisathleten: »Er vermochte zweihundert Namen in der Reihenfolge ihrer Aufzählung wiederzugeben; und wenn zweihundert oder mehr Schüler nacheinander jeweils eine Zeile aus einer Dichtung vortrugen, konnte er sie in umgekehrter Reihenfolge rezitieren.«

Es scheint also, dass die normale Gedächtnisleistung durch Intention und Übung erheblich gesteigert werden kann. Der Psychiater Viktor Frankl, Überlebender des Konzentrationslagers Auschwitz, berichtet in seinem Buch *... trotzdem Ja zum Leben sagen*, wie es ihm gelang, den Überlebenswillen anderer Insassen zu stärken. Er forderte sie auf, sich innerlich die Bilder ihrer Angehörigen lebendig zu halten oder, wenn sie Künstler waren, ihr Buch oder ihre Komposition im Geist fertig zu stellen. Dazu schreibt er:

Die mögliche Verinnerlichung, die bei dem, der dazu bereit ist, das Leben im Konzentrationslager erfährt, führt auch dazu, daß er aus der Leere und Öde, aus der geistigen Inhaltsarmut des gegenwärtigen Daseins in die Vergangenheit flüchtet. Sich selbst überlassen, beschäftigt sich seine Fantasie immer wieder mit verflossenen Erlebnissen, aber nicht etwa mit den großen Erlebnissen – die alltäglichste Begebenheit, die nichtigsten Dinge oder Geschehnisse seines früheren Lebens sind es oft, um die sein Denken kreist. In der wehmutsvollen Erinnerung erscheinen sie dem Häftling dann wie verklärt ... Die Welt und das Leben sind entrückt. Sehnsüchtig langt der Geist nach ihnen zurück: Man fährt mit der Straßenbahn, man kommt nach Hause, sperrt die Wohnungstür auf, das Telefon klingelt, man hebt den Hörer ab, man schaltet die elektrische Zimmerbeleuchtung an – solche scheinbar lächerlichen Details sind es, die der Häftling in seinem Rückerinnern gleichsam streichelt. Ja, die wehmütige Erinnerung an sie vermag ihn zu Tränen zu rühren.

Wenn wir nach einem Sinn im Leben suchen, kann das Gedächtnis sogar noch weiter reichen. Es kann etwas von Inspiration bekommen, wenn wir uns an ein größeres Dasein, einen höheren Bereich »erinnern«, an das, was wir werden sollen oder was uns bestimmt ist. Es kann eine plötzliche Flut von Erinnerungen an längst vergessene Ereignisse einsetzen, und wir wissen dann, wie dieses Vergessene uns auf das vorbereitet hat, was uns noch bevorsteht.

Intuition

Das transzendente Erkennen spielt nicht nur für künstlerische oder wissenschaftliche Arbeit eine Rolle. Manchmal erreicht es uns als das unmittelbare Wissen um das richtige Vorgehen in alltäglichen Angelegenheiten. Wir könnten hier von »präkognitiver« oder »antizipierender« Intuition sprechen. Das kann eine Eingebung oder Ahnung sein, als bildhafte Vorstellung von etwas, das wir zu einer bestimmten Zeit an einem bestimmten Ort tun und das wie »zufällig« zu neuen Informationen, Verbindungen oder Situationen führt, die uns die Verwirklichung größerer Projekte erlauben. Wenn wir darauf eingestellt sind und ein wenig Übung haben, können wir solche Intuitionen schneller erkennen und uns von ihnen leiten lassen.

Das transzendente Erkennen scheint also wie die anderen hier besprochenen außergewöhnlichen Fähigkeiten aus einer Quelle jenseits des gewöhnlichen Ich zu stammen. Wenn wir es zulassen und üben, offenbart es mehr und mehr etwas Höheres, das uns zu einem neuen Leben und Handeln in dieser evolvierenden Welt auffordert.

11.

EIN WOLLEN JENSEITS DES EGO

Alles fließt und nichts bleibt, wie es ist«, sagte der griechische Philosoph Heraklit im fünften vorchristlichen Jahrhundert. Wandel ist das einzig Bleibende im Leben. Das Wort »fließen« lässt uns jedoch darüber hinaus an Erfahrungen einer anderen Art denken, bei denen wir ein Gefühl der Mühelosigkeit haben und wo alles genau richtig und im Einklang ist.

Die Fähigkeit, unbelastet von hinderlichen Gewohnheiten in diesem Fluss zu agieren, gehört ebenfalls zu den jetzt sichtbar und wirksam werdenden Anteilen unserer Natur. Erfahrungen von transzendenter Identität und transzendentem Erkennen bereiten uns auf diese Art des Agierens vor. Mit einem Bewusstsein, das nicht so ausschließlich auf unser Ego ausgerichtet ist, wird unser Wille nicht nur stärker, sondern wir setzen unsere Willenskraft auch umsichtiger ein, was wiederum dazu führt, dass wir der Welt besser, das heißt kreativer dienen können. In allem, was wir tun, können wir auf größere Energien als unsere normalen Antriebe und Impulse zurückgreifen.

Ungewöhnliche Willenskraft haben wir den religiösen Überlieferungen zufolge dann, wenn wir unsere Ichbezogenheit verlassen und in einen Strom eintreten, der einem höheren Teil unserer selbst zu entspringen scheint. Der Krieger Arjuna, von dem die Bhagavad-Gita erzählt, wird zu einem vollkommenen Werkzeug des Göttlichen, als er seine ganz persönlichen Bedenken und sein Haften an schnellen Ergebnissen überwindet. Im Daoismus gilt, dass wir Meister unserer täglichen Arbeit werden und in ihr unser wahres Wesen – das mit dem Dao identisch ist – zum Ausdruck bringen können. Zhuangzi erzählt:

Der Holzschnitzer Qing schnitzte einst einen Glockenständer. Jedermann, der den fertigen Glockenständer sah, war überwältigt, so als betrachtete er das Werk eines spirituellen Wesens. Der Markgraf von Lu ging ihn sich ansehen und fragte den Holzschnitzer: »Was ist das Geheimnis Eurer Kunst?«
»Euer Untertan ist nur ein einfacher Handwerker«, war die Antwort. »Welche besondere Kunst könnte ich schon besitzen. Allerdings gibt es da eine Sache. Wenn ich mich anschicke, einen Glockenständer zu schnitzen, wage ich es nicht, auch nur die geringste Energie zu verschwenden. Deshalb ist es notwendig, dass ich faste, um meinen Geist zu beruhigen. Nachdem ich drei Tage gefastet habe, erlaube ich mir keine Gedanken an Anerkennung und Belohnung, Rang und Einkommen mehr. Nachdem ich fünf Tage gefastet habe, erlaube ich mir keine Gedanken an Lob und Tadel, Können oder Ungeschicklichkeit mehr. Nachdem ich sieben Tage gefastet habe,

vergesse ich plötzlich, dass ich vier Gliedmaßen und einen Körper habe. Zu diesem Zeitpunkt habe ich keinen Gedanken mehr für öffentliche Angelegenheiten oder den Hof. Meine Fähigkeiten sind gesammelt und alle äußeren Ablenkungen verschwinden. Erst dann gehe ich in den Bergwald und betrachte die himmlische Natur der Bäume, bis ich einen von vollkommener Form finde. Erst wenn ich den fertigen Glockenständer vor mir sehe, lege ich Hand an meine Arbeit. Anderfalls lasse ich es sein. Auf diese Weise verbindet sich das Himmlische mit dem Himmlischen. Das ist es, was die Leute vermuten lässt, meine Instrumente seien von einem spirituellen Wesen gefertigt.«

Wenn wir diese außerordentliche geistige Sammlung im Sport oder irgendeinem anderen Bereich des Lebens beobachten, finden wir eine tiefe Versunkenheit in das, was gerade zu tun ist. Der amerikanische Psychologe Mihaly Csikszentmihalyi, der solche Phänomene jahrzehntelang erforscht hat, spricht hier von »Flow«, einem »Durchbruch zu neuen Arten des Denkens und Verhaltens, der weder von der Gesellschaft gefördert wird noch unmittelbaren Nutzen verspricht«.

Csikszentmihalyi betrachtete bei seinen Forschungen ältere Koreaner, indische und thailändische Erwachsene, Teenager in Tokio, Navajo-Schäfer, Bauern der italienischen Alpenregion und Fließbandarbeiter in Chicago. Als die wichtigsten Voraussetzungen des Flow, praktisch überall auf der Welt gleich, benennt er »tiefe Konzentration, klare Zielvorstellungen, Verlust des Zeitgefühls und Selbstvergessenheit«.

Flow lässt sich üben, wie Csikszentmihalyi festgestellt hat, und darin stimmt er mit vielen Weisen überein, die immer wieder gesagt haben, dass außerordentliche Willenskraft sich als eine Gnade spontan einstellen kann, dass wir sie aber bewusst wahrnehmen und ausbilden müssen, wenn wir sie wiederfinden und entwickeln möchten.

»Die Winde der Gnade wehen jederzeit«, sagte Sri Ramakrishna, »aber wenn wir sie nutzen wollen, müssen wir unsere Segel aufziehen.« Das geschieht, indem wir uns einer größeren Macht unterwerfen, indem wir »dein Wille geschehe« sagen. Dann wachsen uns neue Kräfte zu und unser Handeln ist von mehr Willenskraft als sonst getragen.

George Leonard prägte den Begriff »gebündelte Ergebung«, um zu vermitteln, dass Flow eigentlich etwas Paradoxes voraussetzt. In seinem zusammen mit Michael Murphy verfassten Buch *The Life We Are Given* stellt er die Ergebnisse seiner Forschungen dar, und die haben etwas von Zen: Augenblicke der Gnade oder eines »perfekten Rhythmus« beinhalten, so Leonard, eine Verschmelzung von Bemühen und Nichtbemühen, von punktgenauer Ausrichtung und Loslassen. Offenbar sind sowohl gebündelte Intention als auch Ich-Ergebung notwendig, um diese tiefe Schicht zu erreichen und »Wunder« zu wirken.

Wollen und Beten werden schon immer als eng miteinander verknüpft gesehen. Wir beten, sagt Homer, weil »alle Menschen Hilfe von den Göttern benötigen«. Im Islam ist das Gebet eine »Leiter« oder Reise zum Himmel, wo uns große Kräfte für das Leben verliehen werden. Therese von Lisieux nannte das Gebet eine »Erhebung des Herzens«; es gibt uns die Kraft, die Welt zu erheben. William James sagte, das Gebet sei die »eigentliche Arbeit«. Ohiyesa, ein Medizinmann der Dakota-Sioux, schrieb: »Im Leben des Indianers gab es nur eine wirklich unabdingbare Pflicht – das Gebet.« Und in jüngster Zeit deuten experimentelle Forschungen, etwa von Elizabeth Targ und Marilyn Schlitz oder von Larry Dossey darauf hin, dass das Beten eine reale Kraft ist, die körperlich und seelisch zu heilen vermag.

Wenn also durch Gebet gelenkte Intention und Ergebung einen höheren Willen als den des Ego und einen Flow-Zustand herbeiführen können, wie sollen wir dann vorgehen? Einer der Ansatzpunkte ist dieses Gefühl, einen Ruf zu erhalten, zu etwas berufen zu sein. Hier werden wir manchmal durch subtile »Stichwörter« angeleitet, durch leise Impulse und Ahnungen, die leicht zu überhören sind. Achten wir jedoch auf sie, können wir uns einen höheren Aspekt unserer selbst erschließen. »Wenn solch ein Augenblick an der Pforte deines Lebens anklopft«, schrieb Boris Pasternak, »ist es manchmal nicht lauter als dein Herzschlag und sehr leicht zu überhören.«

12.

INTEGRATION

Für die bisher berichteten außergewöhnlichen Erfahrungen gibt es in praktisch allen Kulturen und Zeiten Zeugnisse. Sie ereignen sich bei Männern und Frauen, bei Jung und Alt bei Tätigkeiten unterschiedlichster Art, vom Alltäglichen bis zum Erhabenen. Vieles davon ist wissenschaftlich untersucht und bestätigt worden und in den spirituellen Traditionen ist vielfach die Rede davon. Rechtfertigung und Kraft der Religionen leiten sich sogar zu einem erheblichen Anteil von solchen Erfahrungen ab, die nicht nur Mystiker und Heilige machen, sondern auch wenig oder gar nicht religiöse Menschen. Verbesserte Wahrnehmungs- und Kommunikationsfähigkeiten, Augenblicke eines höheren Erkennens und Identitätsgefühls, tiefe Freude und allumfangende Liebe – solche Erlebnisse deuten immer wieder darauf hin, dass wir alle tief greifender Veränderungen fähig sind.

Nehmen wir alle Erfahrungen dieser Art zusammen, so scheinen sie auf eine höhere Natur hinzudeuten, die in uns geboren werden möchte. Sie stellen sich uns als die Attribute eines größeren Ich dar, für das wir uns durch Intention und Übung zugänglich machen können.

Eine höhere Einheit

Bis jetzt haben wir die sichtbar werdenden Züge unserer höheren Natur unter dem Gesichtspunkt einzelner Erlebnisse betrachtet, denn so lernen wir sie tatsächlich kennen. Wir glauben aber, dass sie in unserem Leben nicht getrennt und vereinzelt bleiben müssen. Zunächst einmal scheinen sie ihrem Wesen nach alle miteinander verbunden zu sein, und das könnte heißen, dass sie sich zu einer höheren Einheit verbinden werden, wenn unsere größere Natur erst einmal deutlich hervorgetreten ist. Zu dieser vollkommenen Integration wird es vielleicht erst in ferner Zukunft kommen, doch überall auf der Welt machen Menschen erste Erfahrungen damit.

So wissen wir heute aus entsprechenden Untersuchungen, dass Menschen in verschiedenen Kulturen das im vorigen Kapitel besprochene fließende, Ich-transzendierende Agieren kennen. Und wie wir gesehen haben, hat dieses Agieren etwas vom »Nicht-Tun« des Daoismus, dem »Handeln ohne Haften an Ergebnissen«, wie wir es im Buddhismus und Hinduismus kennen, von der Überwindung des selbstsüchtigen Strebens, das Christentum, Judentum und Islam predigen. Wir denken dabei aber auch an C.G. Jung und seinen Begriff der Synchronizität, den er als »bedeutsame Koinzidenz« definierte. Gemeint ist damit, dass manche Ereignisse bestimmte Phasen und Wendungen unseres Lebens dramatisch zuspitzen und verstärken und so verblüffend zu »passen« scheinen, dass man unwillkürlich an mehr als bloßen Zufall denkt. Nach Jungs Auffassung deuten solche Ereignisse auf einen Grundzug der Welt hin und dienen dazu, den Menschen in Richtung seiner wahren Bestimmung voranzubringen.

Wir haben Grund zu der Annahme, dass wir um so mehr Synchronizitäten erleben, je weiter wir mit der Integration unserer höheren Fähigkeiten gekommen sind. In Augenblicken der Synchronizität scheinen sich die Ereignisse auf geradezu unheimliche Art zu verschwören, um uns wie absichtlich, wenn nicht schicksalhaft in eine bestimmte Richtung zu bewegen. Wir entdecken ein Buch und erfahren fast im gleichen Augenblick von einem Workshop zum Thema. Wir denken an berufliche Veränderung und treffen jemanden, dem genau das, was wir vorhaben, gerade gelungen ist. Wir denken an einen alten Freund, und kurz darauf ruft er an, um uns etwas Wichtiges mitzuteilen. Solche Augenblicke können etwas Numinoses, etwas von Offenbarung haben. Sie scheinen uns auf etwas aufmerksam machen zu wollen, das für uns von großer Bedeutung ist. Wir werden, zumindest für einen Augenblick, aus unserem sonstigen Denken und Verhalten gerissen und erleben eine höhere Identität, von der ein Ruf ausgeht: der Ruf, unser größeres Ich zu verwirklichen, das mit eben den Kräften verbündet zu sein scheint, die der Welt insgesamt ihre Lebendigkeit geben.

Hindernisse

Solche Augenblicke sind im Allgemeinen flüchtig und manchmal enttäuschend. Wir lernen jemanden kennen und es scheint eine wichtige Begegnung zu sein, doch dann gerät die Beziehung ins Stocken und sieht jetzt eher nach Fehlschlag aus. Der geheimnisvolle Fluss versickert. Was wir anfangs als bedeutungsvolles Zusammentreffen erlebten, erscheint uns jetzt als Illusion. Anscheinend waren wir von Wunschdenken oder Fehlschlüssen geleitet. Man darf aber davon ausgehen, dass manche Synchronizitäten sich nicht erfüllen, weil wir uns der anderen Seite unserer wahren Natur nicht ausreichend angenommen haben. Hier bedarf es der Übung. Um in dem »Flow« zu bleiben, den die Synchronizität verspricht, bedarf es all der außergewöhnlichen Züge, die in uns angelegt, aber noch nicht geboren sind.

Für die transzendente Identität und das transzendente Erkennen, von denen in früheren Kapiteln die Rede war, müssen unsere psychischen Muster uns bewusst sein. Das ist deshalb so wichtig, weil unbewusste »Drehbücher«, Beweggründe und Verhaltenstendenzen uns häufig dazu verleiten, kreative neue Ansätze falsch zu deuten und deshalb nicht auf sie zu reagieren. Wir können aber lernen, sinnvoller zu reagieren, und dazu verhelfen uns psychologische Beratung oder Meditation und andere Formen der spirituellen Praxis. Mit wachsender Selbsterkenntnis lernen wir auch Situationen und andere Menschen besser einzuschätzen, so dass wir Chancen besser und klarer wahrnehmen.

Dieser Punkt verdient hervorgehoben zu werden. Die in uns angelegten höheren Vermögen zu entwickeln ist keine leichte Aufgabe. Im gegenwärtigen Stadium der Integration außergewöhnlicher Erfahrungen kann der Weg schwierig und voller Sackgassen sein. Synchronistischer Flow erfordert, dass wir über ungünstige Gewohnheiten und Drehbücher, über engstirnige Wünsche und mechanische Reaktionen auf die Gnaden des Lebens hinauswachsen.

INTEGRIERTER, SYNCHRONISTISCHER FLOW

Noch einmal: Alle außergewöhnlichen Fähigkeiten müssen ausgebildet werden, wenn wir unsere höhere Natur verwirklichen und Flow in einem ganzheitlichen Sinne erleben wollen. Das haben wir in Gesprächen mit tausenden von Menschen, die sich einer transformativen Praxis widmen, immer wieder bestätigt gefunden. Transzendente Identität beispielsweise gibt uns einen ganz neuen Ausblick und eine Distanz, die uns klüger mit neuen Herausforderungen und Chancen umzugehen erlaubt. Und die lichtvolle Intelligenz, die wir »transzendentes Erkennen« genannt haben, trägt entscheidend dazu bei, dass wir unsere wahre Berufung erkennen; in diesem Zustand »erinnern« wir uns, wer wir eigentlich sind und was wir zu tun haben, und häufig erfahren wir durch bildhafte Intuitionen, was als Nächstes zu tun ist.

Setzen wir also beim Gewohnten an, beim alltäglichen Drama unseres Lebens, aber begegnen wir der Welt mit dem, was wir hier »präkognitive« oder »antizipierende« Intuition genannt haben. Wenn wir dieser Intuition folgen, wird sie uns irgendwann die richtigen Bedingungen finden lassen, unter denen uns etwas Wichtiges und Bedeutsames widerfahren kann. Wenn wir dieses Ereignis dann von einer höheren Warte als der unserer gewohnten Drehbücher und Begehrlichkeiten aus deuten, kommen wir dem, was wir im Leben zu tun haben, wieder ein Stück näher.

Doch wie gesagt, die Interpretation synchronistischer Ereignisse hat ihre Fallstricke. So kann ein Ereignis, das wir als Synchronizität erleben, uns dazu verführen, ein viel versprechendes, aber schwierig gewordenes Unternehmen abzubrechen. Oder es lässt uns einer Situation ausweichen, der wir uns stellen müssten, oder gibt uns ein, aus einer Beziehung auszusteigen, die noch kreatives Potenzial besitzt. Wir brauchen hier ebenso viel Geduld wie Unterscheidungsvermögen. Wenn der magische Augenblick kommt, gilt es abzuwarten und keine voreiligen Schlüsse zu ziehen, sondern uns genau umzusehen, bis wir wissen, wohin er uns wirklich führen kann. Suchen wir einfach vorsichtig und hoffnungsvoll den Horizont nach dem Silberstreifen ab, nach der Deutung, die unsere höchste Intuition gutheißt.

Diese erste Integration und das, was durch sie an Fluss entsteht, spüren und diskutieren heute immer mehr Menschen. Daraus könnte eine Gesellschaft entstehen, die mehr als bisher wahrnimmt, wie das Transzendente im alltäglichen Leben wirkt. Das könnte, wie wir im dritten Teil darlegen wollen, der Ansatz für die Erfüllung unserer größten Träume sein und eine bessere Zukunft für die Menschheit bedeuten. Auf längere Sicht, so glauben wir, könnte das die Evolution vorantreiben und neue, nie da gewesene Formen der Verkörperung entstehen lassen.

Dritter Teil

Gemeinsamer Wandel

13.
TRANSFORMATION DER GESELLSCHAFT

Seit Jahrtausenden entwickeln die Dichter Visionen von Zeiten und Gegenden, in denen die Menschen in fröhlichem Einklang leben. Auch die Philosophen träumen schon immer von der guten Gesellschaft. Und in vielen Bereichen sind Menschen tatsächlich zu Werk gegangen und haben aus Träumen Programme für den schöpferischen Wandel der Gesellschaft gemacht. Wir glauben, dass solche Bestrebungen schon Teil des größeren Lebens sind, das in uns geboren werden möchte. Das in uns, was unser Ego transzendiert, unser größeres Ich, hat von Natur aus diesen Drang, den Fortschritt der Welt voranzutreiben. Dieser Antrieb, dieser Ruf bekundet sich schon immer in den Träumen der Menschheit.

Die Sumerer entnahmen dem Gilgamesch-Epos Visionen des Paradieses. Der griechische Dichter Hesiod schrieb über die Insel der Seligen, eine verzauberte Welt mit Bauwerken aus Gold, von duftenden Wassern umgeben. Die Tibeter träumten von Shambhala, einem Land der Juwelenpaläste und smaragdenen Mauern, wo Lamas in einem entrückten Zustand lebten. Im europäischen Mittelalter nahmen solche Visionen die Gestalt von Abenteuergeschichten an, etwa die Suche nach Avalon oder dem El Dorado. Reisende erzählten von magischen Inseln wie Hyperborea vor der schottischen Küste oder Hy Brasail westlich von Irland.

Solche in Legenden, Mythen und Dichtwerken gestalteten Visionen sind von Philosophen in eine durchdachtere Form gebracht worden. Platon beispielsweise entwickelte in seinem Dialog *Politeia* die Idee eines von Philosophen-Königen regierten Stadtstaates, in dem den Menschen gemäß ihrer Begabung eine Rolle als Wächter, Soldat oder Arbeiter zugewiesen wird. Um die zweitausend Jahre später, 1516, schrieb Thomas More über eine fiktive Insel Namens *Utopia* (so auch der Titel seines Werkes, dessen ursprüngliche Bedeutung »Nichtland« oder »Nirgendwo« ist), auf der Gerechtigkeit und Achtung ohne Ansehen der Person herrschten. Auch wenn der Name des Werkes auf seinen allegorischen, wenn nicht satirischen Charakter hinweist, wird Mores *Utopia* doch als Katalysator für spätere Visionen von der Möglichkeit der Vervollkommnung des Menschen gesehen.

In der Renaissance und Aufklärung gerieten solche Ansätze eher zu Romanen. 1627 veröffentlichte Francis Bacon den Roman *New Atlantis*, in dem die Wissenschaft als der Weg nach Utopia gefeiert wird. Daniel Defoe schrieb *Robinson Crusoe* und erzählte darin vom einsamen Leben auf einer Paradiesinsel. Gegen Ende des neunzehnten Jahrhunderts gab Edward Bellamys *Looking Backward* (*Ein Rückblick aus dem Jahre 2000 auf 1887)* in Amerika und Großbritannien Anlass zu leidenschaftlichem Utopismus (bis hin zur Gründung von »Looking-backward-Clubs«).

Im zwanzigsten Jahrhundert jedoch ließ das wachsende Bewusstsein für menschliche Entgleisungen diese Art von Literatur zunehmend als gefährlich naiv erscheinen. Nach Hitler, Stalin und der gezielten Vernichtung ganzer Völker wirkten Ideen zur Vervollkommnung des Menschen, wie sie ja gerade von den Nationalsozialisten vertreten wurden, wie Anleitungen zum Bösen. Dieses neue Misstrauen gegenüber utopischen Visionen gestalteten George Orwell mit *1984* und Aldous Huxley mit *Brave New World (Schöne neue Welt)* in zwei bewusst antiutopischen Romanen. Am Ende des Zweiten Weltkriegs war Utopia für die meisten Menschen tot.

Dennoch entstanden in den sechziger Jahren viele Gemeinschaften, die sich als direkte Antwort auf die gesellschaftlichen Übel des zwanzigsten Jahrhunderts verstanden. Der Behaviorist B.F. Skinner schrieb *Walden Two (Futurum zwei)*, dessen Theorien des menschlichen Verhaltens zwar umstritten sind, das aber trotzdem zur Bildung etlicher von diesen Theorien inspirierter Gruppen führte. Die meisten dieser Experimente erwiesen sich jedoch als kurzlebig. Sie krankten an destruktiven Beziehungen zwischen ihren Mitgliedern oder gingen daran zu Grunde; andere verkamen zu gefährlichen Kulten. Aber beweisen die Naivität utopischer Träume und das Scheitern utopistischer Lebensgemeinschaften etwa, dass gesellschaftlicher Fortschritt nicht möglich ist?

Natürlich nicht. Viele gesellschaftliche Reformbestrebungen – die Bürgerrechtsbewegung, die Umweltbewegung, die Frauenbewegung und andere – haben ganz erhebliche Fortschritte ausgelöst. Der Kalte Krieg endete ohne großes Blutvergießen. In Südafrika wurde die Apartheid abgeschafft. Trotz vieler auch weiterhin bestehender gesellschaftlicher Missstände gibt es immer mehr Menschen mit immer besseren Ideen, wie Institutionen und Kulturen zu erneuern wären. Überall findet der Impuls, der hinter unseren humanitären Träumen steht, Ansatzpunkte, und dieser Impuls gehört einfach zu unserem tieferen Wesen. Ganz in der Tiefe möchten wir gern der Welt dienen, und dazu gibt es unzählige Gelegenheiten. Das wird um so deutlicher, je weiter wir die in diesem Buch beschriebenen lebensfördernden Eigenschaften und Fähigkeiten wie Einfühlungsvermögen, Sendungsbewusstsein und Liebesfähigkeit entwickeln. Deren zunehmende Integration, so glauben wir, wird immer mehr Inspiration und Flow erzeugen, so dass unsere Reformbemühungen zunehmend von innen kommen und effektiver werden.

Hier wird dann unser erweitertes Verständnis von Evolution wichtig als der gemeinsame Nenner für persönliche und gesellschaftliche Transformation. Mit einem Verständnis für die atemberaubenden Fortschritte, die die Welt schon gemacht hat, erhält alles, was wir tun, eine Perspektive, vor allem natürlich dann, wenn es von einer transformativen Praxis getragen ist. Wir haben gesehen, welche wunderbaren Veränderungen an Körper und Seele solche Praxis bewirken kann und was für ein neues, das Leben bereicherndes Handeln daraus erwächst. In diesem Kapitel möchten wir aufzeigen, wie die Verwirklichung unserer höheren Fähigkeiten und die neue Sicht der Dinge, die wir durch sie gewinnen, zum evolutionären Wandel der Welt beitragen können. Wir wollen aber keine erschöpfende Darstellung leisten, sondern nur ein paar Gebiete herausgreifen.

Ein guter Ansatzpunkt dafür ist die Naturwissenschaft. Sie ist einer der wichtigsten Hebel für den Fortschritt der Menschheit, weil wir mit ihrer Hilfe exaktes Wissen über das Potenzial des Menschen gewinnen können.

Eine Wissenschaft der höheren menschlichen Fähigkeiten

Heute ist uns allen mehr Wissen über die transformativen Fähigkeiten des Menschen zugänglich als je zuvor. Leider sorgen jedoch philosophische Vorurteile dieser oder jener Art, wissenschaftliches Konkurrenzdenken und die schiere Flut an Informationen dafür, dass wir dieses Wissen kaum noch überblicken können. Wie sehr allein die zunehmende Spezialisierung den Überblick erschwert, erkennen wir an dem Ausspruch: »Wir wissen anscheinend immer mehr über immer weniger.«

Der Spezialisierungsdruck erschwert es den Wissenschaftlern ungemein, sich das ganze Feld der in diesem Buch angesprochenen außergewöhnlichen Erfahrungen vor Augen zu führen. Wir müssen diese Erfahrungen aber als ein Ganzes betrachten, um ihre Gemeinsamkeiten herauszufinden, und das ist möglich. Wir können verifizierte Befunde aus der medizinischen Forschung, aus Anthropologie, Psychologie, Soziologie, Parapsychologie, Religionswissenschaft, Sport, den Künsten und anderen Bereichen sammeln. Psychologen wie William James und Abraham Maslow, Erforscher der paranormalen Erfahrung wie Frederic Myers und Marghanita Laski, Mediziner wie Larry Dossey, Parapsychologen wie Marilyn Schlitz und William Braud, Anthropologen und Ethnologen wie Michael Harner und viele andere Geistes- und Naturwissenschaftler, von denen hier bereits die Rede war, stehen beispielhaft für dieses kühne, von Scheuklappendenken freie Vorgehen. Sie haben uns den Weg zu einer wahren Wissenschaft des menschlichen Potenzials gewiesen.

Sie antworteten einem Ruf, waren zutiefst an ihrem Forschungsgebiet interessiert und liebten ihre Arbeit. Die meisten berichten von Erlebnissen der Selbsttranszendenz, aus denen ihnen Kraft für ihre schöpferische Arbeit zufloss. Und alle arbeiteten höchst diszipliniert, was ihnen die Anerkennung anderer Forscher auf ihrem Gebiet eintrug. Wir möchten das besonders hervorheben. Erfahrungen der Selbsttranszendenz und disziplinierte Arbeit auf dem Gebiet der Wissenschaft und anderswo passen sehr gut zusammen. Abraham Maslow beispielsweise beobachtete, dass Menschen, die um ihre Selbstverwirklichung bemüht sind, in der Regel ganz in ihrer Arbeit aufgehen, und zwar nicht im Sinne einer Sucht, sondern so, dass sie die Welt bereichern.

Dass die genannten Geistes- und Naturwissenschaftler von ihren Kollegen anerkannt wurden, liegt unter anderem daran, dass sie sich angemessener Methoden bedienten, mochte es auch zu dem Gebiet, auf dem sie arbeiteten, sehr unterschiedliche Meinungen geben. Sie wählten den empirischen Ansatz, das heißt, sie führten kontrollierte Experimente durch, sie beobachteten natürlich vorkommende Ereignisse und verglichen subjektive Berichte und glaubwürdige Zeugnisse von ungewöhnlichen Phänomenen. Sie wahrten eine kritische Distanz zu ihren Ergebnissen, wagten jedoch auch kühne Hypothesen. Kurzum, sie haben demonstriert, dass man die Methoden der Naturwissenschaft auf die höheren Bereiche der menschlichen Natur anwenden kann.

Damit haben wir jetzt erstmals die Möglichkeit, eine echte Wissenschaft der menschlichen Natur zu gestalten. Aus vielen Beispielen wissen wir, wie man zuverlässige Informationen von voreingenommenen Deutungen außergewöhnlicher Ereignisse und echte von scheinbaren Daten unterscheidet. In der Psi-Forschung etwa hat man inzwischen gelernt, wie man unbestätigte Berichte von telepathischen, hellseherischen und anderen paranormalen Ereignissen mit sauber angelegten experimentellen Studien untermauert, und in den spirituellen Traditionen gibt es rigorose Tests für die Überprüfung außergewöhnlicher Erfahrungen. Die normale Wissenschaft hat das noch nicht so recht zur Kenntnis genommen, doch tatsächlich ist es in den spirituellen Traditionen schon lange so, dass außergewöhnliche Einsichten und Kräfte von anderen überprüft werden, die aufgrund langjähriger und tiefer Erfahrung auf diesem Gebiet dazu berufen sind. Philosophen wie Ken Wilber und Stephen Phillips vertreten die Ansicht, es bestehe eine tiefe Übereinstimmung zwischen wissenschaftlichem und kontemplativem Empirismus.

Dennoch wird das Beweismaterial für die Existenz para- oder supernormaler Phänomene nach wie vor von vielen Wissenschaftlern in Bausch und Bogen abgelehnt und dem Bereich »Aberglaube« zugeschlagen. Die genannten Wegbereiter einer neuen Wissenschaft dagegen haben die Hinweise auf unsere größere Natur ernst genommen. Sie haben uns vorgemacht, wie man sich ihnen einfallsreich und behutsam, wohlwollend und exakt annähert. Dazu mussten sie in vielen Fällen erst einmal ihre eigenen Neigungen und Voreingenommenheiten überwinden. Manchmal kam Intuition hinzu und half über blinde Flecken hinweg. Und häufig kamen sie über Ahnungen und unerklärliche Eingebungen zu ihren Entdeckungen. Die Wissenschaft als solche wurde für sie eine transformierende Disziplin. Wer sich zur weiteren Erforschung der menschlichen Natur hingezogen fühlt, kann sich durch ihre Arbeit inspirieren lassen.

Transformation des Bildungswesens

Auf keinem anderen Gebiet wäre die Umsetzung unseres wachsenden Wissens über die höheren Fähigkeiten des Menschen so wichtig wie auf dem der Erziehung. Unsere Schulen sollten das Entwicklungspotenzial in jedem Kind erkennen können, sie sollten das Interesse am lebenslangen Lernen fördern, sie sollten Körper, Herz und Seele genauso bilden wie die kognitiven Fähigkeiten. Die in diesem Buch beschriebenen transformativen Praktiken sind allesamt gesundheitsfördernd, steigern die Kreativität und können uns ein Gefühl für unsere Berufung vermitteln. Deshalb glauben wir, dass unser Erziehungssystem über den gegenwärtigen Disput um den Wert intellektueller Fähigkeiten einerseits und anderer Züge wie Einfühlungsvermögen, Redlichkeit und Selbsterkenntnis andererseits hinauswachsen muss. Die Philosophen sagen schon immer, Erziehung müsse vor allem die besten und tiefsten Anlagen des Menschen fördern. Seit Platon haben alle großen Erziehungsdenker die Schulen aufgerufen, sich dem ganzen Menschen zu widmen.

Zum Glück gibt es Schulen, die diesen ganzheitlichen Ansatz mittragen, manchmal unter dem Einfluss der gegenwärtigen Entwürfe einer Bildungsreform. Einer dieser Vorstöße, der in den Vereinigten Staaten einiges bewegt hat, kam von George Leonard, der in den fünfziger und sechziger Jahren für die Zeitschrift *Look* über das Schulsystem schrieb. Er besuchte hunderte von Schulen und verbrachte vielfach mehrere Tage in ein und derselben Klasse, um das Erziehungssystem aus der Sicht der Schüler und aus der Sicht der Lehrer zu erfassen. Sein anfänglich positives Bild änderte sich zunehmend, als er deutlicher sah, wie viele Schüler ein Lehrer durchschnittlich zu betreuen hat, wie sich unter Schülern und Lehrern der Überdruss ausbreitete, wie wenig leidenschaftliches Engagement es gab, an wie vielen Schulen eine trostlose Atmosphäre herrschte. Leonards Empfehlung lautete schließlich, die schulische Ausbildung müsse breiter und tiefgründiger angelegt sein. In den Zeitschriftenartikeln und vor allem in seinem eloquenten Buch *Education and Ecstasy* von 1968 (*Erziehung durch Faszination*) hat Leonard ebenso mutige wie kreative Vorschläge gemacht, wie ganzheitliche, das heißt körperliche, seelische, kognitive und spirituelle Erziehung und Bildung in der Schule, und zwar auf allen Stufen, aussehen könnte. An solchen Schulen, so Leonard, würde es neben dem gegenwärtig geforderten Wissen und Können – Lesen, Schreiben, Rechnen, Geschichte und so weiter – einige neue Lerninhalte geben:

- Wie man allem, was gegenwärtig Konsens ist, schöpferische Impulse zur Weiterentwicklung geben kann.
- Freude statt Aggression, Teilen statt Habgier; und anstelle des verbissenen Konkurrenzdenkens mehr Sinn für die Einzigartigkeit jedes Menschen.
- Mehr emotionale, sensorische und körperliche Bewusstheit und dadurch mehr Einfühlungsvermögen anderen gegenüber.
- Wie man zur Vorbereitung auf ein Leben voller Veränderungen in verschiedene Bewusstseinszustände gelangen und sich in ihnen wohl fühlen kann.
- Wie man Beziehungen verstehen und erfreulich gestalten kann.
- Wie man lernt, denn das Lernen – auch singen lernen, tanzen lernen, miteinander umgehen lernen und vieles andere – ist das Wichtigste im Leben.

Die Transformation des gegenwärtigen Erziehungssystems, so Leonard, braucht jeden Lehrer, jeden Schüler und alle Eltern. Er empfiehlt, mit drei Grundannahmen zu beginnen: dass das menschliche Potenzial viel größer ist, als wir bisher glaubten; dass Erziehung ohne Freude bloß ein Abziehbild von Erziehung ist; dass Lernen der eigentliche Zweck des Lebens ist. Eines Tages wird die Freude am Lernen unser Alltag sein, schreibt Leonard.

> Der Meisterlehrer ist auf Freude aus und benutzt seine Zauberformeln schamlos. Große Männer, jeder Schuljunge weiß es, waren in ihren großen Augenblicken des Lernens außer sich vor Freude. Archimedes sprang mit einem lauten »Heureka!«

aus dem Bad. Händel, als er das Halleluja seines *Messias* komponiert hatte, sagte zu seinem Diener: »Ich glaube, ich habe den ganzen Himmel und den großen Gott selbst vor mir gesehen.« Aber wir nehmen nicht zur Kenntnis, dass jedes Kind sich als ein Archimedes oder Händel auf seinen Weg macht. Ein acht Monate altes Kind, dem es erstmals gelingt, Bauklötze aufeinander zu stapeln, hat eine Verbindung hergestellt, die für es so wichtig ist, wie jene andere für Archimedes war ... In diesem Alter ist das Leben größtenteils Lernen. Albert Einstein erklärt, weshalb er nach seinen Abschlussexamina ein Jahr lang unfähig war, über wissenschaftliche Probleme nachzudenken: »Es grenzt in der Tat an ein Wunder, dass die modernen Lehrmethoden die heilige Neugier des Forschens noch nicht gänzlich erstickt haben ... Es ist ein großer Irrtum zu glauben, die Freude des Sehens und Erkundens sei durch Zwang und Pflichterfüllung zu fördern.«

Aber Leben und Freude sind nicht klein zu kriegen. Gras bricht durch den Asphalt. Aus europäischen Lehranstalten geht ein Einstein hervor. Die darauf aus sind, andere zu beherrschen und klein zu halten, werden am Ende verlieren. Die ekstatischen Kräfte des Lebens, des Wachsens, des Wandels sind zu zahlreich, zu vielgestaltig, zu stürmisch.

An unserem Schulwesen wird sichtbar, wie wir das Potenzial des Menschen einschätzen. Wenn wir unsere höheren Möglichkeiten gar nicht erst wahrnehmen, können wir uns wahrscheinlich auch kein Erziehungssystem vorstellen, das sie fördert. Aber die erweiterten Wahrnehmungs- und Kommunikationsfähigkeiten, von denen in diesem Buch die Rede ist, das intuitive Erkennen und die größere Liebesfähigkeit – alles, was uns zu unserer eigentlichen Bestimmung führt – können und müssen gefördert werden. Eine Erziehung, die das leistet, wird nicht allein Fertigkeiten wie Lesen und Schreiben vermitteln, sondern auch die Kräfte des Herzens und der Seele entwickeln.

Die meisten Schulen der Vereinigten Staaten sind heute leider weitgehend in der Ausrichtung auf standardisierte Leistungstests befangen, und das ist für Kreativität, Originalität und die Freude am Lernen nicht gerade förderlich. Zunehmend geht es darum, wie man bei Multiple-Choice-Tests am besten abschneidet, und Themen, die in diesen Tests nicht vorkommen, geraten zunehmend ins Hintertreffen oder verschwinden ganz vom Lehrplan. Statt Ausgleich schaffenden Fächern wie Schauspielunterricht, Körpererziehung, Kunst und Musik werden immer mehr Übungsstunden für diese Standard-Tests eingeschoben, und damit stellt man allenfalls sicher, dass möglichst viele Prüflinge mit den gleichen Antworten daherkommen – und vielleicht am Ende lernen, wie alle anderen zu denken.

Doch die Zeichen des Widerstands mehren sich. Viele kalifornische Lehrer beispielsweise, die 2001 für die Verbesserung der Testergebnisse ihrer Schüler um eine bestimmte Punktzahl erhebliche Geldprämien bekamen, reichten diese Preise demonstrativ als Spenden an innovative Lern- und Forschungsprogramme oder Wohltätigkeitseinrichtungen weiter. Viele Schulen und im pädagogischen Bereich engagierte Gruppierungen setzen alles daran, diesen Trend zur Standardisierung des Menschen umzukehren.

Eine dieser Organisationen ist die George Lucas Educational Foundation. Ins Leben gerufen wurde die Stiftung durch George Lucas, den Regisseur von *Krieg der Sterne*; ihr Direktor ist der Pädagoge Milton Chen. Dr. Chen und seine Mitarbeiter forschen überall in den Vereinigten Staaten nach Schulen, die für Neuerungen aufgeschlossen sind und Freude am Lernen vermitteln. Deren Geschichten verbreiten sie dann durch einen halbjährlich erscheinenden Newsletter mit dem Titel *Edutopia*, durch Videos, Broschüren und CDs, über eine Website (www.glef.org) und ein Sprecherbüro. Die so herausgestellten Schulen zeichnen sich durch starkes Gemeinschaftsengagement, phantasievollen Einsatz von Technik sowie kooperatives und projektbezogenes Lernen aus. Wichtig ist eine ganzheitliche Grundhaltung, die Körper, Verstand, Seele und Spiritualität in den Bildungsprozess einbezieht.

In einer kalifornischen Schule beispielsweise opferte die Direktorin eine Cafeteria, um ein großzügiges Lernzentrum nach George Leonards Vorschlägen einzurichten. Hier haben die Schüler freie Hand bei der Entwicklung von Projekten und können dabei auf moderne Informationstechnik zurückgreifen. An einer Mittelschule in New Jersey produzieren Schüler der achten Klasse täglich eine Nachrichten- und Service-Sendung, die sie über einen örtlichen Kabelsender verbreiten. Vor allem geht es an dieser Schule jedoch um soziale und emotionale Intelligenz, und am Körperschulungsprogramm können alle Schüler teilnehmen. »Wenn wir ein Umfeld schaffen können, in dem wir uns wohl fühlen und füreinander da sein können«, sagt der Direktor der Schule, »dann findet sich alles Übrige von selbst.«

Der eigentliche Auftrag unseres Bildungssystems besteht nach unserer Ansicht darin, den jungen Menschen ein Gefühl von unserem staunenswerten Entwicklungspotenzial in diesem ungeheuren evolvierenden Universum zu vermitteln. Unter dieser Voraussetzung werden sie ihre wahre Berufung leichter finden und die Kräfte in sich mobilisieren, die ihnen am Fortschritt der Welt mitzuwirken erlauben.

Business im Wandel

Auch im geschäftlichen Bereich sind Lernen und Entwicklung möglich. Viele führende Geschäftsleute und Berater haben schon erlebt, dass Unternehmen und Organisationen durchaus etwas für unsere Selbstfindung und die Bereitschaft, der Welt zu dienen, leisten und dabei auch noch die Effektivität der Bereitstellung von Produkten und Dienstleistungen steigern können.

Warren Bennis ist Professor der Wirtschaftswissenschaft, Präsidentenberater und anerkannter Experte auf dem Gebiet der Unternehmensführung. Ihn hat die Frage interessiert, welcher Zusammenhang zwischen persönlicher Entwicklung und Unternehmensentwicklung besteht. Aufgrund seines jahrelangen Umgangs mit Politikern und Geschäftsleuten hat er typische Führungseigenschaften herausarbeiten können, unter anderem Ausdauer, Selbsterkenntnis, Risikobereitschaft, Engagement und hohe Lernmotivation. »Ein Lernender wartet geradezu auf Fehler und Misserfolge«, schreibt er. »Schneller Erfolg ist ein echtes Problem, wenn es um die Ausbildung von Führungsqualitäten geht. Man bekommt dann keine Gelegenheit, aus Problemen zu lernen. Ich glaube, wir lernen am meisten, wenn etwas überhaupt nicht funktioniert.«

Die von Bennis benannten Führungsqualitäten haben manches mit den höheren Vermögen gemein, von denen dieses Buch handelt. Führungspersönlichkeiten, so Bennis, verfügen im Allgemeinen über »emotionale Weisheit«, das heißt über die Fähigkeit, Menschen so zu nehmen, wie sie sind, sich den Dingen hier und jetzt zu stellen, anderen zu vertrauen, auch wenn es riskant erscheint, und die Fähigkeit, auch einmal ohne Beifall und Anerkennung zu handeln. »Eine gestandene Führungspersönlichkeit wird man so, wie man ein gestandener Mensch wird – hier wie dort geht es unweigerlich um persönliche Transformation.«

Geschäftlicher Erfolg beruht vielfach auf der Bildung »Großer Gruppen«, denn viele Probleme sind, wie Bennis schreibt,

> zu komplex für einen Einzelnen oder für ein Fachgebiet. Hier besteht unsere einzige Chance darin, Menschen von unterschiedlichstem Werdegang und aus allen relevanten Fachgebieten zusammenzuführen. Solche Talentverbünde nenne ich Große Gruppen. Das Schöne an solchen Gruppen ist, dass sie herausragende Leute, starke, leistungsorientierte Einzelne zur Zusammenarbeit motivieren. Dann haben diese Gruppen aber noch eine zweite und ebenso wichtige Funktion: Sie bieten psychischen Rückhalt und ein Gefühl von Kameradschaft. Sie generieren Mut.

Wenn unsere ausgefallenen Ideen keine Resonanz finden, wenn wir auf Hindernisse stoßen und niemand uns Mut macht oder die Dinge ins rechte Licht rückt, verlieren wir unseren Weg. Große Gruppen machen uns deutlich, wie viel wir tatsächlich erreichen können, wenn wir in Richtung gemeinsamer Ziele arbeiten. Natürlich kommen auch solche Gruppen nicht ohne die bewährten Zutaten eines guten Managements aus – effektive Kommunikation, sorgfältige Auswahl der Mitarbeiter, echte Kompetenz und persönliches Engagement. Doch es kommt hier noch etwas sehr Wesentliches hinzu, nämlich die von Luciano de Crescenzo formulierte Einsicht, dass wir alle »Engel mit nur einem Flügel sind. Wir können nur fliegen, solange wir einander umarmen.« Letzten Endes sind solche Gruppen nicht zu managen, sondern nur im Flug anzuführen.

Bennis ist nicht der Einzige, der diese Beziehung zwischen persönlicher Transformation und der Transformation des Ganzen erkennt. Für viele Arbeitspsychologen besteht ein direktes Abhängigkeitsverhältnis zwischen der Philosophie oder Organisation einer Firma und der Haltung ihrer Mitarbeiter. Aus zahlreichen Studien geht hervor, dass eine Organisation nur den Lern- und Entwicklungseifer ihrer Angehörigen fördern muss, um eine sofortige Steigerung der Kreativität und Effektivität zu erleben. Ihre Erfolgsaussichten steigen, wenn sie sich um das bemühen, was wir hier »Flow« genannt haben. Je wohler sich die Menschen bei der Arbeit fühlen, desto eher wird eine magnetische Kraft spürbar, die Menschen zueinander hinzieht und »Wunder« vollbringen lässt, die nichts weiter als die natürliche Folge dieser Entwicklung sind.

Peter Senge ist ein weiterer führender Denker auf dem Gebiet der Entwicklung von Organisationen und Unternehmen. Sein viel gelesenes Buch *The Fifth Discipline: The Art and Practice of the Learning Organisation* (*Die fünfte Disziplin: Kunst und Praxis der lernenden Organisation*) handelt von Organisationen, in denen neue Denkmuster gefördert werden, kollektives Zielbewusstsein freigesetzt wird und die Menschen Anregungen zum gemeinsamen Lernen erhalten. Unternehmen können lernende Organisationen werden, wenn sie sich für flexibles, kreatives und ganzheitliches Denken einsetzen. Dazu gehören: keine Scheu vor komplexen Zusammenhängen, gefestigte Persönlichkeit, klare Zukunftsvorstellungen, Bündelung der persönlichen Energien, große Wertschätzung der Objektivität, das Aufdecken unterbewusster mentaler Bilder, gemeinsame »Zukunftsbilder«, die nicht auf ein bloßes Mitmachen abzielen, sondern echte Bereitschaft und Engagement auslösen, und schließlich eine Kultur des Dialogs, die Mutmaßungen unnötig und dafür kreative Allianzen möglich macht. Senge ist durch seine Forschungen darauf aufmerksam geworden, dass Meditation und andere Formen transformativer Praxis die Entwicklung dieser Fähigkeiten fördern.

Viele Unternehmensführer treten wie Bennis und Senge für eine dem menschlichen Potenzial Raum bietende Unternehmenskultur ein. Ihnen geht es darum, Produkte und Dienstleistungen immer besser zu machen und so die Welt insgesamt zu verbessern. Dies geschieht, wie zahlreiche Untersuchungen gezeigt haben, am ehesten dann, wenn die Menschen einen Sinn in ihrer Arbeit sehen und es in der Firma oder Organisation, für die sie arbeiten, klare Zielvorstellungen gibt und an das Wohl der Mitarbeiter gedacht wird.

Auch im geschäftlichen Bereich laufen die Dinge also am besten, wenn sowohl persönliche als auch gesellschaftliche Transformation angestrebt werden. Dabei kommt es wie im Erziehungswesen, im Umweltschutz und auf den anderen Gebieten, die wir hier kurz betrachten, auf die Synergie zwischen dem Einzelnen und der Gruppe an. Mit dieser Synergie kann auch der geschäftliche Bereich am weiteren Fortschritt der Menschheit mitwirken.

EIN TIEFERES UMWELTBEWUSSTSEIN

Der klarste Weg ins Universum führt durch den wilden Wald.

JOHN MUIR

Lebe in freier Natur, und Gott wird dir alle Tage Vorlesungen über Naturphilosophie halten.

RALPH WALDO EMERSON

Den Zauber der Erde als lebendige Wirklichkeit wiederentdecken – das ist die Bedingung, wenn sie die Zerstörungen, die wir anrichten, überleben soll. Damit das gelingen kann, müssen wir den Menschen gewissermaßen neu ersinnen: als eine Art in der Gemeinschaft der Arten.

FATHER THOMAS BERRY

Umweltschutz gehört zu unseren dringendsten Pflichten. Tier- und Pflanzenarten verschwinden mit beängstigender Schnelligkeit. Flüsse und Meere tragen eine immer schwerere Last von Giften. Die globale Erwärmung ist nicht mehr wegzudiskutieren. Viele Menschen merken das inzwischen und engagieren sich für behutsamen Umgang mit natürlichen Rohstoffen, für Bewahrung und Wiederherstellung der Schönheit unserer Natur.

Dieses Umweltbewusstsein liegt ganz auf der Linie dessen, was wir mit der Entwicklung unserer höheren Fähigkeiten meinen. Erfahrungen der Selbsttranszendenz verhelfen uns nicht nur zu einer höheren, umfassenderen Identität, sondern schaffen auch ein tieferes Bewusstsein unserer Beziehungen zur Welt ringsum. Und das ist kein intellektuelles Geschehen, sondern die Einheit des Lebens drängt sich uns förmlich auf. Wir empfinden dann eine Solidarität, die unseren Wunsch, die noch intakte Natur zu bewahren und bereits eingetretene Schäden zu beheben, weiter verstärkt.

Die amerikanischen Naturliebhaber und Naturforscher John Muir und Henry David Thoreau, die sehr viel zur Entstehung eines Umweltbewusstseins in den Vereinigten Staaten beigetragen haben, ließen sich von einem Gefühl der spirituellen Verwandtschaft mit der Natur leiten. »Soll ich nicht heimlichen Austausch mit der Erde pflegen?«, schrieb Thoreau. »Bin ich nicht selbst zu einem Teil Humus von Blättern und Pflanzen?« Muir schildert ein ähnliches Gefühl:

Früher beneidete ich den Vater unseres Geschlechts, weilte er doch in den just erschaffenen Fluren bei den Pflanzen des Gartens Eden. Ich neide es ihm nicht mehr, denn ich fand heraus, dass auch ich in der »Morgendämmerung der Schöpfung« lebe. Die Morgensterne singen noch miteinander, und die Welt, noch nicht zur Hälfte gemacht, wird jeden Tag schöner.

Muir, Gründer des Sierra Club, verbrachte viele Jahre im kalifornischen Yosemite Valley und in den Bergen der Sierra Nevada. Von seinem mystischen Einssein mit der Natur künden diese Zeilen:

> Himmel und Erde sind eins und ein Stück der
>   Kleidung Gottes.
> Um die Erde liegt der tiefe Himmel und ist ein
>   Teil von ihr.
> Die dunkle unheilkündende Nacht
> wird göttlich und erglüht verklärt im Licht,
> sie legt das Gewand der Ewigkeit an,
> das von keiner Erdensonne kommt – anbetungs-
>   würdig.

Wie die Wärme und Schönheit des Feuers inniger empfunden wird von denen, die um den Ursprung von Holz und Kohle wissen und das herrliche Schauspiel der tanzenden Flammen als vor Zeiten von der Sonne ins Werk gesetzt betrachten können, so sind auch jene Yosemite-Tempel für den die größte Freude, der das Wirken des göttlichen Geistes bei ihrer Entstehung noch zu verfolgen vermag.

In ihren Tagebüchern und anderen Schriften haben Thoreau und Muir oft ein Gefühl von etwas Numinosem in der Natur beschrieben und viele andere

Menschen empfinden ähnlich. Dieser Zauber erwartet jeden von uns und kann uns zu Werken wie denen von Thoreau und Muir inspirieren – Werken, die der Erde etwas geben.

Unser Einsatz für die Umwelt bedarf auch des praktischen Handelns. Auch hier ist der wirtschaftliche Bereich einer der besten Ansatzpunkte. Paul Hawken schreibt darüber in seinem Buch *The Ecology of Commerce* (*Kollaps der Kreislaufwirtschaft*), Industrie und Handel seien

> nicht nur ein einleuchtender Ansatzpunkt für den Wandel, sondern eigentlich der einzige Hebel, mit dem der globale ökologische und gesellschaftliche Niedergang noch umgekehrt werden kann. Jeglicher Kommerz in unserer heutigen Industriegesellschaft stellt, von welcher Absicht er auch getragen sein mag, eine Umweltbelastung dar. Wir brauchen ein System, in dem das Gegenteil zutrifft, so dass Arbeit und Produktion sich mit der gleichen Zwangsläufigkeit zu einer besseren Welt akkumulieren.

In ihrem Buch *Natural Capitalism* (*Öko-Kapitalismus*) schlagen Hawken und seine Kollegen Amory und Hunter Lovins vor, die natürlichen Rohstoffe als das eigentliche Kapital zu betrachten. Unter dieser Voraussetzung können Wirtschaftsunternehmen dazu übergehen, ihre Finanzkraft und ihr finanzielles Knowhow so einzusetzen, dass »natürliches Kapital« sowohl finanziellen als auch ökologischen Profit abwirft. Organisationen wie Greenpeace und der Sierra Club seien jetzt die eigentlichen Kapitalisten geworden. Indem sie globale Problemthemen wie Treibhausgase, chemische Umweltverschmutzung und den Verlust von Fischfanggebieten, Naturräumen und Primärwäldern ansprechen, tun sie mehr für die Zukunft der Wirtschaft als alle Industrie- und Handelskammern der Welt zusammen. Während Wirtschaftsbosse sich vehement gegen den Gedanken der Ressourcenknappheit wehren, wagt kaum noch ein Wissenschaftler, der ernst genommen werden möchte, zu behaupten, wir seien nicht dabei, eben die Ökosysteme zu verspielen, die unser ganzes Kapital, auch unser ökonomisches Kapital sind – den Boden, den Schutzmantel der Wälder, das Grundwasser, die Meere, Prärien und Flüsse. Diese Systeme schwinden außerdem zu einer Zeit, in der die Bevölkerung und deren Versorgungsbedarf exponentiell ansteigen.

Die Autoren zeigen an etlichen Beispielen auf, wie Umweltbewusstsein sich auch ökonomisch auszahlen kann. Und viele Wirtschaftsgrößen und Umweltschützer stimmen ihnen darin zu, denn durch klugen Umgang mit den Ressourcen kann man sowohl Arbeitsplätze schaffen als auch die Belastung der Umwelt reduzieren. Viele sind heute der Überzeugung, dass Wirtschaftswachstum bei gleichzeitiger Ressourcenschonung möglich ist und man dabei auch noch die geschädigte Umwelt wiederherstellen kann.

Hier würden sich die praktischen Aspekte also mit unserer Naturliebe verbünden. Daran ist wieder einmal zu erkennen, das unsere höheren Fähigkeiten einen Zusammenhang bilden: Transformative Praxis vertieft unser Einfühlungsvermögen und schärft unsere Wahrnehmung und daraus erwächst ein besseres Gespür für die Umwelt. Diesem Gespür können wir nicht nur mit Protesten gegen Umweltsünder folgen, sondern auch dadurch, dass wir unser für Umweltfragen taubes Wirtschaftssystem von innen heraus verändern. Sinn für Schönheit, Freude an der Natur und ein Gefühl für das Heilige in unserer höheren Natur werden unseren Bemühungen, der Welt ringsum Gutes zu tun, Kraft verleihen.

FRIEDENS- UND ENTWICKLUNGSINITIATIVEN

Transformative Praxis wird uns bei jeder dem gesellschaftlichen Wandel dienenden Arbeit unterstützen, ob es um Bildung, Wirtschaft oder Umweltschutz geht. Wenn wir unsere höheren Fähigkeiten ins Spiel bringen, wird das alle unsere dem Gemeinwohl dienenden Projekte vorantreiben. Viele Helden der gesellschaftlichen Erneuerung haben uns gezeigt, dass es so ist.

So schreibt der erste demokratisch gewählte Präsident Haitis, Jean-Bertrand Aristide, in seinem Buch *Eyes of the Heart* über »einen Pfad für die Armen im Zeitalter der Globalisierung«. Aristide hat seine Vision in die Tat umgesetzt und den Armen in seinem Land und anderswo zu mehr Selbstbewusstsein verholfen. Dazu trägt nicht zuletzt seine Stiftung für Demokratie bei, in der Arm und Reich gemeinsam an sozialen Problemen arbeiten. Die Stiftung organisiert außerdem eine Kooperative von zumeist weiblichen Straßenhändlern und Tagelöhnern, die Kredite zu niedrigen Zinssätzen vergibt, für Bedürftige günstige Transport- und Einkaufsmöglichkeiten bietet, Schulbücher zum halben Preis verkauft, einen zum Teil von Kindern betriebenen Radio- und Fernsehsender unterhält und in die Nahrungsmittelproduktion investiert. Aristide rief außerdem Lafanmi Selvai, ein Zentrum für Straßenkinder, ins Leben. Das Allerwichtigste für diese Menschen, so sagt er, ist das Lernen. Lernen heiße jedoch aufwachen, denn »diese Art von Kampf verlangt eine Verbindung zum Transzendenten«. Nach Aristides Auffassung brauchen die Menschen einen höheren Lebenssinn, und der besteht darin, der Welt zu helfen.

Der Journalist und Fotograf Michael Collopy nahm 1996 am Weltzustandsforum in San Francisco teil, und sein Leben änderte sich, als er Marian Wright Edelman, die Gründerin des Children's Defense Fund, reden und die Zuhörer zu kreativem sozialem Handeln auffordern hörte. Von ihren Worten und ihrem Vorbild inspiriert, interviewte und fotografierte Collopy zahlreiche einflussreiche Kämpfer für den Frieden – spirituelle Leitfiguren, Politiker, Wissenschaftler, Künstler und Aktivisten – und veröffentlichte das Buch *Architects of Peace*. Unter den Interviewten war General Lee Butler, ehemals Kommandant des Strategic Air Command, später Vorsitzender der Second Chance Foundation, deren Programm die Reduzierung der nuklearen Bedrohung ist. Butler schildert hier, wie seine Sicht der Dinge sich änderte, als seine Strategenseele den ganzen Irrsinn der Kernwaffenstrategie erkannte.

Collopy interviewte auch Michail Gorbatschow, der von seinem »Damaskus-Erlebnis« erzählte, dem Augenblick, in dem ihm ein Licht aufging und er das Wettrüsten urplötzlich ganz anders sah. Er und George Bush saßen im Helikopter, der sie zu Verhandlungen nach Camp David bringen sollte. »Neben Präsident Bush«, sagte Gorbatschow, »saß ein Adjutant mit den Geheimcodes für die Auslösung des Atomkriegs gegen die Sowjetunion. Neben mir saß ein Adjutant mit den Codes für die Vernichtung der Vereinigten Staaten. Und dabei sprachen Bush und ich über den Frieden.« Dieses Aha-Erlebnis veranlasste ihn, dem Konflikt mit den Vereinigten Staaten eine ganz neue Wendung zu geben und schließlich die internationalen Beziehungen überhaupt auf eine neue Basis zu stellen. Während des Interviews mit Callopy sagte er:

> Mir geht es um eine kernwaffenfreie Welt ... Wir müssen das zwanzigste Jahrhundert als das Jahrhundert der Warnung betrachten: Die Menschheit ist aufgerufen, ein neues Bewusstsein zu entwickeln und neue Formen des Lebens und Handelns zu finden.

1974, als Bangladesch seine Unabhängigkeit erhielt, lehrte Muhammad Yunus an der Universität von Chittagong und spürte die Probleme und Nöte dieser Umbruchzeit sehr deutlich. In einem Dorf in der Nähe verhungerten die Menschen, und er fragte sich, woran das liege. Er fragte sich: »Kann ich etwas tun, um dieses Schicksal auch nur bei einem einzigen Menschen aufzuhalten oder gar abzuwenden?« Er besuchte dieses Dorf, um das Elend aus erster Hand zu erleben, und begegnete einer Frau, die Bambushocker herstellte. Diese Begegnung veränderte sein Leben – und das Leben unzähliger anderer in Bangladesch und anderswo. Er erfuhr von der Frau, dass sie für den Bambus nur den Gegenwert von zwanzig Cent pro Hocker bezahlte, doch sie musste das Holz immer auf Pump beziehen, weil das erforderliche Geld nie übrig blieb und der Lieferant des Rohmaterials deshalb auch bestimmen konnte, zu welchem Preis er die fertigen Hocker abnahm – ein Teufelskreis der Abhängigkeit. Yunus wollte ihr schon ein wenig Kleingeld geben, damit sie sich Bambusrohr kaufen könne, doch dann hatte er eine bessere Idee – und die wirkt bis heute nach. Zusammen mit einem seiner Studenten legte er ein Liste von Leuten des Dorfs an, zweiundvierzig waren es, die eine kleine Summe benötigten, um sich aus der Sklaverei loszukaufen. Lassen wir ihn selbst erzählen, zu welchem Ergebnis er kam:

> Als ich die Gesamtsumme errechnete, die nötig war, erlebte ich den Schock meines Lebens: es handelte sich um den Gegenwert von siebenundzwanzig Dollar! Ich schämte mich, einer Gesellschaft anzugehören, die zweiundvierzig geschickten und schwer arbeitenden Menschen keine siebenundzwanzig Dollar bereitstellen konnte. Und um dieser Scham zu entgehen, nahm ich die siebenundzwanzig Dollar aus der Tasche, gab sie meinem Studenten und sagte: »Nehmen Sie das Geld und geben Sie es diesen zweiundvierzig Leuten. Sagen Sie ihnen, es sei ein Darlehen, das sie zurückzahlen können, wenn es ihnen möglich ist.«

Die Leute des Dorfs konnten es kaum glauben, dass jemand ihnen Geld anvertrauen wollte, und bei den Banken der Gegend wurde Yunus nur ausgelacht, als er sie aufforderte, noch mehr Geld zu günstigen Bedingungen bereitzustellen. 1983 gründete er selbst die Grameen Bank, die kleine Geldbeträge an Dorffrauen ausgab und ihnen die Rückzahlung in regelmäßigen Minimalbeträgen ermöglichte. »Wenn diese Frauen ihre Darlehen abbezahlt haben«, erzählt er, »sind sie ganz andere Menschen. Sie haben dann zu sich selbst gefunden und sich selbst kennen gelernt.«

Die Grameen Bank ist heute in sechsunddreißigtausend Dörfern in Bangladesch tätig. Sie beschäftigt zwölftausend Menschen und vierundneunzig Prozent ihrer 2,1 Millionen Darlehensnehmer sind Frauen. Schon vor Jahren hat die Bank die Eine-Milliarde-Dollar-Grenze bei den Darlehen überschritten und kann eine Rückflussrate von stolzen achtundneunzig Prozent vorweisen.

»Ähnliche Finanzierungsprogramme laufen jetzt auch in vielen anderen Ländern«, erzählte Yunus einem Interviewer. »So weit ich weiß, sind es sechsundfünfzig Länder, darunter auch die Vereinigten Staaten. Aber die Sache hat immer noch nicht genügend Schwung. Mehr als eine Milliarde Menschen verdienen umgerechnet einen Dollar oder weniger pro Tag. Wenn wir Institutionen ins Leben rufen könnten, die den Armen kleine Darlehen für den Aufbau eigener Geschäfte geben, würden wir den gleichen Erfolg wie in Bangladesch überall erleben. Ich sehe keinen Grund, dass irgendjemand arm sein muss.«

Die Grameen Bank ist das leuchtende Beispiel für all das, was ein wirklich begeisterter Einzelner erreichen kann, wenn er aus seiner Selbstbezogenheit herauswächst und erkennt, dass das Gewebe des Lebens uns alle verbindet. Manchmal schrecken uns unüberwindlich erscheinende Probleme davon ab, unserem Drang zum Handeln nachzugeben, aber es ist wichtig, uns irgendwie für das zu engagieren, was uns bewegt. Wir brauchen ein neues Bewusstsein, eine neue Wachheit und die Bereitschaft, uns zu kümmern. Die australische Atomkraftgegnerin Helen Caldicott bringt ihre Philosophie zu diesem Thema auf folgenden Nenner: »Das einzige Heilmittel ist Liebe. Lieben, lernen, leben – und Gesetze durchsetzen.«

DIE KIRCHEN WIEDERBELEBEN

In diesem Kapitel haben wir an einigen Beispielen erörtert, wie man den Nutzen transformativer Praxis in die Welt tragen kann. Dabei haben die Kirchen schon immer eine große Rolle gespielt, denn sie stehen ja eigentlich für unseren Auftrag, im Namen einer höheren Macht zu dienen. Leider Gottes büßen viele religiöse Gruppierungen ihre spirituelle Tiefe ein, weil sie sich ödem Ritualismus ergeben oder mit ihren dogmatischen Vorstellungen von Gut und Böse sinnlose gesellschaftliche Konflikte heraufbeschwören. Und wir wissen alle sehr gut, wie viel Unglück Religionskonflikte und Religionskriege über die Menschheit gebracht haben.

Wenn eine Institution ihrem höheren Zweck nicht gerecht wird, ist das enttäuschend oder tragisch. Eine Religion, die Zwietracht unter den Völkern sät oder die Transzendierung des Ich bei ihren Angehörigen unterbindet, begibt sich in Widerspruch zu ihren erklärten Zielen. Predigt sie vordergründige Vorstellungen von Gut und Böse, erklärt sie den edelsten Bestrebungen der Menschheit den Krieg, untergräbt sie unsere Liebesfähigkeit und die Bereitschaft zu einem von klarer Erkenntnis geleitetem Dienen. Es gibt aber ein Mittel dagegen: das Erwachen, von dem in diesem Buch die Rede ist.

Vor der Engstirnigkeit und Verknöcherung, denen wir bei vielen religiösen Gruppierungen begegnen, schützt uns eine transformative Praxis, die unsere Liebesbereitschaft und Erkenntnisfähigkeit wachsen lässt. Jeder, der seinen Sinn für das Transzendente erneuert, kann zur Wiederbelebung der religiösen Institution beitragen, der er sich zugehörig fühlt. Hierin bestärkt uns vielleicht der Gedanke, dass noch jede echte Religion für die Überwindung des kleinen Ich zu Gunsten von Erkenntnis, Liebe und Dienst an der Welt eingetreten ist. Jede spirituelle Tradition hat hoch entwickelte Menschen mit außergewöhnlichen Fähigkeiten hervorgebracht: die Siddhis der hinduistischen und buddhistischen Überlieferung, die »Zierden« des Sufismus, das Charisma der christlichen Heiligen und Mystiker, die »Gaben des Geistes«, wie sie in Judentum und Protestantismus verherrlicht werden. Uns will scheinen, dass es eben die Züge und Eigenschaften unserer höheren menschlichen Natur sind, von denen dieses Buch handelt. Ihre Verbindungen zu den höheren Bereichen des Geistes wollen wir in den nächsten beiden Kapiteln erörtern.

Im Grunde wollen alle Religionen uns zu dem Höheren in uns hinwenden, zu dem größeren Leben, das sich auf der Erde durchsetzen möchte. Und das Wissen darum breitet sich im »globalen Dorf« langsam aus. Mehr und mehr Menschen erkennen die

Entwicklungsmöglichkeiten, von denen wir sprechen, und werden von ihrer Religionsgemeinschaft verlangen, dass sie immer mehr Wert auf unmittelbare Erfahrung legt und sich weniger um Dogmen oder die Abgrenzung von anderen Religionen kümmert.

Im gleichen Maße, wie unsere tiefere Natur sichtbar wird und wir uns immer entschiedener der Praxis und Integration widmen, müssen die Religionen sich zu unserem gemeinsamen spirituellen Ursprung, zu unserem überall gleichen Menschsein und zu unserer Aussicht auf ein größeres Leben bekennen. Diese Entwicklung wird unser Gefühl für das Transzendente auch im Alltag vertiefen und uns Welten erschließen, die bisher unsichtbar waren.

14.

Leben nach dem Tod

Wir sind »Verwundete«, wie manche Denker sagen, verwundet durch die Frage nach Tod und Unsterblichkeit, die sich uns aufdrängt, welcher spirituellen Überzeugung wir auch sein mögen. Angesichts der Kürze, der Rätselhaftigkeit, der Missgeschicke des Lebens können wir uns der Frage kaum entziehen, was uns wohl jenseits des Grabes erwartet. Seit der Steinzeit ahnen die Menschen, dass der Tod vielleicht nichts Endgültiges, sondern ein Übergang ist, dass etwas von uns, Geist oder Seele genannt, den Tod des Körpers überlebt.

Diese Ahnung eines Lebens nach dem Tod wird vielfach als Wunschdenken abgetan, als naive Hoffnung auf ein besseres Leben im Jenseits. Dabei wird jedoch übersehen, dass es auch solide Argumente für diese Hoffnung oder diesen Glauben gibt. Und wenn wir den in diesem Buch dargestellten Phänomenen nachgehen, kommen wir der Wahrnehmung anderer Welten näher. In diesem Kapitel wollen wir betrachten, was für ein Leben nach dem Tod spricht und wie transformative Praxis uns darauf einstimmen kann.

Führen wir uns aber zunächst vor Augen, dass es zum Weiterleben der Seele unterschiedliche Anschauungen gibt. Hindus, tibetische Buddhisten und Neuplatoniker glauben an Reinkarnation. Daoisten und viele Schamanen sagen, nur sehr weit entwickelte Seelen würden überleben. Im Judentum, Christentum und Islam gilt, dass wir nur ein einziges Erdenleben haben, unsere Seele jedoch nach dem Tod weiterlebt. Bei diesen unterschiedlichen Auffassungen, alle bezeugt durch Eingeweihte, die mit dem inneren Leben des Menschen vertraut waren, dürfte es ratsam sein, bei dem Versuch einer Klärung sehr vorsichtig zu Werk zu gehen.

Immerhin finden wir in allen Kulturen und Religionen Berichte von Erfahrungen, die auf irgendeine Form des Lebens nach dem Tod hindeuten. Wie wir im achten Kapitel sahen, ist von vielen Mystikern und Heiligen überliefert, dass sie ein unsterbliches Selbst, eine Seele wahrnahmen, die von einem irdischen Leben zum nächsten fortbesteht oder sich nach dem Tod in andere Welten aufmacht. Im vierten Kapitel war von Menschen die Rede, die bei sportlichen Höchstleistungen, im Schlaf, bei starken Schmerzen oder in einer Krise außerkörperliche Erfahrungen machen oder sich im Gebet, bei der Meditation oder auch bei Nahtodeserfahrungen in andere Welten versetzt fühlen. Manchen Leuten, darunter auch ganz nüchtern denkende und gar nicht abergläubische, erscheinen Verstorbene. Kinder in aller Welt berichten von früheren Leben, und die Versuche einer wissenschaftlichen Verifizierung solcher

Berichte scheint, wie wir noch sehen werden, erfolgreich zu sein. Jedenfalls glauben wir annehmen zu können, dass es Welten außerhalb der Reichweite unserer Sinne gibt, mit denen viele von uns manchmal in Berührung kommen und in die wir möglicherweise nach dem Tod gelangen.

Das Wichtigste für den von uns in diesem Buch vertretenen Standpunkt ist jedoch, dass in praktisch allen Lehren vom Leben nach dem Tod gesagt wird, die Seele könne sich darin weiterentwickeln. Hier stimmen diese Lehren mit unserer Anschauung überein, dass die Evolution des Menschen in anderen Bereichen als dieser Welt weitergehen kann. So sagt beispielsweise die christliche Lehre vom Fegefeuer, dass wir nach dem Tod stufenweise zum Paradies aufsteigen können, wenn wir uns Gott ergeben. Das Totenbuch der Tibeter bietet Anleitungen, wie die Seele nach ihrer Lösung vom Körper das klare Licht des Nirvana finden kann. Schamanistische Lehren aus vielen Teilen der Welt weisen den Weg zu Ekstasen jenseits des Grabes. Bei allen metaphysischen Unterschieden ist diesen Lehren gemeinsam, dass unsere spirituelle Reise nach dem Tod des Körpers weitergeht.

Erfahrungen einer höheren Identität

Wo Menschen eine höhere Identität erfahren, nicht das gewohnte Ichgefühl, sondern etwas Unsterbliches, beschreiben sie es stets in ganz ähnlichen Ausdrücken, auch bei unterschiedlicher Herkunft, Veranlagung und religiöser Ausrichtung. In diesem größeren oder höheren Ich, so heißt es, ist das Gefühl der Getrenntheit von anderen aufgehoben und zugleich umfasst das Gefühl der eigenen Identität viel mehr. Meist ist damit ein Gefühl der Freiheit und Geborgenheit verbunden, das nicht mit unserem gewohnten Denken und Verhalten zu erklären ist. Dennoch fühlte es sich seltsamerweise wie eine Erinnerung an, ein Wiedererkennen, das manche Menschen sagen lässt, es sei ihr wahres oder ewiges Ich, es sei das, was sie in Wirklichkeit sind, ihr eigentliches Wesen, ihr »ursprüngliches Gesicht«.

Solche Erlebnisse hat es offenbar schon immer gegeben und sie wurden von den Menschen bildhaft umschrieben. Beispielsweise in einem der ältesten spirituellen Werke überhaupt, dem indischen Rig-Veda:

> Zwei Vögel, wunderschön gefiedert, Freunde und Kameraden, sitzen auf ein und demselben Baum. Der eine isst von den süßen Früchten, der andere betrachtet ihn und isst nicht.

Diese Stelle wird so gedeutet, dass zwischen dem weltlichen Ich (das die süßen Früchte isst) und seiner die Welt transzendierenden Identität (die nur betrachtet) eine essentielle Einheit besteht. Ähnliche Bilder finden wir auch in späteren indischen Texten, etwa der Shvetasvatara-Upanishad und der Mundaka-Upanishad.

Im Buddhismus finden wir die Anatman- oder »Nicht-Selbst«-Lehre, der zufolge alles Ichbewusstsein Illusion ist. Es gibt also auch hier die Erfahrung einer höheren Identität (auch wenn buddhistische Texte im Allgemeinen nicht diese Ausdrucksweise wählen). Kurz, die Erfahrung einer das Ich transzendierenden Identität kommt bei Menschen und in Traditionen unterschiedlichster Ausrichtung vor. Wir hören davon bei Platonikern und Neuplatonikern, im Mittelalter bei Mystikern wie Meister Eckhart, bei Sufis und jüdischen Weisen oder auch bei modernen hinduistischen Mystikern wie Sri Ramakrishna und Sri Aurobindo (siehe Kapitel acht).

Diese unterschiedlichen Zeugnisse aus über drei Jahrtausenden sind eigentlich die Basis für unsere Gedanken über ein Leben nach dem Tod. Ein höheres Ich jenseits unseres Körpers, unseres Fühlens und Denkens dürfte wohl besser als dieses an die Materialität der Welt gebundene kleine Ich geeignet sein, den Tod zu überleben. Dieser höheren Identität verdanken wir, dass der Tod seinen Stachel verliert. Sie ist die sicherste, verlässlichste Grundlage eines höheren Lebens, in dieser Welt wie in der nächsten.

Ausserkörperliche Erfahrungen

Im vierten Kapitel haben wir außerkörperliche Erfahrung als paranormale Bewegungsform eingestuft. Sie kommen, wie wir sahen, beim Sport, in der kontemplativen Trance oder in Krisen vor, dann also, wenn ein Mensch alle Energien und seine gesamte Willenskraft zu einer äußersten Anstrengung sammelt, und anscheinend befinden die Menschen sich dann in einer Art Geist-Körper. Nach seinem Flug über den Atlantik, der ihm das Äußerste abverlangte, erzählte Charles Lindbergh einem Interviewer:

> Ich fühlte, wie ich mich von meinem Körper löste, ungefähr so, wie ich mir vorstellen würde,

dass der Geist aus dem Körper weicht: Ich verströmte mich ins Cockpit und dann in den ganzen Rumpf, als gäbe es da keine Wände und Hindernisse. Aufwärts ging es und nach draußen, bis ich mich weit von der menschlichen Gestalt im Flugzeug entfernt wieder zu einem Bewusstsein formierte. Ich blieb jedoch durch eine Art lange Faser, so zart, dass ein Lufthauch sie hätte zerreißen können, mit meinem Körper verbunden.

Als freiwilliger Kämpfer an der italienischen Front wurde Ernest Hemingway gegen Ende des Ersten Weltkriegs verwundet und glaubte, er werde sterben. Einem Vertrauten erzählte er später, seine Seele habe seinen Körper verlassen. Viele Menschen haben in der unmittelbaren Todesnähe das gleiche Gefühl gehabt. Ein Mann beispielsweise hatte lange vergeblich gegen den starken Gezeitenstrom angekämpft, um wieder an den Strand zu gelangen, doch irgendwann übermannte ihn die Erschöpfung. Im Aufgeben kam ein großer Friede über ihn, und dann

geschah eine wunderbare Verwandlung. Ich befand mich hoch über dem Wasser und sah nach unten. Der Himmel war grau gewesen und strahlte jetzt in überirdischer Schönheit. Ich nahm Musik wahr, aber ich fühlte sie eher, als dass ich sie hörte. Ich war wie von ekstatischen Wellen von zartester Farbe umgeben und empfand einen Frieden, der alle Vorstellungskraft übersteigt.

Dann kam unter mir ein Boot mit zwei Männern und einem Mädchen in Sicht und hielt auf etwas Formloses zu, das im Wasser schwamm.

Eine Welle warf es herum und ich blickte in mein eigenes verzerrtes Gesicht. Wie gut, dachte ich erleichtert, dass ich dieses klobige Ding nicht mehr brauche. Die Männer zogen den Körper ins Boot und dann sah ich nichts mehr. Mein nächster Eindruck war der von Dunkelheit. Ich lag am Strand, mir war kalt und übel und alles tat mir weh. Männer machten sich an mir zu schaffen. Später erfuhr ich, die Wiederbelebungsversuche hätten zwei Stunden gedauert.

Erlebnisse dieser Art sind von Sylvan Muldoon, Oliver Fox, Robert Crookall, Robert Monroe und anderen Forschern auf dem Gebiet der außerkörperlichen Erfahrungen gesammelt worden. Die berichtenden Personen erzählen meist, sie fühlten sich, als seien sie in einer Art Geist-Körper unterwegs, der in der stofflichen Welt wahrnehmen und sich bewegen könne. Für die Existenz solch eines Körpers spricht auch, dass es in fast allen spirituellen Traditionen einen Namen dafür gibt. Bei den alten Ägyptern hieß er Ka, in Griechenland Ochema, und die Hinduisten nennen ihn Kosha, Deha oder Sharira.
Der niederländische Philosoph Johannes J. Poortman hat in seinem vierbändigen Werk *Vehicles of Consciousness* viele Lehren und Berichte aus erster Hand über den Geist-Körper gesammelt. Seine Quellen waren die vedischen Hymnen und andere alte Texte des Hinduismus, Altes und Neues Testament, die Vorsokratiker, Platon, Aristoteles, Plotin, Thomas von Aquin, Swedenborg sowie Romanautoren, Wissenschaftler und Philosophen unserer Zeit. Wer Poortmans Arbeit liest, wird bei den Beschreibungen des Geist-Körpers von Detailreichtum und Schönheit

der Darstellung beeindruckt sein und zudem sehen, wie viele Mystiker und Heilige aller Zeiten die Existenz eines Geist-Körpers bestätigen. Wir können Poortmans Studie außerdem entnehmen, dass wir nicht nur bei außerkörperlichen Erfahrungen in einem Geist-Körper leben, sondern auch nach dem Tod.

NAHTODESERFAHRUNGEN

Seit 1975 Raymond Moodys *Life After Life* (*Leben nach dem Tod*) erschien, sind tausende von Nahtodeserfahrungen von Ärzten, Neurophysiologen, Psychologen, Psychiatern und Parapsychologen untersucht worden. Über etliche Jahre hat das *Journal of Near Death Studies* Untersuchungen zu diesem Phänomen ein Forum geboten und es sind auch von Kenneth Ring, Steven Sabom und anderen Forschern weitere Bücher zum Thema veröffentlicht worden. Impulse bekam diese Forschung auch durch neue Wiederbelebungstechniken, mit denen man viele Menschen, die nach Herzinfarkten, Unfällen und anderen Ereignissen am Rande des Todes standen, wieder zurückholen kann. Viele dieser Menschen berichten danach von außerkörperlichen Erfahrungen, Reisen in andere Welten, freudigem Wiedersehen mit verstorbenen Angehörigen, Begegnungen mit Engeln, dem Verschmelzen mit einem höheren Licht und anderen Erlebnissen, die nach ihrer Überzeugung einen Vorgeschmack auf das Leben nach dem Tod darstellen. Wer sich mit diesen Forschungen befasst, wird von der schieren Menge der Berichte, von ihren unübersehbaren Übereinstimmungen und der

Überzeugtheit, mit der sie vorgetragen werden, beeindruckt sein.

Unsere heutige Kenntnis von den Erlebnissen Sterbender ergänzt diese Forschung. Bei einer systematischen Studie der beiden Psychologen Karlis Osis und Erlander Haraldsson zeigte sich beispielsweise, dass die Sterbeerfahrungen in verschiedenen Kulturen erstaunliche Übereinstimmungen aufweisen – Visionen von anderen Welten oder von längst Verstorbenen, erlösende Stimmungsumschwünge, Erfahrungen von Licht und Freude, die ein bevorstehendes größeres Leben anzukündigen schienen. Die Einzelheiten sind in dem von Osis und Haraldsson verfassten Buch *At the Hour of Death* (*Der Tod, ein neuer Anfang*) nachzulesen.

Solche Untersuchungen zeigen, dass Menschen aller Altersstufen unabhängig von ihrer Religionszugehörigkeit unter bestimmten Umständen Einblicke in so etwas wie Engelssphären oder ein Leben nach dem Tod erhalten. Ähnliche Eindrücke haben Visionäre, aber auch ganz durchschnittliche Menschen offenbar schon immer empfangen – und darunter sind viele, die bis zu diesem Erlebnis daran zweifelten, dass es überhaupt ein Nachleben gibt. Außerdem nimmt das Thema schon immer eine zentrale Stellung in den Literaturen, Philosophien und Religionen der Menschheit ein. Es spricht also vieles dafür, dass hier mehr als bloßer Aberglaube oder Täuschung im Spiel ist. Wir glauben, dass Menschen Welten jenseits des Grabes erfahren, weil diese Fähigkeit in uns angelegt ist und weil das, was sie da sehen, eine Verbindung zu dem ebenfalls in uns angelegten größeren Leben knüpft.

Wenn Tote erscheinen

Bei ihrer Arbeit mit Sterbenden stellten Osis und Haraldsson fest, dass viele Visionen von verstorbenen Freunden und Verwandten oder von religiösen Leitfiguren haben, die sie »abholen« und ihnen beim Übergang in eine neue Daseinsform helfen. Wie so viele vor ihnen, waren auch Osis und Haraldsson bemüht, durch Medikamente, Fieber oder Verstörung bedingte Halluzinationen von bei klarem Verstand empfangenen Visionen zu unterscheiden. Sie fanden, wie sie schreiben,

> klare Anhaltspunkte dafür, dass man die Mehrzahl solcher Erscheinungen nicht ohne weiteres auf medizinische Faktoren wie hohe Temperatur, potenziell halluzinogene Medikamente (wie Morphium oder Demerol) oder halluzinogene Faktoren in der Biografie des Sterbenden zurückführen kann. Das Erscheinen von Verstorbenen kurz vor dem Tod ist offenbar von Alter, Geschlecht, Bildungsgrad und Religionszugehörigkeit unabhängig. Es scheint jedoch, dass Religiosität (unabhängig vom Bekenntnis) solche Erscheinungen begünstigt.

Im Laufe vieler Jahre haben die beiden Psychologen durch geduldige, einfühlsame und umsichtige Befragungen herausgefunden, dass die Nähe des Todes viele außergewöhnliche Erfahrungen von ähnlicher Art wie den in diesem Buch beschriebenen auslöst. Ihre Studie bestätigt unsere Vermutung, dass die Seele ihre Evolution nach dem Tod des Körpers fortsetzt.

Tote erscheinen jedoch nicht nur Sterbenden. Aus Umfragen, psychologischen Erhebungen und parapsychologischer Forschung geht hervor, dass auch gesunde Menschen so etwas erleben und dabei mitunter Inspiration und Trost bekommen oder auch neue Einsichten über höhere Dinge und das Leben nach dem Tod. Aus den vielen Veröffentlichungen zu diesem Thema möchten wir eine herausgreifen, G.N.M. Tyrells *Apparitions*. Sie bietet unter anderem: eine Darstellung der von der British Society of Psychical Research gegen Ende des neunzehnten Jahrhunderts durchgeführten »Volkserhebung über Halluzinationen«, die von Edmund Gurney und Frederic Myers vorgetragenen Theorien zur Erklärung von Geistererscheinungen, eine Zusammenfassung der typischen Züge solcher Erscheinungen, verschiedene Theorien über die Wirkkräfte hinter solchen Erscheinungen und schließlich Spekulationen über ihre Bedeutung für den Menschen.

Geistererscheinungen sind, wie wir aus zahllosen Quellen wissen, eine uralte Erfahrung der Menschheit. Manche sind freundlich, andere nicht. Manche sind anscheinend die Seelen Verstorbener, andere eher Wesen aus jenseitigen Welten. In den alten Schriften des Hinduismus, bei Homer und Platon, im Alten und Neuen Testament, im Koran, bei Shakespeare, Blake, Coleridge und in zahllosen Zeugnissen aus neuerer Zeit finden wir Anspielungen auf Phantomgestalten, die den Menschen bedrohen, inspirieren, führen oder unterstützen. Sie erinnern uns immer wieder daran, dass es mit dem Leben mehr auf sich hat, als unsere Sinne wahrnehmen, als unsere Wünsche für möglich halten, als unser alltägliches Ich sich vorstellen kann.

Reinkarnation

Für die Inder und andere asiatische Völker, aber auch für große Vertreter der abendländischen Philosophie wie Pythagoras, Platon, Origenes oder Plotin ist Reinkarnation eine unbestreitbare Tatsache. Doch auch moderne Künstler und Schriftsteller glauben an Reinkarnation, wenngleich das nicht allgemein bekannt ist – Victor Hugo, Honoré de Balzac, Heine und Rilke, Wordsworth und Shelley oder auch Jack London. Frederic Myers schrieb in seinem Werk *Human Personality and Its Survival of Bodily Death*:

> Der simplen Tatsache, dass [Reinkarnation] offenbar sowohl von Platon als auch von Vergil akzeptiert wurde, lässt sich entnehmen, dass hier nichts der höchsten Vernunft oder den besten Instinkten des Menschen Fremdes vorliegt. Außerdem wäre eine Theorie der direkten Erschaffung der Geister nicht recht einleuchtend, da sie bei ihrem Auftreten als sterbliche Menschen von so unterschiedlichem Entwicklungsstand sind. Man spürt: Es muss da eine Kontinuität geben, irgendeine spirituelle Vergangenheit ...

Dr. Ian Stevenson, Psychiater an der University of Virginia Medical School, hat zusammen mit einigen Kollegen über zweitausendsiebenhundert Fälle untersucht, in denen Menschen, meist Kinder, sich an frühere Leben erinnern zu können glaubten. Die Forschungen begannen um die Mitte der sechziger Jahre und werden heute noch fortgeführt – in Indien, der Türkei, im Libanon, in Südostasien, Westeuropa,

Nord- und Südamerika. Die Methode besteht ganz einfach darin, dass man herauszufinden versucht, ob irgendwo ein Leben geführt wurde, das der Beschreibung des Befragten entspricht. Stevenson und seine Kollegen sammeln Geburtsberichte, Fotos und Berichte aus erster Hand über eben die Leute, die den von ihren Versuchspersonen beschriebenen ähnlich sind. Auf diese Weise hat sich ein Material angesammelt, das man als sehr deutlichen Hinweis auf die tatsächliche Existenz der Reinkarnation werten muss.

Viele der Befragten weisen körperliche Besonderheiten auf, die einen Zusammenhang mit dem erinnerten Leben oder der erinnerten Person erkennen lassen. So erinnerte sich ein türkischer Junge mit etlichen Muttermalen daran, dass er in seinem früheren Leben an einer Schussverletzung gestorben war, und tatsächlich war ein Mann ungefähr zu der Zeit und an dem Ort getötet worden, die der Junge genannt hatte; auf Fotos waren ungefähr an der Stelle, wo der Junge seine Muttermale hatte, Schussverletzungen zu erkennen. In Stevensons zweibändigem Werk *Reincarnation and Biology* sind viele Fälle dieser Art dargestellt und mit Fotos dokumentiert, auf denen solche körperlichen Übereinstimmungen zwischen verstorbenen und jetzt lebenden Menschen zu erkennen sind.

Stevensons Werk könnte sich als Meilenstein des wissenschaftlichen Forschens zur Frage des Lebens nach dem Tod erweisen. Seine Kollegen sammeln weiterhin Fälle, verfeinern die statistische Analyse, entwickeln neue Methoden zum Aufspüren des Beweismaterials. Bislang ist diese Arbeit noch wenig bekannt, aber vielleicht wird man sie einst historisch nennen und Stevenson als den Charles Darwin der Reinkarnation bezeichnen.

Engel

Auf dem Sterbebett oder bei Nahtodeserfahrungen, wie gesagt, sind Begegnungen mit körperlosen Wesenheiten nichts Ungewöhnliches. Es kann sich um verstorbene Angehörige handeln, aber auch um andere Wesen, die man als Engel oder Schutzgeister wahrnimmt und die dem Sterbenden beim Übergang ins nächste Leben helfen. Solche Wesen können auch in anderen Situationen erscheinen, einem Segler auf hoher See beispielsweise oder einem Abenteurer in sehr schwieriger Lage.

Joshua Slocum, der erste Mensch, der die Erde ganz allein umsegelte, schildert in seinem Buch *Sailing Alone Around the World* (*Allein um die Welt*) seine Begegnung mit einem Phantom-Segler. Er hatte einen Traum und dann am nächsten Tag eine Vision von einem »großen Segler«, der behauptete, er habe Slocum während eines gefährlichen Sturms, als es ihm sehr schlecht gegangen sei, beim Steuern des Bootes geholfen. Auch Charles Lindbergh lernte während seines berühmten ersten Atlantikflugs solche Wesen kennen. Hier sein Bericht:

> Ich starre eine Ewigkeit, mal bewusst, mal schlafend, auf die Instrumente, und der Rumpf hinter mir bevölkert sich dabei mit Geisterwesen – vage, durchscheinende Gestalten, gewichtslos schwebend und in Bewegung. Ihr Kommen löst bei mir keine Überraschung aus ... Ohne den Kopf zu

wenden sehe ich sie so deutlich, wie ich vor mir alles sehe. Mein Sichtfeld hatte keinen Rand, als wäre mein Kopf ein einziges großes Auge, das in alle Richtungen zugleich blickt.

Diese Phantome sprechen mit menschlichen Stimmen, nebelhafte Umrisse ohne Substanz, die mühelos durch die Rumpfwände erscheinen oder verschwinden können, wie sie gerade wollen. Bald drängt sich eine ganze Schar hinter mir, bald sind es nur einige wenige. Erst rückt einer vor bis zu meiner Schulter, dann ein anderer und spricht, den Maschinenlärm übertönend, um sich dann wieder nach hinten zurückzuziehen. Manchmal kommen die Stimmen wie aus der Luft selbst, klar und doch von fern, aus einer Distanz, die man nicht in menschlichen Entfernungsmaßen angeben kann – vertraute Stimmen, die über meinen Flug sprechen und Ratschläge erteilen, die Navigationsprobleme erörtern, mir Mut zusprechen und mich wichtige Dinge wissen lassen, über die ich unter normalen Umständen nichts erfahren würde.

Ich befinde mich auf der Grenze zwischen dem Leben und etwas Größerem, wie in einem Schwerkraftfeld zwischen zwei Planeten gefangen, Kräften ausgesetzt, über die ich keine Gewalt habe – Kräften, die zu klein sind, als dass ich sie mit irgendeinem der mir zu Gebote stehenden Mittel messen könnte, dennoch Repräsentanten einer Macht, die alles mir Bekannte weit in den Schatten stellt.

Lindbergh und Slocum mussten wie viele andere Abenteurer, die von körperlosen Wesenheiten berichtet haben, bis an die Grenze ihres Durchhaltevermögens gehen, sie mussten trotz tiefer Erschöpfung wach bleiben, bevor es zu diesen Begegnungen kam. Gut vorstellbar, dass diese stressbedingte Wachheit ihre Wahrnehmung in nie gekannter Weise schärfte und die gewohnten Wahrnehmungsfilter aufgrund der Müdigkeit entfielen, so dass sie für solche Visitationen offen waren. In manchen Fällen werden solche Wesenheiten als bedrohlich empfunden, in anderen als freundlich. Sie können auch, wie es bei Slocums großem Segler war, Rat geben und etwas Tröstliches ausstrahlen. Bei manchen Menschen stellen sie bisher gehegte Anschauungen in Frage, bringen Freude, geben Kraft und vermitteln das Gefühl, das Leben biete mehr, als die Körpersinne erfassen können. Oft hat man den Eindruck, sie seien Botschafter, die uns auf das uns bestimmte größere Leben aufmerksam machen möchten.

Das altgriechische Wort für »Bote« lautet *Ággelos*, und davon leitet sich unser Wort »Engel« ab. In Judentum, Christentum und Islam sind sie Mittler zwischen den höheren und den niederen Welten. Ihre Flügel symbolisieren Freiheit und ihr Lichtkörper das Licht Gottes, das sie bringen.

Die Engel und ihre Sphären sind in vielen Religionen Gegenstand der Verehrung. Die hinduistischen Apsaras sind himmlische Bringer von Liebe und Freude; sie bergen die Toten an ihren üppigen Brüsten und tragen sie in einem Zustand der Ekstase ins Paradies. Im Koran heißt es, aus den Tränen, die der Erzengel Michael über die Fehltritte der Gläubigen vergoss, seien die Cherubim geworden. Im frühen Judentum glaubte man, die Engel würden jeden Tag neu geboren wie der Morgentau. Im Talmud heißt es sogar, jedem Juden seien elftausend Engel zugewiesen.

Engel bringen jedoch mehr als Liebe und Licht. Sie können Kämpfer für das Gute sein und ein spirituelles Ringen entfachen. Jakob rang mit einem Engel und hieß fortan Israel. Cherubim behüteten die Arche. Der heilige Georg und der Erzengel Michael werden als geflügelte Drachentöter dargestellt. Es sind im Laufe der Zeit hochkomplexe Systeme und Rangordnungen der Engelswelt aufgestellt worden, im Christentum ebenso wie etwa im Hinduismus oder Buddhismus, von der wimmelnden Geisterwelt des volkstümlichen Daoismus ganz zu schweigen.

Für uns kommt es hier nur darauf an, wofür diese Wesen stehen: für das schon immer vorhandene Gefühl der Menschen, dass es außerhalb der stofflichen Welt Wesen gibt, mit denen wir manchmal in Kontakt kommen. Die Engel sind auch in unserer Zeit nicht in Vergessenheit geraten, wie an den zahllosen Veröffentlichungen zu diesem Thema leicht zu erkennen ist. Wenn Menschen ganz unterschiedlicher Herkunft und Ausrichtung, sogar entschiedene Gegner jeglichen religiösen Aberglaubens Begegnungen mit körperlosen Wesenheiten haben, muss diese Möglichkeit wohl in der menschlichen Natur liegen. Sie ist nicht einfach bestimmten Kulturen oder Epochen zuzuordnen. Und die moderne Naturwissenschaft hat sie nicht aus der Welt geschafft. Weisen wir sie also nicht ungeprüft von der Hand, zumal solche Erfahrungen für viele Menschen der Anstoß sind, sich für ein größeres Leben bereit zu machen. Heute wie eh und je erhalten Menschen Anleitung, Trost und Inspiration von Erscheinungen, die aus einer anderen Dimension zu kommen scheinen.

Wer das tiefere Potenzial des Menschen umfassend verstehen möchte, muss die Anleitungsfunktion, die Schutzgeistern und Engeln zugeschrieben wird, zumindest in Erwägung ziehen. Denken wir daran, dass aller Erkenntnisgewinn, sei es in der hohen Wissenschaft oder in praktischen Dingen, stets zu einem Teil daher rührt, dass man Dinge probeweise annimmt, die bis dahin als unwahrscheinlich oder abwegig galten. Andere Welten können eigentlich kaum sonderbarer sein als unsere – wir haben auch hier in dieser stofflichen Welt höchst wunderlich anmutende Lebewesen, sehr merkwürdige Züge des menschlichen Geists, und das bizarre Verhalten von Quarks und anderen subatomaren Teilchen ist kaum noch zu überbieten. Es könnte durchaus sein, dass Wesen aus anderen als dieser stofflichen Welt auf eine noch nicht erklärbare Weise mit uns in Kontakt treten, manchmal vielleicht zu unserem Nachteil, oftmals aber in unserem besten Interesse.

Und es ist ja heute schon so, dass viele Menschen durch transformative Praxis auf Welten des Geistes aufmerksam werden, die ihnen ein höheres Leben anzukündigen scheinen. Ein neues Erkennen, ein neues Identitätsgefühl, die unbeschreibliche Freude und die Erfahrung einer das eigene Ich transzendierenden Liebe scheinen den Schleier zwischen dieser Existenzform und anderen Welten immer dünner werden zu lassen. Sollte es tatsächlich so sein, dass wir durch Integration unserer höheren Anlagen der Evolution zuarbeiten, dann wäre sicher denkbar, dass wir im Verlauf dieses Prozesses immer mehr mit höheren Sphären vertraut werden. Die Evolution von der anorganischen Materie über das biologische Leben bis zum verkörperten Bewusstsein könnte im nächsten Schritt noch höher hinaus wollen und vielleicht einen Zustand anstreben, in dem diese Welt mit den »jenseitigen« vereinigt ist und wir immer mehr von der Herrlichkeit des Geistes verkörpern können.

15.
TRANSFORMATION DES KÖRPERS

Wir haben uns in diesem Buch die lange Geschichte der Evolution vergegenwärtigt und sie als allmähliche Entfaltung des in der Welt angelegten Potenzials betrachtet. Der winzige Kern, dem unser Universum entsprang, barg die Fähigkeit, Milliarden von Galaxien entstehen zu lassen. In den Urmeeren der abkühlenden Erde entstanden Bedingungen, die das biologische Leben ermöglichten. In den ersten von der Erde hervorgebrachten Organismen existierte das Potenzial zur Entwicklung von Bewusstsein. Und schon in den ersten Vertretern der Spezies Mensch war die Fähigkeit, über sich selbst hinauszugehen, angelegt. Damit haben wir uns bisher beschäftigt.

Jetzt möchten wir noch ein weiteres Potenzial ins Gespräch bringen, dessen Umsetzung die Evolution um einen weiteren großen Schritt voranbringen würde. Andeutungsweise war davon bereits die Rede. Dieses Potenzial liegt in der geheimnisvollen Beziehung zwischen unserer Seele, unserem Geist und unserem Körper.

Kurz gesagt möchten wir die Möglichkeit ins Auge fassen, dass die in uns angelegten höheren Fähigkeiten, deren Verwirklichung bestimmte Modifikationen im physischen Bereich bewirken, nach und nach zu einer neuen, lichtvolleren Form der Verkörperung führen könnten. Wir wissen, dass das ein sehr gewagter Gedanke ist. Manche werden ihn als weit hergeholt bezeichnen. Aber es gibt schon immer Ahnungen davon und bei ganz bestimmten Menschen scheint diese neue Art der Verkörperung bereits Wirklichkeit zu werden.

Die gemeinsame Evolution von Geist und Körper

Bei unseren Vorfahren im Tierreich entstanden neue Fähigkeiten durch größere oder kleinere Veränderungen des Körperbaus und der körperlichen Abläufe. Wir können davon ausgehen, dass wir bei der Verwirklichung unserer höheren Anlagen analoge Veränderungen an uns selbst bemerken werden – die freilich eher durch transformative Praxis als durch natürliche Auslese zu Stande kommen. Diese Annahme stützt sich auf neuere wissenschaftliche Entdeckungen und auf die Überlieferung zum Phänomen der körperlichen Veränderungen aufgrund von Bewusstseinserweiterung.

Dabei setzen wir dreierlei voraus. Erstens: Esoterische Berichte von körperlichen Veränderungen mögen in vielen Fällen fantasievoll ausgestaltet sein, haben jedoch einen wissenschaftlich noch nicht zu

erklärenden realen Hintergrund. Zweitens: Für
»übernatürliche« Fähigkeiten müssen wie für die als
normal angesehenen ganz bestimmte Voraussetzungen gegeben sein. Und drittens: Um uns die für tief
greifenden Wandel erforderlichen körperlichen Entwicklungen vorzustellen, können wir von den bis
jetzt schon erforschten physiologischen Veränderungen ausgehen. Die Meditations-, Hypnose- und Biofeedbackforschung beispielsweise kennt eine ganze
Anzahl somatischer Veränderungen, die die Verhaltens- und Bewusstseinsentwicklung begünstigen
(vergleiche die Literaturempfehlungen zum zweiten
Teil), und aus der neueren Hirnforschung wissen
wir, dass Neurogenese – die Bildung neuer Gehirnzellen – entgegen früherer Annahmen auch bei Erwachsenen vorkommt, etwa bei der Ausbildung neuer Funktionsweisen des Gehirns oder zum Ausgleich
von Verlusten durch Verletzungen oder Krankheit.

Die außerordentliche körperliche Beweglichkeit
mancher Yogis, Sportler und Heiligen und die Wendigkeit vieler Tänzer oder Schamanen lassen vermuten, dass Muskeln, Sehnen und Bänder unter gewissen Bedingungen außergewöhnlich stark und elastisch werden können. Vielleicht sind diese
Fähigkeiten noch weiter auszubauen. Kundalini-Erfahrungen oder Wärmephänomene, wie wir sie bei
christlichen Mystikern und tibetischen Yogis beschrieben haben, aber auch andere energetische
»Mutationen«, von denen im zweiten Teil die Rede
war, könnten mit der Freisetzung von wissenschaftlich noch nicht erfassbaren Kräften zu tun haben.
Denkbar wäre sogar, dass Energiephänomene dieser
Art auf Umstrukturierungen der Grundbestandteile
unseres Körpers zurückzuführen sind. Solche Verän-

derungen auf der molekularen und atomaren Ebene könnten sich auf Aussehen und Beschaffenheit von Geweben und Zellen auswirken. Sollte das der Fall sein, wäre den durch transformative Praxis möglichen körperlichen Veränderungen kaum noch eine Grenze gesetzt. In Legenden und Mythen, aber auch in der katholischen Lehre von der Verklärung des Körpers sind diese Dinge längst vorweggenommen.

Auferstehung des Fleisches

Das vierte Laterankonzil von 1215 erklärte die Auferstehung und Verklärung des Körpers zum Dogma. Die formelle Definition lautete: »Alle werden mit dem Körper auferstehen, den sie jetzt haben, auf dass sie ihren guten oder schlechten Werken gemäß empfangen können.« Das bedeutet: Die Körper der guten Menschen werden der Herrlichkeit teilhaftig und haben Teil an der beseligenden Schau Gottes. Diese Lehre mag manchem etwas abwegig erscheinen, aber sie hat die Theologen und Philosophen schon immer fasziniert. Nach unserer Auffassung ist das ein Hinweis auf die Übereinstimmung dieser Lehre mit der uralten Intuition, dass unser Körper der Verwandlung fähig ist.

Wir werden vier Autoren zitieren, um zu zeigen, welchen Stellenwert dieser Gedanke in der langen Geschichte des Christentums gehabt hat: Paulus, Origenes (185 bis 254), Thomas von Aquin (1225 bis 1274) und Romano Guardini (1885 bis 1968). Der wichtigste Bezugspunkt für fast alle weiteren Diskussionen um dieses Thema sind Paulus' Worte im ersten Korintherbrief, Kapitel 15, Vers 39 bis 44:

Nicht ist alles Fleisch einerlei Fleisch; sondern ein anderes Fleisch ist der Menschen, ein anderes des Viehs, ein anderes der Fische, ein anderes der Vögel.

Und es sind himmlische Körper und irdische Körper; aber eine andere Herrlichkeit haben die himmlischen und eine andere die irdischen.

Eine andere Klarheit hat die Sonne, eine andere Klarheit hat der Mond, eine andere Klarheit haben die Sterne; denn ein Stern übertrifft den anderen an Klarheit.

Also auch die Auferstehung der Toten. Es wird gesät verweslich, und wird auferstehen unverweslich.

Es wird gesät in Unehre, und wird auferstehen in Herrlichkeit. Es wird gesät in Schwachheit, und wird auferstehen in Kraft.

Es wird gesät ein natürlicher Leib, und wird auferstehen ein geistlicher Leib. Ist ein natürlicher Leib, so ist auch ein geistlicher Leib.

Christliche Theologen haben sich vielfach auf die vier Eigenschaften bezogen, die Paulus dem verklärten Körper zuschreibt: Unvergänglichkeit, Klarheit, Kraft und Subtilität. Auch Thomas von Aquin schreibt darüber in seiner *Summa contra gentiles* (*Summe gegen die Heiden*) (IV,86). Aristoteles folgend, beschreibt er die Seele als die eigentliche »Form« des Körpers, als das, was dem Fleisch Leben einhaucht und Gestalt gibt. Lesen Sie das Folgende als eine Art Gedankenexperiment unter dem Gesichtspunkt der im zweiten Teil erörterten außergewöhnlichen Fähigkeiten. Achten Sie auf Übereinstimmungen.

Aus der Klarheit und Kraft der Seele, die zur göttlichen Schauung erhoben ist, erwächst dem mit ihr vereinten Körper noch Weiteres: Der Leib wird nämlich ganz und gar der Seele unterworfen sein, indem dies die göttliche Kraft bewirkt, und zwar nicht nur in Bezug auf das Sein, sondern auch in Bezug auf die Tätigkeiten und Leidenschaften, Bewegungen und körperlichen Eigenschaften. Wie also die Seele beim Genuss der Anschauung Gottes mit einer gewissen geistigen Klarheit erfüllt wird, so wird durch ein gewisses Überfließen aus der Seele in den Leib dieser Körper auf seine Weise mit der Glorie der Klarheit umkleidet werden; weshalb der Apostel (1. Kor. 15,43) sagt: »Gesäet wird er«, der Leib, »in Unehre, auferstehen wird er in Herrlichkeit.« ...

Auch wird die Seele, die die Anschauung Gottes genießt, mit ihrem letzten Ziel verbunden, in allem ihr Verlangen als ein ganz erfülltes erfahren; und weil der Körper durch das Verlangen der Seele bewegt wird, so wird auch die Folge sein, daß der Leib überhaupt dem Geiste hinsichtlich der Bewegung gänzlich gehorchen wird; und deshalb werden die Körper der auferstandenen Seligen in der Zukunft leicht beweglich (*agila*) sein; und dies deutet der Apostel an derselben Stelle an, wenn er sagt: »Gesäet wird er in Schwachheit, auferstehen wird er in Kraft.«

Die Schwachheit erfahren wir nämlich im Leibe, weil er sich als zu schwach erweist, um dem Verlangen der Seele in den Bewegungen und Tätigkeiten, die die Seele befiehlt, Genüge zu leisten. Diese Schwachheit wird dann ganz und gar aufgehoben sein, indem aus der mit Gott vereinten Seele die Kraft auf den Leib überfließt ...

Also wird der durch die Seele vervollkommnete Leib, der Seele ganz angepasst, frei von jedem Übel sein ... und deswegen werden jene Körper leidensunfähig sein. Diese Leidensunfähigkeit schließt aber von jenen Körpern doch nicht die Leidenschaft aus, die dem Charakter des Sinnes eigentümlich ist; denn sie werden sich der Sinne bedienen, um sich all dessen, was dem Zustand der Unvergänglichkeit nicht widerspricht, zu erfreuen. Um diese Leidensunfähigkeit anzudeuten, sagt der Apostel: »Gesäet wird er in Verweslichkeit, auferstehen wird er in Unverweslichkeit.«

Fernerhin: Die Gott genießende Seele wird in vollkommenster Weise Gott anhängen und an seiner Gutheit im höchsten Maße ihrer Weise entsprechend teilnehmen. Somit wird also auch der Körper in vollkommener Weise der Seele unterworfen sein und an den Eigenschaften derselben teilnehmen, soweit dies möglich ist; nämlich in der Schärfe der Sinne, in der Ordnung des körperlichen Begehrens und in jedweder Vollkommenheit der Natur; denn um so vollkommener ist etwas in seiner Natur, je vollkommener seine Materie der Form unterworfen ist; und deswegen sagt der Apostel: »Gesäet wird ein tierischer Leib, auferstehen wird ein geistiger Leib.«

Jedoch wird der Körper des Auferstandenen nicht deshalb geistig (*spirituale*) sein, weil er ein Geist ist, wie manche fälschlich dachten, indem sie unter dem Geiste entweder eine geistige Substanz oder eine luft- oder windartige Substanz verstanden; sondern er wird deshalb geistig genannt, weil er gänzlich der Seele unterworfen ist.

Der heilige Thomas bringt eine zentrale, längst im katholischen Dogma verankerte christliche Idee zum Ausdruck, wenn er sagt, der auferstandene Körper der Gerechten werde ein geistiger Körper sein, aber nicht einfach Geist, sondern wahrhaft Körper. Er blieb dabei, dass unser jetziger Körper verklärt wird, wenn unsere Werke gut sind. Nicht nur die Seele des Gerechten wird selig, sondern der Körper muss daran auch teilhaben. Wie er an anderen Stellen der zitierten Schrift sagt (II,68.83 und IV,79), ist es gegen die Natur der Seele, ohne ihr physisches Gegenstück zu existieren. Seele ohne Körper sei unvollkommen. Auch wenn die Auferstehung übernatürliche Ursprünge habe, natürlich sei sie darin, dass sie Körper und Seele wiedervereinigt.

Thomas und andere christliche Denker empfanden diese Sicht der Dinge intuitiv als richtig, auch wenn sie nicht zu der offensichtlichen Tatsache zu passen scheint, dass der Körper zerfällt. Sie blieben dabei, obwohl sich einige Fragen nicht zufrieden stellend beantworten ließen: Aus welchem Stoff werden unsere Körper Jahrhunderte oder Jahrtausende nach ihrem Tod und Zerfall wiederhergestellt? Welches Entwicklungsstadium wird ihre Gestalt für die Ewigkeit sein? Werden körperlich verunstaltet geborene Menschen die Körperteile erhalten, die ihnen bei ihrem Erdenleben fehlten? Und was geschieht mit unschuldigen Kindern, die gestorben sind? Werden sie auch im Himmel Kinder sein?

Solche Gedanken lassen sich leicht ins Absurde weitertreiben, und doch blieben viele christliche Theologen ihrem Glauben an die Verklärung des Körpers treu. Manche wurden darin durch Phänomene wie körperliche Strahlung, Levitation, Stigmata bestärkt, die von den Wüstenvätern oder von Heiligen wie Franz von Assisi, Joseph von Cupertino, Johannes vom Kreuz oder Teresa von Avila berichtet werden (siehe zweiter Teil). Auch wenn die Auferstehungslehre in ein vorwissenschaftliches Weltbild eingebettet ist und in ihrem Umfeld allerlei Aberglaube wuchert, hat sie doch überlebt, und zwar aus unserer Sicht deshalb, weil es jederzeit intelligente und feinsinnige Denker gibt, die das Transformationspotenzial des Körpers spüren, und weil es immer auch Mystiker und Heilige gegeben hat, an denen außergewöhnliche Kräfte sichtbar wurden. Wenn wir die christliche Weltanschauung aus der hier dargestellten Evolutionsperspektive betrachten, könnte die Verklärung des Körpers als Symbol für einen neuen Schritt der Evolution gedeutet werden und die »auferstandenen Körper der Gerechten« könnten eine neue Form der Verkörperung bedeuten.

Origenes wird von vielen als der größte christliche Denker seiner Zeit angesehen. Er äußerte sich ebenso beherzt wie tiefsinnig über die Verklärung des Körpers. Behalten Sie beim Folgenden wieder all das vor Augen, was wir schon über die höheren Fähigkeiten des Menschen gesagt haben.

> Die Ungebildeten und Ungläubigen meinen, unser Fleisch vergehe nach dem Tode so ganz und gar, dass von seiner Substanz überhaupt nichts bleibe. Wir aber, die wir an die Auferstehung

glauben, wissen, dass der Tod nichts an ihm verändern kann, dass seine Substanz wahrhaftig fortbesteht, dass es zu einer bestimmten Zeit durch den Willen des Schöpfers wieder zum Leben erweckt wird und eine weitere Verwandlung erfährt.

Daher müssen wir annehmen, dass die gesamte Substanz dieses unseres Körpers sich in diesen Zustand hinein entwickeln wird, wenn die Zeit kommt, da alle Dinge wiederhergestellt werden und eins werden, in der Zeit, da »Gott alles in allem sein wird«. Glauben wir jedoch nicht, dass dies alles auf einmal geschehen wird. Es wird allmählich und in Schritten geschehen, über Äonen hinweg, so dass die Besserung bei jedem Einzelnen langsam ihren Lauf nehmen kann.

Der Glaube der Kirche lässt nämlich den bei gewissen griechischen Philosophen entlehnten Gedanken nicht zu, es gebe neben diesem aus den vier Elementen gefügten Körper noch einen »fünften« Körper, der ein ganz anderer sei als unser derzeitiger und sich von ihm grundlegend unterscheide. Wir können weder der Heiligen Schrift die allergeringste Andeutung einer solchen Meinung entnehmen, noch dürfen wir sie als logische Schlussfolgerung gelten lassen, zumal der heilige Apostel eindeutig dargelegt hat, dass den von den Toten Auferstehenden keine neuen Körper gegeben werden, sondern sie dieselben erhalten werden, welche sie im Leben besessen haben, nur vom Schlechteren zum Besseren gewandelt. Sagt er doch: »Es wird gesät ein natürlicher Leib, und wird auferstehen ein geistlicher Leib.« Und er sagt: »Es wird gesät verweslich, und wird auferstehen unverweslich. Es wird gesät in Schwachheit, und wird auferstehen in Kraft. Es wird gesät in Unehre, und wird auferstehen in Herrlichkeit.«

So kommen wir endlich zu diesem: Gott hat zwei universale Naturen erschaffen, eine sichtbare, nämlich die körperliche, und eine unsichtbare, die unkörperlich ist. Diese beiden Naturen machen ihre je eigene Wandlung durch. Die unsichtbare Natur, die zugleich die rationale ist, ändert sich vermöge der Tatsache, dass ihr die Freiheit der Wahl gegeben wurde, durch das Wirken des Gemütes und des Willens. Als Folge dessen existiert sie einmal im Guten und ein andermal in dessen Gegenteil. Die körperliche Natur nun lässt eine Veränderung ihrer Substanz zu, so dass dieses Material Gott, dem Gestalter aller Dinge, bei allem zu Diensten ist, was er entwerfen oder erbauen oder wiederherstellen möchte – er kann es je nach Verdienst und Erfordernis in die Formen oder Arten verwandeln, die seinem Wunsch entsprechen. Eben darauf weist ohne Zweifel der Prophet hin, wenn er sagt: »Gott, der alle Dinge macht und wandelt.«

Origenes nimmt vieles, was gegenwärtig diskutiert wird und zum Teil Inhalt dieses Buches ist, durch sein intuitives Erfassen unserer höheren Möglichkeiten vorweg: Er glaubt, dass Materie jeder Art der Verwandlung fähig ist, dass der verklärte Körper wunderbarerweise aus diesem gegenwärtigen Körper hervorgehen wird und nicht aus einem »fünften« Körper, wie einige griechische Philosophen meinten, und dass das Leben sich allmählich, »über Äonen hinweg«, zur Herrlichkeit hin entwickelt. Es ist bis heute umstritten, in welcher Denktradition Origenes steht – von christlicher, neuplatonischer und gnostischer Inspiration ist die Rede –, doch lässt sich immerhin eine starke Übereinstimmung mit späteren christlichen Ausprägungen der Auferstehungslehre erkennen. Wie Paulus vor ihm und Thomas von Aquin nach ihm war er der Ansicht, die menschliche Natur könne sich in ihrem körperlichen wie in ihrem geistigen Aspekt zur Glückseligkeit hin entwickeln.

Dem folgenden Zitat aus Romano Guardinis Buch *Die letzten Dinge* können wir entnehmen, dass die Auferstehung und Verklärung des Körpers auch in unserer Zeit noch ein interessantes Thema ist.

[Gott] hat den Menschen als Menschen gewollt. Mensch aber ist der Geist, sofern er sich im Leibe ausdrückt und auswirkt. Mensch ist der körperliche Organismus, sofern er in der Wirksphäre des persönlichen Geistes steht und durch diesen zu einer Gestalt und Wirksamkeit geformt wird, die er aus sich nie gewinnen kann; zum Ort, wo der Geist mit seiner Würde und Verantwortung in der Geschichte steht. Auferstehung bedeutet also, daß die Geistseele wieder wird, wozu sie durch ihr Wesen bestimmt ist, nämlich die Seele eines Leibes – ja, daß sie jetzt erst zum Werk der Leibgestaltung ganz frei und mächtig wird. Und sie bedeutet, daß der entseelte Stoff wieder durchgeistete, personbestimmte Körperlichkeit, das heißt also Menschenleib wird – welcher Leib freilich nicht mehr den Bedingungen von Raum und Zeit unterworfen, sondern, wie Paulus sagt, in einem neuen Zustande, »geistlich«, pneumatisch ist ...

In [den] verschiedenen Seienden begegnet uns immer wieder »Körper«: im Bergkristall, im Apfelbaum, im Pferd, in dem Menschen da vor mir – aber durch welche Unterschiede getrennt! Jedesmal wird die Körperlichkeit in den Dienst eines neuen Prinzips gestellt und gewinnt dadurch nicht nur andere Eigenschaften und Verhaltungsweisen, sondern jeweils einen neuen Charakter. Immer mehr überwindet sie das Lastende, Gebundene, Harte, Dumpfe. Sie wird leichter, steigt ins Weitere und Freiere. Der Bereich der Wirklichkeit, zu dem sie Verhältnis gewinnt, wird größer. Die in ihr verwirklichten Werte werden edler. Das Moment des Schöpferischen, der Bereich des Möglichen wächst ...

Hört die Linie mit dem Menschen, wie wir ihn kennen, auf? Das unwillkürliche Empfinden sagt, sie müsse weitergehen; diese Menschlichkeit sei kein Abschluß; die Möglichkeit dessen, was Leib heißt, könne in ihr noch nicht erschöpft sein. Dafür gibt es auch einen unmittelbar einleuchtenden Hinweis, nämlich die Stufung der Leiblichkeit im Menschen selbst.

Der Menschenleib ist nichts Fertiges und Festes, sondern steht in beständigem Werden. Daß ein gesunder, durch Pflege und Übung gebildeter Körper mehr »Leib« ist, als ein vernachlässigter, liegt auf der Hand. Wo ist aber intensivere und wertvollere Leiblichkeit: im Antlitz, in der Gestalt und Haltung eines Menschen, der mit edlen Dingen umgeht und ein tiefes Innenleben führt, oder in einem zwar gesunden und sportlich geübten, aber ungeistigen und oberflächlichen? Die Frage überrascht im ersten Augenblick; aber nur deshalb, weil man gewöhnt ist, die Körperlichkeit des Menschen nicht viel anders zu sehen als die des Tieres, nämlich als bloße Natur. Der Menschenleib ist aber in entschiedener Weise vom Geist bestimmt. Das durchgearbeitete Antlitz eines um die Wahrheit ringenden Menschen ist nicht nur »geistiger«, sondern einfachhin antlitzhafter als das eines dumpfen; das heißt aber echterer, intensiverer Leib. Ebenso ist in der Haltung eines Menschen mit gütigem, frei gewordenem Herzen nicht nur mehr »Seele« als bei einem selbstsüchtigen und innerlich groben, sondern lebendigere Leiblichkeit. So beginnt hier eine ganz neue Stufenfolge der Verwirklichung. Der Leib wird als solcher um so intensiver und wertvoller, je tiefere Innerlichkeit, je reicheres Herzensleben, je edlere Geistigkeit sich in ihm auswirkt ...

Was muß aber erst möglich werden, wenn im Durchbruch der Ewigkeit, im Allwalten der heiligen Macht Gottes der Geist zu seiner vollen Reinheit und Kraft freigegeben ist?

Die vier zitierten Autoren stimmen auch darin überein, dass die Seele den Körper auf dem Weg zu seinem Ziel, der Verklärung, führen muss, dies aber nur kann, wenn sie sich dem Transzendenten öffnet. Wir erinnern uns: Bei all den Entwicklungsaspekten, die wir in diesem Buch betrachtet haben, war es ebenso. Die Entfaltung unserer höheren Fähigkeiten, und dazu zählen auch höhere Formen der Verkörperung, setzt unsere Intention und Aufgeschlossenheit voraus, denn wir brauchen die Anleitung und Energien einer Kraft und Intelligenz jenseits unseres alltäglichen Ich.

DIE TRANSFORMATION DES KÖRPERS IM DAOISMUS

David Tanseley geht in seinem Buch *Subtle Bodies* (*Energiekörper*) auf alte Weisheitstraditionen ein, denen zufolge der Mensch »Mitschöpfer« des Universums sein soll. Eingeweihte dieser Traditionen lernen beispielsweise, wie man die natürlichen Energien des Körpers beherrscht und steuert.

Die daoistischen Adepten lehren, man müsse eins mit der Urkraft sein, um unsterblich zu werden. Diese Kraft wird als Licht beschrieben, das alle Kräfte des Körpers und des niederen Ich vor den Thron des Himmlischen Herzens an der Stirn bringt, wenn man sich auf es konzentriert und es in der richtigen Weise durch den feinstofflichen Körper zirkulieren lässt. So lasse sich das Leben verlängern und schließlich ein unsterblicher Körper schaffen.

John Blofeld schreibt in seinem Buch *Taoism: The Road to Immortality* über die »yogische Alchimie«, die einen unsterblichen Körper entstehen lässt. Durch Sublimierung von Ching (»Samen« oder psychische Essenz), Ch'i (Atem oder Lebenskraft) und Shen (Geist im mentalen wie im spirituellen Sinn) bildet der Eingeweihte ein »Geist-Kind« oder einen »Geist-Körper«, Träger des immerwährenden Lebens. In dieser Lehre wird der uralte daoistische Glaube erkennbar, dass Menschen in diesem Körper und durch eine in ihm erzeugte Substanz zu höheren Formen der Verkörperung gelangen können. Dieser Glaube stammt zum Teil aus der älteren schamanistischen Kultur Chinas und Sibiriens, und die daoistischen Mystiker griffen ihn auf, um ihn auf ihre Weise zu vertiefen.

SCHAMANISTISCHE TRANSFORMATION DES KÖRPERS

Auch wenn sich die schamanistischen Kulturen der Welt in vielen Dingen unterscheiden, weisen die von den Schamanen angewandten Praktiken doch sehr weit gehende Übereinstimmungen auf. Das gilt zum Beispiel für das Ritual der symbolischen Zerstückelung und Wiederherstellung des Körpers, das Körper und Seele erneuern soll. Mircea Eliade gibt folgende Schilderung:

> Die Eskimo kennen die ekstatische Erfahrung der Zerstückelung des Körpers und der anschließenden Erneuerung der Organe. Sie sprechen von einem Tier, das den Initianden verletzt, zerreißt und verschlingt; dann wächst neues Fleisch an seinen Knochen. Die meisten Eskimo-Schamanen wünschen sich diese ekstatische Initiation, in deren Verlauf sie schwere Prüfungen zu bestehen haben, die mitunter an die Zerstückelung sibirischer und zentralasiatischer Schamanen heranreichen. Hier kommt es zu einer mystischen Erfahrung von Tod und Auferstehung durch kontemplative Betrachtung des eigenen Skeletts.

Bei den Warburton Range Aborigines Westautraliens läuft die Initiation folgendermaßen ab. Der Initiand betritt eine Höhle, wo ihn zwei Totemgestalten, Wildkatze und Emu, töten. Sie öffnen seinen Körper, entnehmen die Organe und ersetzen sie durch magische Substanzen. Schulterblatt und Schlüsselbein werden ebenfalls entfernt, dann getrocknet und vor dem Wiedereinsetzen mit den gleichen Substanzen gefüllt. Bei der ganzen Prozedur werden die Initianden von einem Initiationsmeister betreut, der Feuer unterhält und die ekstatische Erfahrung verfolgt.

Solche imaginären Zerstückelungspraktiken gibt es auch in Nord- und Südamerika, Afrika und Indonesien. Auch hier geht es, wie Eliade schreibt, »um Tod und symbolische Auferstehung des Neophyten, verbunden mit Zerstückelung des Körpers auf die eine oder andere Art (Abschneiden der Gliedmaßen, Schnitte, Öffnen der Bauchhöhle und ähnliches).« Tod und Wiedergeburt im Ritual gab es außerdem bei den Eskimo Sibiriens, Grönlands und Labradors. Der große Arktisforscher Knud Rasmussen gibt in seinem Buch *Intellectual Culture of the Iqlulik Eskimos* Gespräche mit Schamanen wieder. Er schreibt:

> Ein Schamane kann – auch wenn er sich selbst nicht zu erklären vermag, wie und warum – vermöge der Kraft, die sein Gehirn gleichsam durch bloßes Denken aus dem Übernatürlichen zieht, seinem Körper Fleisch und Blut entziehen, so dass nichts als die Knochen bleiben. Dann muss er jeden Teil seines Körpers ansprechen und jeden einzelnen Knochen bei seinem Namen nennen. Er bedient sich dabei nicht der normalen Menschensprache, sondern muss die besondere, heilige Sprache der Schamanen sprechen, die er von seinem Lehrer gelernt hat. So sieht er sich nackt, von allem vergänglichen Fleisch und Blut befreit, und weiht sich in der heiligen Sprache der Schamanen durch den Teil seines Körpers, der Sonne, Wind und Wetter nach dem Tod am längsten standhalten wird, seiner großen Aufgabe.

Bei solchen Einweihungen kommt der Schamane in direkte Berührung mit dem, was Gegenstand dieses Buches ist: einer Identität und einem Bewusstsein, die das Ich transzendieren und alles überdauern, was Geist und Körper widerfahren mag. Wenn der Schamane die imaginäre Zerstückelung überlebt hat, ist er für weitere spirituelle oder körperliche Prüfungen gerüstet; er verfügt über Energie, Konzentrationskraft, Durchhaltevermögen und einen klaren Verstand. Nach der Initiation ist der Schamane erst ganz und unter allen äußeren Bedingungen in seinem mit übernatürlichen Kräften begabten Körper »zu Hause«.

Neben diesen von den meisten Schamanismuskennern bestätigten Zielen und Ergebnissen einer Initiation gibt es jedoch nach unserer Ansicht noch ein weiteres, von dem weniger die Rede ist. Die schamanistische Initiation ist neben der christlichen Verklärungslehre und dem daoistischen Glauben an psychophysische Transmutation ein Zeugnis der intuitiven Überzeugung, dass der Körper nicht nur über die Wechselfälle des Lebens hinauswachsen, sondern zu etwas Lichtvollem werden und den ekstatischen Befreiungsprozess der Seele mitvollziehen kann. Die Menschen spüren mit anderen Worten seit der Steinzeit, dass auch der Körper sich immer mehr dem Transzendenten annähern kann und dadurch immer mehr Freiheit von den Elementen gewinnt, sich neue Fertigkeiten für das Handeln in der Welt aneignet und zu etwas Freude und Leben Ausstrahlendem wird.

Diese Ahnung liegt auf der Linie der in diesem Buch dargestellten evolutionären Vision. Seit es biologisches Leben auf der Erde gibt, vollzieht sich die

Evolution der Arten so, dass alle einzelnen Entwicklungsaspekte aufeinander abgestimmt sind, und das ist beim Menschen nicht anders. Geist und Körper entwickeln sich miteinander, seit unsere fernen Vorfahren sich auf den Weg zum Homo sapiens machten, und dieser gemeinsame Fortschritt kann, wie wir glauben, zu neuen Formen der Verkörperung führen – so strahlend wie der Geist, dessen wir in unseren besten Augenblicken innewerden. Niemand weiß, wie viel Zeit diese Transformationen benötigen werden, aber schon die Aussicht auf weiteren Fortschritt könnte neue Kreativität, neue Entschlossenheit, neue Begeisterung in jedem Menschen wecken, den das Abenteuer der Evolution reizt.

Vierter Teil

✦

Übungen und Lektürehinweise

16.

Transformative Praxis

Erst im Licht unseres spirituellen Erwachens zeigt die Evolution ihr eigentliches Gesicht. In unseren tiefsten Augenblicken wissen wir, dass etwas Höheres im Universum waltet und es zu größeren Zielen antreibt und hinzieht. Dieses Höhere ruft uns, denn wie alles in der Welt ist jeder Mensch Materie und Geist zugleich und sowohl Resultat als auch Werkzeug und Motor der Evolution. Doch die Evolution mäandriert, und so ist die Zukunft keineswegs gewiss. Die Geschichte und der eigene Verstand sagen uns, dass der weitere Fortschritt von uns abhängt.

Diese Regel gilt für die Entwicklung aller unserer Fähigkeiten. Die allmählich sichtbar werdenden höheren Eigenschaften, von denen in diesem Buch die Rede war, könne sich nur entfalten, wenn wir uns darum bemühen, wenn wir uns dem höheren Leben zuwenden, auf das sie hindeuten, wenn wir sie durch beständige Bejahung und kluges, ausdauerndes Üben heranbilden. Wir wollen in diesem Kapitel ein Übungsprogramm vorschlagen, das Sie nach Ihren Interessen, Fähigkeiten und Lebensumständen abwandeln oder auch ausweiten können. Folgen Sie darin Ihrem tiefsten Gespür.

Das hier vorgeschlagene Programm ist nur als Leitlinie gedacht, denn wir glauben, dass jeder Aspekt unserer sich abzeichnenden höheren Natur bereits die Elemente einer transformativen Praxis enthält. Immer wenn wir eine größere Wahrnehmung, Kommunikation, Erkenntnis, Liebe oder Identität erleben, bleibt die Erinnerung daran als ein Keim zurück, den es zu hegen und zu pflegen gilt. Hier spielen Intention, Ausdauer und Erfolgserwartung eine entscheidende Rolle. Ohne Hingabe und Übung können unsere höheren Fähigkeiten nicht aufblühen.

DIE GRUNDPRINZIPIEN TRANSFORMATIVER PRAXIS

Transformative Praxis setzt bei erblich bedingten körperlichen, biologischen und sozialen Abläufen an, die wir schon bis zu einem gewissen Grade im normalen Alltagsleben ausgebildet haben. Zum Beispiel können wir Körperbewusstsein und Körperbeherrschung deshalb verbessern, weil das Leben das von Anfang an von uns verlangt hat: laufen lernen, sprechen lernen und so weiter. Wir können unsere Konzentrations- und Entspannungsfähigkeit verbessern, weil beides uns schon einigermaßen geläufig ist, eingeübt bei der Arbeit oder in der Freizeit. Wir können unseren Willen formen und stärker machen, wir können Fähigkeiten visualisieren, die wir uns wünschen, wir können unsere Selbstreflexion vertiefen, uns von bestimmten Gefühlen und Gedanken distanzieren, unser Bewusstsein beim Beten auf eine höhere Ebene heben. All das haben wir schon instinktiv oder gezielt und mehr oder weniger ausgiebig seit unserer Kindheit getan. Die Anlagen zu einer transformativen Praxis sind demnach bereits Teil unserer Natur, wie sie von der Evolution des Lebens geformt wurde. Viele spirituelle Lehrer haben das gesagt. Sri Aurobindo sagte: »Leben ist Yoga«, und damit meinte er, dass jeder von uns jederzeit mehr von der ihm innewohnenden Göttlichkeit verwirklichen kann.

Doch was unsere Entwicklung fördert, kann sie auch aufhalten. Die Kraft der Intention kann durch destruktive Impulse zweckentfremdet werden, in unsere Imagination können sich schlechte Gedanken hineindrängen, Ablenkungen können unsere Selbstreflexion zerfahren machen, unsere Gebete können sehr selbstsüchtig sein. Dann sind wir auch von Gewohnheiten geprägt und ändern uns nur schwer, was zum Teil aber daran liegt, dass wir im Auf und Ab des Lebens Stabilität brauchen. Ohne Homöostase, die inneren Selbstregulationsmechanismen, könnten die verflochtenen Systeme unseres Körpers nicht unter verschiedenen Umweltbedingungen oder bei wechselnder Beanspruchung ihren Gleichgewichtszustand wahren. Und ohne mentale und emotionale Stabilität könnten wir unter den wechselnden Umständen des Berufs- und Familienlebens nicht funktionieren.

Die geistigen und körperlichen Abläufe, die sich im Verlauf der Evolution durch Anpassung an die Bedingungen des Lebens gebildet haben, geben uns Stabilität, aber sie binden uns auch. Unsere tierischmenschliche Natur leistet einerseits allen als bedrohlich empfundenen Veränderungen Widerstand, während sie andererseits dynamischer Umstrukturierung fähig ist, und mit dieser Spannung müssen wir gerade bei der transformativen Praxis klug und geschickt umgehen. Wenn wir mit der Umstrukturierung unserer Grundtendenzen beginnen, dürfen wir nicht gewaltsam vorgehen. Die Veränderungen brauchen Zeit und können schwierig sein, versprechen jedoch großen Nutzen.

Die Praxis kann in sich selbst schon lohnend sein, eine Herausforderung, die tiefe Befriedigung verspricht. Zudem wird sie häufig durch »Instanzen« gefördert, die außerhalb unserer selbst zu liegen scheinen. Diese spontanen Anschübe – es spielt keine Rolle, ob Sie von göttlicher Gnade, dem Wirken des Buddha-Geistes oder dem Fließen des Dao sprechen – sind ein Echo auf unseren Ruf nach einem höheren Leben und zeigen, dass wir es ernst damit meinen.

Wir sind sowohl Produkt als auch treibende Kraft der Evolution und müssen auf dem aufbauen, was sie uns mitgegeben hat, aber unter dem Gesichtspunkt einer höheren Ausrichtung. In diesem Punkt haben uns die spirituellen Traditionen manches zu sagen. So ist von dem großen japanischen Zen-Meister Dogen der Ausspruch überliefert, die Zen-Praxis sei nicht Mittel zum Zweck, sondern sei selbst schon die Erleuchtung. Für das christliche Leben der Tugend und des Gebets gilt: »Die Übung belohnt die Natur und wird selbst wiederum durch Gnade belohnt.« Im Daoismus »führt man die Welt dorthin, wohin sie zuinnerst möchte«. Und Sri Ramakrishna sagte: »Die Winde der Gnade wehen jederzeit, aber wir müssen unsere Segel aufziehen.« Diese mahnenden Worte weisen alle auf die gleichen Grundprinzipien hin: Erstens, dass unsere gegenwärtige Natur, wenn wir sie achten, unsere Bemühungen um die Ausbildung ihrer höheren Fähigkeiten unterstützen wird. Zweitens, dass uns dabei die Hilfe einer höheren Macht zuteil wird.

Mit diesen beiden Prinzipien geht ein drittes einher: Um alle unsere höheren Eigenschaften zu fördern, stehen uns Übungen zur Verfügung, die viele positive Veränderungen gleichzeitig bewirken. Die meisten der von uns vorgeschlagenen Übungen sind dafür besonders geeignet. Meditation kann beispielsweise sowohl den Geist zur Ruhe bringen als auch für Gleichgewicht im Hormonhaushalt sorgen, das Denken schärfen, die Fantasie beflügeln, den Gefühlen Auftrieb geben, die Willenskraft stärken und den Zugang zu höheren Bewusstseinszuständen öffnen. Ähnliche synergetische Effekte finden wir beim Fitnesstraining: Kräftigung des Herzens, Verbesserung der Blutzirkulation, Senkung des Blutdrucks, Stärkung von Knochen und Haut, Verbesserung des seelischen Gleichgewichts, klareres Denken und vermehrte Vitalität. Diese und andere Übungsformen bewirken viel Gutes, und alles gleichzeitig. Wie bei guten Geschäftsabschlüssen oder in der wissenschaftlichen Forschung: Die Investition zahlt sich aus.

Außerdem kann man verschiedene Übungsformen miteinander kombinieren und noch bessere Resultate erzielen. So geht aus zahlreichen Untersuchungen hervor, dass körperliche Fitness der Meditation zugute kommt und Meditation andererseits der Fitness dient. Herbert Benson hat bei seinen medizinischen Forschungen festgestellt, dass beim Training auf einem Fitnessgerät die Kapazität von Muskeln, Herz und Atmung zunimmt, wenn man dabei ein Wort wie »eins« rezitiert. Der Sportpsychologe Richard Suinn kommt zu ähnlichen Ergebnissen, wenn er seine Versuchspersonen »entspannt laufen« lässt. Heute machen sich Meditationslehrer und Sportler überall auf der Welt diese Synergie von körperlichem und geistigem Training zu Nutze.

Von anderen Disziplinen kann Ähnliches gesagt werden. Katholische, jüdische und buddhistische Lehrer empfehlen für manche Mönche oder Laienschüler Psychotherapie, weil hier die Selbstwahrnehmung geschult wird, und das kommt den Zielen des Betens und der Meditation entgegen – Achtsamkeit und Selbstbefreiung. Gleichzeitig empfehlen viele Psychotherapeuten ihren Klienten zu meditieren, um ein wenig Abstand von ihren Gefühlen, Impulsen und Gedanken zu bekommen. Bewährte Methoden haben in der Regel diesen synergetischen Effekt: dass sie auf mehreren Ebenen und gleichzeitig positive Wirkungen erzielen. Das liegt daran, dass alle unsere Fähigkeiten einen Zusammenhang bilden und daher jede körperliche oder geistige Veränderung positive Wirkungen auf das Ganze ausübt. Die Wirksamkeit der Praxis beruht mit anderen Worten darauf, dass die menschliche Natur mit allem in ihr Angelegten eine Einheit darstellt. Um unsere mehrfach angeführte These noch einmal zu wiederholen: Die menschliche Natur mag mit Schwächen und perversen Neigungen behaftet sein, die uns allen nur zu deutlich vor Augen stehen, dennoch müssen alle ihre vielen Bestandteile irgendwann in unsere weitere Entwicklung einbezogen werden, denn das ist ihre Bestimmung, ihr tiefster Antrieb. Transformation auf allen

Ebenen ist nach unserer Überzeugung Sinn und Zweck der menschlichen Natur. Die Winde der Gnade wehen für alles, was den Menschen ausmacht, aber wir müssen die Segel hoch genug aufziehen, um sie einzufangen. Das Programm, das wir hier vorstellen möchten, ist genau darauf abgestellt.

Noch ein Hinweis, bevor wir anfangen: Es handelt sich um eine der Integration dienende Praxis mit breiter Zielsetzung, die folglich eine längerfristige Anwendung voraussetzt. Eigentlich ist sie ein Programm des lebenslangen Lernens, das man nicht nur bestimmter Ziele wegen, sondern auch um seiner selbst willen verfolgen sollte. George Leonard stellt in seinem Buch *Mastery* (*Der längere Atem*) dar, wie unsere Entwicklung versanden kann, wenn wir nicht genügend Selbstdisziplin aufbringen. Dem kann man mit dem Gedanken begegnen, dass echte Fortschritte oft relativ plötzlich zu Stande kommen, nachdem lange Zeit wenig oder nichts passiert ist. Lassen wir uns also ruhig auf »die langen Plateaus der Lernkurve« ein, wie Leonard solche Phasen nennt, und widmen wir uns der Praxis um ihrer selbst willen, anstatt auf schnelle Resultate aus zu sein – das führt am ehesten zum Erfolg. Oder um Dogens Worte ein wenig abzuwandeln: In diesem Geist betriebene Praxis *ist* bereits Transformation.

ELEMENTE DER TRANSFORMATIVEN PRAXIS

Den Traditionen der transformativen Praxis ist bei allen geschichtlichen und philosophischen Unterschieden manches gemeinsam. Das kontemplative Beten etwa fordert ein instinktives Sich-Öffnen, und das ist im Hinduismus nicht anders als im Judentum, Christentum oder Islam. Die Zeuge-Meditation, bei der man Gedanken, Impulse und Gefühle einfach nur betrachtet, ohne sich auf sie einzulassen, wird von Theravada-Buddhisten, Zen-Buddhisten, indischen Yogis, Sufis und neuerdings von manchen Psychologen praktiziert. Die Namen mögen unterschiedlich sein, aber gerichtete Intention und Affirmationen braucht man hier in jedem Fall.

Die Elemente der Praxis bilden verschiedene »Mischungen«, die wir hier als Familien bezeichnen. Wir werden fünf solche Praxis-Familien vorstellen, die nach unserer Auffassung besonders wichtig für die Ausbildung unserer höheren Eigenschaften sind.

1. Gerichtete Intention, Affirmationen und Gelübde

Ohne diese Familie kann keine transformative Praxis zum Erfolg führen. Unsere höheren Fähigkeiten treten zwar manchmal spontan auf, aber wenn sie uns erhalten bleiben sollen, müssen wir sie gezielt ausbilden, und dazu brauchen wir gebündelte Intention und einen festen Willen.

Um der Entschlossenheit und Ausdauer den Rücken zu stärken, werden in den spirituellen Traditionen Gelübde abgelegt, mit denen man sich zu Tugend und untadeligem Lebenswandel, zur Suche nach Erleuchtung oder nach Vereinigung mit Gott verpflichtet. Deshalb verlangen die Anonymen Alkoholiker und die verschiedenen Zwölf-Schritte-Programme unserer Zeit Beteuerungen von ihren Mitgliedern, während Sportler sich positiver Selbst-Aussagen, Visualisationen und Konzentrationsübungen bedienen, um bessere Leistungen zu erzielen. In *The Life We Are Given* beschreiben George Leonard und

Michael Murphy eine transformative Praxis, bei der Affirmationen eine Rolle spielen, und zwar in der Form von

> klaren, geradlinigen Bekräftigungen einer positiven Veränderung des Körpers, der Leistung und der Person überhaupt. Sie richten unser Bewusstsein auf Transformation aus, während wir zugleich Kräfte für unsere Sache zu gewinnen suchen, die unser Verstand nicht zu fassen vermag. Diese Affirmationen sind im Präsens formuliert und beschreiben das, was Sie erreichen möchten, als bereits gegeben.
>
> Um ein Beispiel zu geben: Nehmen wir an, Sie seien ein Mensch, der oft zu sehr mit sich selbst oder mit anderen Dingen beschäftigt ist, um auf die Gefühle anderer zu achten. Sie wünschen sich mehr Einfühlungsvermögen. Ihre Affirmation könnte lauten: »Ich besitze ein so tiefes Einfühlungsvermögen für andere, dass es mir manchmal wie Telepathie erscheint.« Präsens. Nicht gut wäre: »Ich werde mehr Einfühlungsvermögen entwickeln«, oder »Ich nehme mir vor, ein einfühlsamerer Mensch zu werden.«
>
> In der Präsens-Form könnte Ihre Affirmation so aussehen, als leugnete sie die Realität. Gut, eben jetzt sind Sie kein einfühlsamer Mensch, aber deswegen muss Ihre Affirmation keine Realitätsverleugnung sein. Sie ist vielmehr ein Mittel, mit dem Sie in Ihrem gegenwärtigen Bewusstsein eine parallele Wirklichkeit schaffen – und darum geht es eigentlich bei den Affirmationen, die wir für die integrale transformative Praxis verwenden.

Ihr Bewusstsein ist nichts, was Sie berühren oder fotografieren oder mit irgendeinem bekannten Instrument messen könnten, und doch ist es real. Es existiert, weist eine Organisation auf, bringt etwas hervor. Sie haben jetzt einfach im Bereich Ihres Bewusstseins die Bedingungen zu schaffen, unter denen Sie ein einfühlsamer Mensch sein können. Das kann durch Sprache geschehen (laut oder stumm die Affirmation wiederholen), durch Vorstellungen (ein starkes Bild Ihrer selbst als einfühlsamer Person aufbauen) und auf der emotionalen Ebene (fühlen, was ein anderer fühlt). In diesem Beispiel ließe sich einiges schon dadurch erreichen, dass Sie das Einfühlen einfach bei Angehörigen, Bekannten oder Fremden üben – auch wenn Sie anfangs vielleicht das Gefühl haben, es geschehe mechanisch. Dann müssen Sie sich auch für die Magie der Gnade empfänglich machen, die sich manchmal auf geheimnisvolle, scheinbar unverdiente Weise ins Mittel legt, wenn man es am wenigsten erwartet. Doch einerlei, ob Ihnen dieses Geschehen verständlich oder rätselhaft ist, jedenfalls kommt es auf die konzentrierte Intention an, die der Affirmationsprozess generiert.

Affirmationen können die Gestalt von Worten, bildhaften Vorstellungen, Gefühlen und bewussten Akten annehmen. Sie sind real. Sie mobilisieren Energien für den Wandel, und wenn wir uns ganz auf sie sammeln, sind sie mehr als »bloße Fantasiegebilde«. Sie können sogar durch ständiges Üben immer wirklicher werden und wollen deshalb sorgfältig ausgewählt sein. Sie kennen den alten Spruch: Gib Acht, um was du betest, denn es könnte sein, dass du es bekommst. Die weiter unten folgenden Übungen verlangen Ihre gesammelte Intention, und die lässt sich durch Bilder, Sprache und andere Mittel unterstützen.

2. Selbstbeobachtung, Zeuge-Meditation und befreiende Distanz

Um alle in uns angelegten Fähigkeiten zu entwickeln, brauchen wir eine größere Bewusstheit, wie sie durch Selbstbeobachtung und Zeuge-Meditation entstehen kann. Dieses Bewusstsein, das psychische und körperliche Abläufe transzendiert, sie aber einschließt, kann wachsen, wenn wir bewusst Abstand von allen Bildern, Gedanken, Impulsen, Gefühlen und Empfindung nehmen. Es findet gleichsam zu sich selbst, wenn wir uns ohne jegliche Einmischung betrachten und dadurch unser Haften an inneren und äußeren Dingen nachlässt. Durch dieses Zeuge-Bewusstsein gewinnen wir immer mehr Freiheit von mentalen, emotionalen und körperlichen Gewohnheiten, und dann erleben wir Augenblicke der Freude und einer tieferen Freiheit. Nach langem, beharrlichem Üben werden sich uns ganz neue Ausblicke eröffnen, eine grenzenlose Subjektivität, die überall und in allem die gleiche Einheit erkennt.

Dieses Bewusstsein ist für sich allein schon ein großer Gewinn und eines der schönsten Resultate transformativer Praxis, doch darüber hinaus brauchen wir es für die Entwicklung zu einer höheren Ganzheit. Die Freiheit, die es bietet, federt die Schocks der für tief reichende Veränderungen notwendigen Anpassungs- und Umstrukturierungsschritte ab. Seine Weite, Klarheit und Beständigkeit hilft uns, diese Veränderungen zu etwas Bleibendem zu machen. Es entwickelt sich durch Meditation und kontinuierliche Selbstbetrachtung weiter, bis es schließlich in das transzendente Erkennen und die transzendente Identität einmündet, die wir in diesem Buch thematisiert haben. Es offenbart sich, was wir im Tiefsten sind und worin wir die Quelle unserer Synchronizitäten, unserer noch unausgebildeten höheren Anlagen und unserer Ahnungen eines ganz anderen Lebens erkennen. Das ist natürlich das Geheimnis der besten modernen Therapieansätze und der alten meditativen Traditionen. Durch das ungeteilte, umfassende, stets Auftrieb gebende Bewusstsein, das wir in der Meditation finden, knüpfen wir immer mehr Verbindungen zwischen den verschiedenen Seiten unserer Natur, bis schließlich ein integriertes Ganzes entsteht. Darin entdecken wir neue Kreativität, die Befähigung zu spontanem richtigem Handeln und das, was uns mit unserem wahren Ursprung in Kontakt zu treten erlaubt.

Es geht also darum, dieses Bewusstsein einzuüben, und das ist überall und jederzeit möglich, sogar in den Übergangsstadien zwischen verschiedenen Bewusstseinszuständen. Bei Sri Aurobindo lesen wir:

> Es ist sogar möglich, im Schlaf von Anfang bis Ende oder auch über weite Strecken der Traumerfahrung bewusst zu bleiben. Dann verfolgen wir bewusst, wie wir von einem Bewusstseinszustand zum nächsten übergehen, um schließlich in eine kurze traumlose Ruhepause – den eigentlichen Erneuerer unserer Energien für den Wachzustand – einzutauchen und anschließend auf dem gleichen Wege ins Wachbewusstsein zurückzukehren.

Diese Bewusstheit lässt sich auch für Übergangsphasen anderer Art erreichen. In einigen Schulen des Yoga ist Alkohol als Bestandteil der Praxis erlaubt. Hier geht es darum, auch im Rausch ein präzises Bewusstsein seiner selbst zu wahren. Bei den Sufis gilt es, diese Bewusstheit bei alltäglichen Verrichtungen, starker körperlicher Beanspruchung und anderen Dingen, die uns normalerweise ablenken, aufrecht zu erhalten. Das tibetische Totenbuch gibt Anleitungen, wie man durch alle Stadien des Sterbens hindurch völlig bewusst bleiben kann. Durch solche Übungen lernen wir mit der Zeit, bei allen Aktivitäten bewusst zu bleiben, und so entstehen Verbindungen zwischen den verschiedenen Anteilen unserer selbst, bis es schließlich zu einer Integration kommt. Wir haben unsere Gewohnheitsreaktionen besser in der Hand, bekommen Zugang zu unserer spirituellen Tiefe und können in allem äußeren oder inneren Geschehen Kontakt zu unserem wahren Ich halten.

3. Kontemplatives Gebet

Dieses Bewusstsein oder Erkennen ist auch auf dem Weg der spirituellen Hingabe zu verwirklichen. Hingabe, in Indien Bhakti genannt, ist auch für das kontemplative Leben im Christentum und für die jüdische und islamische Mystik von grundlegender Bedeutung. Beatrijs von Nazareth (ca. 1200 bis 1268) schrieb in ihrem kleinen Traktat *Van seven manieren van minnen* (»Von sieben Arten der Liebe«):

> Wird die Liebe zu Gott in der Seele erweckt, so erhebt und regt sie sich freudig im Herzen. Das Herz ist so zärtlich und liebend berührt, so mächtig bestürmt, so gänzlich geborgen, so liebe-

voll umarmt, dass die Seele ganz von der Liebe erobert wird. Sie fühlt eine große Nähe zu Gott und eine geistige Helle und eine wunderbare Fülle und eine edle Freiheit und einen großen Drang zu lieben und ein überströmendes großes Entzücken. Die Seele fühlt ihre Sinne und ihren Willen zu Liebe geworden und sich selbst so tief in die Liebe versunken und von ihr durchtränkt, dass sie selbst ganz und gar Liebe geworden ist. Die Schönheit der Liebe schmückt die Seele, die Kraft der Liebe hat sie an sich gerissen, in der Süße der Liebe versinkt sie, die Lauterkeit der Liebe verschlingt sie, die Vortrefflichkeit der Liebe umarmt sie, die Reinheit der Liebe erhöht sie, die Erhabenheit der Liebe zieht sie hinan und umfängt sie, so dass die Seele nichts anderes mehr sein kann als Liebe und nichts anderes mehr tun kann als lieben.

Rumi schrieb: »Ich, du, er, sie, wir – im Garten der Liebenden sind das keine echten Unterscheidungen.« In der spirituellen Hingabe sehen wir alle Dinge als Gottes Herrlichkeit und Güte. Das Lob Gottes in Lied und Gebet, die Meditation über seine Herrlichkeit und die Wiederholung seines Namens bewirken eine Läuterung, die alle Hindernisse zwischen Liebendem und Geliebtem ausräumt, so dass die beiden eins werden können.

In diesem freudigen Einssein entdeckte Sri Ramakrishna eben die Wesensgleichheit, die sich ihm auch in der Meditation offenbart hatte – den einen ewigen Grund. Er war nicht der einzige, der herausfand, dass die beiden Wege zum gleichen Ziel führen. Rumi, Kabir und andere haben auch gesagt, dass der

Gott, den wir im hingebungsvollen Gebet finden, derselbe ist, dem wir in der Selbstbetrachtung begegnen. »Äonen klopfte ich an Gottes Pforte«, schrieb Rumi, »doch als sie sich endlich öffnete, sah ich, dass ich von innen klopfte.«

Frederic Myers, einer der frühen Forscher auf dem Gebiet paranormaler Phänomene, betrachtet das Gebet unter dem Gesichtspunkt seiner Arbeit und der subliminalen Prozesse. Das Gebet stimmt nach seiner Auffassung darin mit Hypnose und Autosuggestion überein, dass es »das Unsichtbare in Anspruch nimmt«. Er schrieb:

> Ich vertrete mit Nachdruck die Anschauung, dass unser Leben durch kontinuierlichen Zustrom von der Weltseele her aufrecht erhalten wird, dieser Zustrom jedoch je nach unserer inneren Haltung in Fülle und Energiegehalt variieren kann. Das Bittgebet der Lourdes-Pilger, die anbetende Kontemplation in der Christlichen Wissenschaft, die nach innen gewandte Konzentration bei der Autosuggestion, die vertrauensvolle Erwartung des Hypnotisierten – sie alle sind Schattierungen ein und derselben Gestimmtheit: jenes Berge versetzenden Glaubens, der in der Tat frisches Leben aus dem Unendlichen zu ziehen vermag.

Auch William James schrieb in einer nicht speziell religiösen Sprache über das Gebet. Unser Menschsein reicht nach seiner Auffassung

> in gänzliche andere Dimensionen des Daseins als diese sinnlich wahrnehmbare und »verstehbare« Welt hinein. Wer möchte, kann es die mystische

oder die übernatürliche Region nennen. Wenn unsere ideellen Impulse in dieser Region ihren Ursprung haben (und das ist in den meisten Fällen so, da solche Ideen auf eine nicht schlüssig erklärbare Weise von uns Besitz ergreifen), gehören wir ihr in einem intimeren Sinne an als der sichtbaren Welt, denn wo wären wir mehr zu Hause als da, wo unsere Ideale zu Hause sind? Nun ist dieses Unsichtbare aber nicht einfach eine ideelle Region, denn sie zeitigt Wirkungen in dieser Welt. Wenn wir mit ihr kommunizieren, geschieht etwas Reales mit unserer endlichen Persönlichkeit, denn wir werden in neue Menschen verwandelt und aus diesem regenerierenden Wandel ergeben sich Änderungen des Verhaltens in dieser Welt. Was jedoch in einer anderen Wirklichkeit Effekte erzielen kann, muss selbst eine Wirklichkeit genannt werden. Deshalb scheint mir, dass es keinen philosophischen Vorwand gibt, die unsichtbare oder mystische Welt unwirklich zu nennen.

Fragte man mich, was an dieser Sicht der Dinge geändert werden müsste, wenn man einen Gott annimmt, so müsste ich sagen, dass ich im Grunde über das hinaus, was das Phänomen der »Kommunion im Gebet« unmittelbar nahe legt, keine Hypothese anzubieten habe. Es scheint doch, dass hierbei etwas Ideelles – das in gewissem Sinne etwas von uns, in einem anderen Sinne aber nicht wir ist – tatsächlich einen Einfluss ausübt, indem es unsere persönliche Energie vermehrt und eine auf keinem anderen Wege erreichbare Regeneration bewirkt. Sollte es also eine größere Daseinswelt als die unseres Alltagsbewusstseins geben und darin Kräfte, die mal mehr, mal weniger deutlich auf uns einwirken, und sollte eine Bedingung dieses Wirkens darin bestehen, dass wir unsere subliminalen Pforten öffnen, so haben wir die Elemente einer Theorie, welcher die Phänomene des religiösen Lebens Plausibilität verleihen. Die Bedeutung dieser Phänomene drängt sich mir so sehr auf, dass ich mir die von ihnen so natürlich nahe gelegte Hypothese zu eigen mache. An diesen Stellen zumindest sieht es so aus, als zeitigten außerweltliche Energien – Gott, wenn man so will – unmittelbare Wirkungen in der natürlichen Welt, zu der unsere übrige Erfahrung gehört.

Wir haben in diesem Buch viele Formen der Erfahrung betrachtet, die ebenfalls darauf hindeuten, dass etwas von außerhalb unseres gewöhnlichen Ich »tatsächlich einen Einfluss ausübt, indem es unsere persönliche Energie vermehrt und eine auf keinem anderen Wege erreichbare Regeneration bewirkt«. In Augenblicken tiefer Inspiration fühlen wir manchmal, dass etwas Größeres – Gott, Buddha-Geist, Dao – sich in uns regt und uns zur »Kommunion im Gebet« drängt. Solches Beten ist eine gleichsam instinktive Reaktion und kann bei jeglicher transformativen Praxis als treibende Kraft wirken.

4. Katharsis

Mit dem griechischen Wort »Katharsis« bezeichnen wir eine Läuterung oder Reinigung von Geist und Gemüt, die seelische und körperliche Spannungen löst. In den Heiltempeln des antiken Griechenlands wurde die kathartische Wirkung der Tragödie so hoch eingeschätzt, dass man den Besuch von Schauspielen vielfach als Therapie verschrieb. Aristoteles betrachtete die Katharsis sogar als die wichtigste Funktion der Tragödie und diese Auffassung hat viele spätere Denker beeinflusst.

In der modernen Psychotherapie seit Freud hat die Katharsis den Zweck, seelische Konflikte zu lindern und den Zugang zu Inhalten des Unbewussten zu erleichtern. Kathartische Wirkungen entfalten auch politische Kundgebungen, sportliche Ereignisse, Filme und Humoristisches, und in der transformativen Praxis – sei es der therapeutische Dialog, Meditation, Gebet, sportliches Training oder Rollenspiel – spielen sie eine große Rolle. Die weiter unten empfohlenen Übungen können milde oder heftige kathartische Reaktionen auslösen. Wenn Sie damit schwer zurechtkommen, sollten Sie sich mit einem Therapeuten, spirituellen Berater oder guten Freund darüber aussprechen. Seien Sie aber nicht unnötig besorgt: Solche Reaktionen sind ganz normal, wenn wir neue Fähigkeiten entdecken und uns spirituell entwickeln.

5. Bilder und Vorstellungen

Unter inneren »Bildern« verstehen wir hier quasi-sensorische (aber nicht nur visuelle) Erfahrungen, zu denen es ohne entsprechende äußere Reize kommen kann. Wenn Ihnen zum Beispiel an einem kalten Winterabend ein Sommertag am Strand einfällt, können Sie innere Bilder der Brandung sehen und dazu die Wärme auf der Haut spüren, das sanfte Rauschen der Wellen hören, den Geruch von Meerwasser in der Nase und den Geschmack von Bier oder Limonade auf der Zunge haben. Innere Bilder und Vorstellungen haben ähnliche Wirkungen wie äußere Sinneseindrücke. Wissenschaftliche Untersuchungen haben gezeigt, dass dieses Phänomen mehr oder weniger stark ausgeprägt bei allen Menschen vorhanden ist und Tag und Nacht einen mehr oder weniger stetigen Strom bildet, ob wir es wahrnehmen oder nicht. Bildvorstellungen bevölkern unsere Träumereien, unsere Schlafträume, unser bewusstes Denken. Sie beeinflussen unseren Körper, unser Fühlen, unsere Intentionen und den Verstand. »Wie ein Mensch denkt«, sagt Jesus, »so ist er.«

Wir wissen instinktiv um die Kraft bildhafter Vorstellungen, weshalb sie auch von Schamanen, Yogis, Zen-Meistern, geistlichen Unterweisern, Beratern, Sporttrainern und anderen Lehrern gezielt eingesetzt werden. Für bildhafte Vorstellungen gilt, was wir auch schon von anderen bewährten Übungsformen gesagt haben: Sie wirken auf vielen Ebenen gleichzeitig. Sie mobilisieren Willenskraft, bereichern das Seelenleben, können sensomotorische Fähigkeiten verbessern und höhere Bewusstseinszustände zugänglich machen, weil viele psychische und körperliche Prozesse – auch solche, die wir »unbewusst« nennen – gleichzeitig in Gang gesetzt werden. Diese Methode kann hochwirksam sein und wird deshalb von Sportlern und Schauspielern zur Verbesserung ihrer Leistung oder Darbietung angewendet; Klienten in der Therapie wenden sie an, um sich ein erwünschtes Verhalten genau auszumahlen, und viele Menschen auf einem spirituellen Weg stellen sich höhere Wesen oder Kräfte vor, mit denen sie sich vereinigen möchten.

Transformative Übungen

Die nun folgenden Übungen stehen im Zusammenhang mit den im zweiten Teil erörterten höheren Eigenschaften des Menschen, werden hier jedoch nicht streng systematisch präsentiert. Wir glauben, dass jeder Mensch seinen ganz eigenen Weg der Entwicklung gehen muss, und halten deshalb ein für alle gültiges Schritt-für-Schritt-Programm nicht für angebracht. Hören Sie auf Freunde, die Ihre Interessen teilen, und lassen Sie sich von Lehrern raten, denen Sie vertrauen, aber folgen Sie auch Ihrem eigenen Gespür. Beharrlichkeit ist auf jedem Gebiet wichtig für den Erfolg, aber es kann auch auf Improvisation ankommen. Seien Sie kreativ. Es gibt viele Möglichkeiten, unsere Vorschläge umzusetzen.

Wahrnehmung
Im dritten Kapitel haben wir verschiedene Formen der erweiterten Wahrnehmung betrachtet, von Leistungsverbesserungen der fünf Sinne über erhöhtes Körperbewusstsein bis zu ersten Eindrücken von außersinnlichen Energien und Wesenheiten. Unter all diesen Wahrnehmungsaspekten verbirgt sich ein Grund-Bewusstsein, dass durch Meditation verstärkt wird und sich »offenbart«. Wir werden mit diesem Grund-Bewusstsein beginnen, weil es für die Entfaltung unserer höheren Anlagen so entscheidend wichtig ist.

Zuvor müssen wir noch auf eine scheinbare Ungereimtheit hinweisen. Das Bewusstsein, von dem wir sprechen, ist jederzeit und überall unmittelbar gegenwärtig – ohne es wären wir eben nicht bewusst –, aber es kann auch, sozusagen in plötzlichen Schüben, »aufblühen« und bestürzend deutlich werden. Es ist immer hier und jetzt gegeben, die Bedingung dafür, dass Sie dieses Buch lesen können, aber zugleich ist es von unendlicher Tiefe, die wir uns durch beharrliche Praxis immer mehr erschließen können. Es ist uns, wie manche Lehrer sagen, »näher als die eigene Haut« und doch zugleich »größer als die Welt«. Wenn solche Aussagen Ihnen widersprüchlich und verwirrend erscheinen, werden sie vielleicht klarer, wenn Sie diese Form der Meditation üben.

Zeuge-Meditation
Setzen Sie sich an einem ruhigen Platz, an dem Sie ungestört bleiben können, auf ein Kissen oder einen Stuhl und beobachten Sie einfach Ihre Gefühle, Impulse, Empfindungen und Gedanken. Sie können die Augen dabei schließen oder den Blick entspannt auf einem Punkt vor Ihnen ruhen lassen. Ändern Sie die Haltung, wenn sie Ihnen unbequem wird, aber bleiben Sie aufrecht, damit Sie nicht schläfrig werden. Wenn Sie auf einem Kissen sitzen, sollten Sie die Beine überkreuzen, wie es Yogis oder buddhistische Mönche tun. Wichtig ist – ob Sie auf einem Kissen oder Stuhl sitzen –, dass Sie den Rücken gerade halten. Wenn Sie ihn einsinken lassen, wird ihre Konzentration vermutlich nachlassen.

Gedanken kommen und gehen – machen Sie sich darüber nicht noch weitere Gedanken. Für Sie geht es um nichts weiter, als sie einfach zu beobachten. Stellen sich Gefühle ein, vielleicht auch wechselnde Gefühle, betrachten Sie sie einfach, bis sie wieder vergehen. Auch sie bewegen sich einfach mit dem Strom Ihres Bewusstsein. Kommen Geräusche, die

Ihre Aufmerksamkeit einfangen, so betrachten Sie sie einfach als Vögel im Flug über den Himmel Ihres höheren Wesens. Wenn Körperempfindungen Sie stören – eine Hand kribbelt und irgendwo juckt es –, versuchen Sie diese Empfindung einfach sich selbst zu überlassen. Den ganzen Tag lang stellen sich schließlich solche Empfindungen ein und vergehen wieder.

Und wenn Sie plötzlich merken, dass Sie in Tagträume abgeglitten sind oder Ihre Gedanken irgendeinem altbekannten Muster folgen, kommen Sie einfach zurück zum bloßen Betrachten. Das ist immer möglich, wie weit Sie auch abgeschweift sein mögen und wie heftig die inneren Stürme auch waren. Sie können immer wieder heimkehren zu diesem Grund-Bewusstsein.

Halten Sie sich vor Augen, dass Sie nicht Sklave Ihrer Gefühle und Gedanken sein müssen. Sie müssen sich nicht von ihnen beherrschen lassen. Beobachten Sie sie einfach und machen Sie weiter. Wenn Bilder und Einsichten kommen, die Ihnen wichtig und wertvoll erscheinen, lassen Sie auch davon so bald wie irgend möglich wieder ab. Was echten Wert besitzt, wird sich nach der Meditation wieder einstellen. Nach einiger Zeit bemerken Sie wahrscheinlich ein Gefühl der Erleichterung an sich, sooft ein Bild oder Gefühl oder irgendein hartnäckiger Gedanke Sie wieder verlässt. Ein neues und immer wieder erneuerbares Gefühl von Aufatmen und Freiheit entsteht.

Üben Sie fünfzehn Minuten so. Nach und nach können Sie die Zeit verlängern. Anfangs kann es schwer sein, in die Meditation hineinzukommen, später kann man manchmal gar nicht mehr aufhören. Wir zitierten bereits den Zen-Meister Dogen, der sagte, Meditation sei selbst schon Erleuchtung. Sie eröffnet uns eine aus sich selbst existierende Freude.

Die Übung ist damit aber nicht zu Ende.

Wenn Sie mit der eigentlichen Meditation aufhören, können Sie anschließend achtsam und Ihrer selbst bewusst bleiben. Die Freiheit, die Sie geschmeckt haben, dieses erlösende Abfallen unnötiger Gefühle und Gedanken, kann sich in Ihrem gesamten Alltag ausbreiten. Sie kann Ihren Beziehungen eine neue Offenheit und Weite geben, sie kann Freizeit und Arbeit auf neue Weise zum Vergnügen werden lassen. Und sie führt Sie immer wieder an den Quell Ihres Seins zurück. Im Daoismus und im Zen sagt man: »Meditation in Aktion ist hundert, nein tausend, nein eine Million Mal besser als Meditation in Ruhe.« Besser, weil die Freude, die Kraft, das Erkennen, die sie uns offenbart, nicht auf die Minuten oder Stunden der Meditation im engeren Sinne beschränkt bleiben sollten.

Spüren

Suchen Sie sich draußen im Garten, im Park, auf den Feldern oder im Wald eine ruhige Stelle und meditieren Sie dort sitzend oder stehend einen Augenblick, Ihre Gefühle und Gedanken in der beschriebenen Weise beobachtend, bis Sie Ruhe und Klarheit finden. Jetzt wenden Sie Ihre Aufmerksamkeit den Dingen ringsum und der Qualität Ihrer Wahrnehmungen zu. Machen Sie sich die Formen und Farben, die Laute und Gerüche, die Empfindungen Ihres Körpers ganz bewusst. Beachten Sie auch Ihr Temperaturempfinden, das Gefühl eines leichten Windhauchs. Bitten Sie jetzt um Hilfe für Ihr Vorhaben, mit noch mehr Tiefe und Klarheit wahrzunehmen. Wie viel Schönheit erblüht jetzt? Sehen Sie mehr als zuvor?

Stellen Sie sich jetzt auf tiefere, lebendigere Farben ein. Achten Sie auf Formen und Umrisse. Nehmen Sie wahr, wie jeder Baum mit seinem Astwerk, jede Blume, jeder Grashalm ihr ganz eigenes Muster bilden. Bemerken Sie Schatten auf den Steinen, nehmen Sie das Licht wahr, das sie ausstrahlen, den ganzen Zauber dieses Ortes. Und jetzt bringen Sie Ihre Imagination ins Spiel, um Laute zu hören, die das äußere Ohr nicht wahrnimmt. Beziehen Sie Gerüche und Hautempfindungen ein. Sehen Sie zu, ob Sie etwas bisher Unbemerktes finden.

Jetzt achten Sie auf flüchtige Licht-Erscheinungen. Sehen Sie Auren oder winzige Lichtpunkte? Bleiben Sie in der Haltung des Zeugen bei diesen Empfindungen, bis Sie weitergehen. Versuchen Sie im Weitergehen bei dieser Art des Wahrnehmens zu bleiben.

Fern-Sehen
Bitten Sie einen Freund, zu einem verabredeten Zeitpunkt einen von ihm gewählten und Ihnen unbekannten Ort aufzusuchen und dort als Zielobjekt für ein Experiment zum Thema Hellsehen oder Fern-Sehen zu fungieren. Ihr Freund sollte sich zehn oder fünfzehn Minuten dort aufhalten und die charakteristischen Züge des Ortes genau betrachten und sich für den späteren Vergleich notieren. Sie sorgen in dieser Zeit dafür, dass Sie gänzlich ungestört sind. Schließen Sie die Augen, entspannen Sie sich, beginnen Sie mit der Meditation. Nehmen Sie die Haltung des Zeugen ein: bereit, alles zu betrachten, was sich

zeigt. Wenn Sie innerlich ganz ruhig geworden sind und gesammelte Klarheit sich einstellt, sammeln Sie Ihre Aufmerksamkeit innerlich auf den Freund in der Absicht zu sehen, wo er ist und was er wahrnimmt. Was auch immer Ihnen jetzt in den Sinn kommt, betrachten Sie es in der Haltung des Zeugen. Lassen Sie die Eindrücke sich bilden, ohne sich in irgendeiner Weise einzumischen – außer wenn Sie merken, dass altbekannte Bilder und Gedanken sich breit zu machen versuchen. Wenn sich etwas abzeichnet, lassen Sie es scharf werden, ohne voreilig etwas Bestimmtes erkennen zu wollen. Erneuern Sie die Intention, Ihren Freund zu finden, und lassen Sie die Eindrücke unbeeinflusst kommen, bis sie ein Muster bilden. Lesen Sie aber kein Muster hinein. Auch wenn Sie dann keinen bestimmten Ort sehen, werden vielleicht doch einzelne Züge deutlich. Bleiben Sie eine Viertelstunde oder länger bei dieser Übung und machen Sie sich Notizen über Ihre spontanen Wahrnehmungen und die Assoziationen dazu. Später können Sie Ihre Aufzeichnungen mit denen Ihres Freundes vergleichen.

Bewegung

Bewegung aus dem Zentrum
Bei asiatischen Kampfsportarten und manchen Formen des Tanzes übt man die Bewegung aus dem Zentrum, einem Punkt, der einige Finger breit unterhalb des Nabels liegt. Das fördert den Fluss und die Koordination der Bewegungen und stabilisiert das Gleichgewicht, weil wir dann mehr auf den ganzen Körper und nicht auf einzelne Muskeln oder Bewegungen achten. Überlegen Sie sich zunächst einen Tanzschritt, einen sportlichen Ablauf oder irgendei-

ne andere Bewegung, die Sie zum Gegenstand der Übung machen wollen. Konzentrieren Sie sich dann auf den Punkt unterhalb des Nabels und stellen Sie sich vor, dass alle Bewegungen von dort ausgehen. Probieren Sie jetzt die Bewegung selbst aus, ohne die Aufmerksamkeit von dem Punkt unterhalb des Nabels abzuziehen. Benutzen Sie die Kraft der Intention, um Ihrem Körper zu helfen, sich freier und in perfekter Koordination von diesem Zentrum aus zu bewegen. Achten Sie beim Üben darauf, ob Sie eine neue Leichtigkeit und Mühelosigkeit erleben. Nehmen Sie sich anschließend fest vor, diese Technik auf alle Ihre Bewegungen zu übertragen.

Bewegung mit einem Mantra
Auch das rhythmische Wiederholen von Worten oder Lauten kann Ihnen eine neue Freiheit der Bewegung vermitteln. Jeder Laut und jedes Wort ist geeignet, solange Ihre Ruhe, Ihre Sammlung und der Rhythmus gefördert werden. Das wirkt wie die Rezitation einer spirituellen Formel, weil es Sie in etwas Tieferem verankert, aus dem Ihnen Energie zuströmt.

Beobachten Sie bei der Bewegung mit einem Mantra, ob Ihr Bewusstsein eine neue Mitte findet, einen Standort außerhalb Ihrer gewohnten Bezugspunkte. Das kann ganz allmählich geschehen und anfangs kaum wahrnehmbar sein. Warten Sie in aller Ruhe ab. Wenn man sich dem Dao ergibt, so heißt es im Daoismus, entsteht ein »Geist-Kind« aus Geist-Materie. Die neue Mitte, die Sie in der Bewegung mit einem rhythmisch wiederholten Wort finden, könnte Hinweise auf solch eine Geburt geben.

Bewegungs-Visualisation
Wählen Sie einen vertrauten, aber schwierigen Bewegungsablauf sportlicher, tänzerischer oder anderer Art, den Sie gern verbessern möchten. Wenn Sie innerlich zur Ruhe gekommen sind, visualisieren Sie ihn in allen Einzelheiten und versuchen Sie anschließend, ihn körperlich zu empfinden. Jetzt versuchen Sie den Ablauf genau so nachzuvollziehen, wie Sie ihn gesehen und gespürt haben. Wiederholen Sie das mehrmals und beobachten Sie, inwieweit die tatsächliche Bewegung mit der Vorstellung übereinstimmt. Gestalten Sie Ihre Visualisation weiter aus, farbiger und präziser, lebhafter und direkter. Wie wirkt sich das auf den tatsächlichen Bewegungsablauf aus?

Kommunikation

Unsere kommunikativen Fähigkeiten können sich nur entwickeln, wenn wir einfühlsamer werden, unsere Selbstwahrnehmung verbessern und uns von Abwehrverhalten, Konkurrenzdenken, passiv-aggressiven Verhaltensweisen und anderen eher destruktiven Tendenzen frei machen. Unterstützung finden viele bei Beratern oder in der Therapie, wo wir uns den bisher unbeachteten Tendenzen widmen, die kreativerem Kontakt mit anderen im Wege stehen.

Die Interaktion in einer Gruppe beobachten
Wenn das nächste Mal irgendein Gruppenereignis bevorsteht – sei es ein Familientreffen, ein berufliches Meeting oder eine zwanglose Zusammenkunft –, nehmen Sie sich vor, die zu erwartenden Interaktionen von Ihrem Zeuge- oder Beobachterstandpunkt aus zu verfolgen. Sie wissen ja: Bei einem gesunden Austausch wechselt das Gespräch mühelos

von einem zum anderen, ohne dass jemand aufgrund irgendwelcher uneingestandener Bedürfnisse alles an sich reißt. Wenn es dann so weit ist, beobachten Sie sich und die anderen entspannt und mit ein wenig Abstand und ohne zu urteilen oder gar zu verdammen. Diese Betrachtungsweise sensibilisiert uns für die vielen psychischen Probleme, die zwischen Menschen entstehen können, und macht uns auf bisher unbemerkte Muster aufmerksam, die unsere Beziehungen zu anderen behindern.

Telepathie
Kommunikation scheint manchmal etwas Telepathisches zu haben. Um sich dafür empfänglicher zu machen, könnten Sie beispielsweise versuchen, beim Läuten des Telefons zu erraten, wer anruft. Nehmen Sie sich nach dem ersten Rufton einen Augenblick Zeit, um sich in die Zeuge-Haltung zu versetzen, und sammeln Sie sich auf den Anrufer. Welche Eindrücke kommen jetzt? Können Sie die Person erraten? Machen Sie diese Übung einen ganzen Tag lang und halten Sie fest, wie oft Sie richtig liegen. Intendieren Sie, dass Ihre Trefferquote zunimmt, und vergleichen Sie die Versuche des ersten Tages mit weiteren an einem der nächsten Tage.

Höhere Energien

Energie-Visualisation
Suchen Sie draußen im Freien einen Platz, an dem Sie sich wohl fühlen, setzen Sie sich, schließen Sie die Augen und entspannen Sie sich innerlich und äußerlich. Öffnen Sie dann die Augen und betrachten Sie Ihre Umgebung. Jetzt intendieren Sie, mehr Schön-

heit und Leuchtkraft in den Formen ringsum zu sehen. Danach schließen Sie wieder die Augen und intendieren, alle Dinge in ihrer »Quantenwirklichkeit« zu sehen: als tanzende Energiemuster, alle derselben Energiequelle entspringend. Bekräftigen Sie Ihre innige Verbundenheit mit dieser Energie, als wäre das ganze Universum etwas von Ihnen und blickte durch Ihre Augen. Atmen Sie aus dieser höheren Quelle in Ihren Körper und Ihren Geist hinein.

Stehen Sie jetzt von Ihrer Mitte aus auf und versuchen Sie dabei diese stetige, erneuernde Kraft zu spüren. Sehen Sie sich davon erfüllt und wie aufwärts schwebend. Bewegen Sie sich von Ihrer Mitte aus und versichern Sie sich dabei, dass Ihnen grenzenlos Energie zur Verfügung steht, die Ihrem innersten Wesenskern entspringt. Behalten Sie dieses Gefühl für den Rest des Tages bei.

Energie für andere
Versuchen Sie es, wenn Sie unter Leuten sind, einmal mit der folgenden Übung, die auf der zwischen uns allen vorhandenen höheren Verbindung beruht. Bei jedem, der gerade spricht, visualisieren Sie einen Energiestrom, der vom Transzendenten her durch Sie zu diesem Menschen fließt und ihn mehr mit seinem höheren Potenzial und Ursprung in Einklang bringt. Achten Sie darauf, ob sich bei dem, was dieser Mensch sagt, oder an seinem sonstigen Verhalten etwas ändert.

Eine Abwandlung der Übung könnte darin bestehen, dass alle Anwesenden einbezogen werden. Während jemand über einen für alle wichtigen Punkt spricht, visualisieren die übrigen, wie er oder sie von Energie durchströmt wird, die ihm oder ihr eine höhere Weisheit und Erkenntnis zukommen lässt.

Wenn alle an der Reihe waren, tauschen Sie sich über das Erlebnis aus.

Stille Intervention
Man kann auch fremden oder flüchtigen Bekannten auf diesem telepathischen Wege helfen. Vielleicht bemerken Sie in einem Restaurant oder Laden jemand, der in der Nähe sitzt oder steht oder Sie bedient und einen deprimierten Eindruck macht. Verfahren Sie wie in der vorigen Übung und lassen Sie der Person von einer höheren Quelle her Kraft zufließen. Sehen Sie Zeichen einer Stimmungsänderung? Gibt die Person sich anders als vorher? Beobachten Sie, wie sie auf andere Menschen in der Nähe reagiert. Gut möglich, dass Sie eine Überraschung erleben.

Freude

Subtile Freuden bemerken
Nehmen Sie sich in einem Augenblick der Muße vor, die subtileren Freuden des Lebens zu bemerken. Atmen Sie zunächst langsamer und achten Sie darauf, welch ein Genuss das Einatmen dann ist. Stellen Sie sich auf die Zehen, um beide Arme so hoch wie möglich zu recken. Bleiben Sie in dieser Haltung, bis sie anstrengend wird, um sich dann hinzusetzen und die Wonne der Entspannung zu betrachten. Fühlen Sie sie mit dem ganzen Körper. Kosten Sie sie aus. Denken Sie sich andere kleine Genüsse dieser Art aus und nehmen Sie sich vor, auch sie auszukosten.

Etwas geschafft haben
Halten Sie kurz vor der Fertigstellung irgendeiner Arbeit für einen Moment inne. Es kann kreative, in-

spirierende Arbeit sein oder etwas ganz Gewöhnliches wie das Saubermachen der Küche. Wenn Sie dann fertig sind, überlegen Sie in aller Ruhe, was Sie geleistet haben. Gehen Sie den Gefühlen nach, die Sie dazu haben, und achten Sie bewusst auf die Freude, die sie über die Fertigstellung empfinden. Nehmen Sie sich vor, diesen ganzen Tag auf die Freude bei der Fertigstellung von allen großen oder kleinen Projekten zu achten. Am Ende des Tages geloben Sie sich, diese Ausrichtung zum festen Bestandteil ihres Alltags zu machen.

Bewusst lächeln und lachen
Wenn Sie in einem Energietief sind, sollten Sie sich irgendwohin zurückziehen, wo man Sie weder hört noch sieht. Und jetzt lächeln Sie, notfalls gewaltsam. Stellen Sie sich vor, Sie wären besserer Laune. Lachen Sie ein paar Sekunden lang laut auf, und erinnern Sie sich, wie es sich anfühlt, wenn einem richtig zum Lachen ist. Lachen Sie noch eine Minute weiter, ein wenig animierter, wenn es geht. Heißen Sie diese intendierte Fröhlichkeit willkommen. Halten Sie sich für den Rest des Tages daran.

Liebe

Erinnern
Suchen Sie wieder Ihren Ort der Stille auf, schließen Sie die Augen, entspannen Sie sich. Sprechen Sie eine Lieblingsstelle aus einem Buch oder Gedicht oder heiligen Text, um sich für Intuitionen und Erinnerungen bereit zu machen. Erinnern Sie sich an ein Gefühl der Liebe, das Sie früher einmal hatten, vielleicht zu einem Elternteil, als Sie klein waren, zu einem Haustier, zu einem Freund oder Ehepartner. So-

bald Sie sich das Gefühl ganz in Erinnerung gerufen haben, holen Sie es in die Gegenwart herüber, ohne es mit bestimmten Umständen oder Personen zu verbinden. Bleiben Sie einfach in dieser Liebe als Ihrem Urzustand. Nehmen Sie sich fest vor, ihn für den Rest des Tages beizubehalten.

Wiederfinden
Wenn Sie das nächste Mal durch Ärger oder Enttäuschung verstimmt oder einfach allgemein gereizt sind, setzen Sie sich hin, um sich an eine Zeit der Liebe zu erinnern. Visualisieren Sie, was damals war, als fände es eben jetzt statt, verstärkt durch die Intention, es tief zu empfinden. Öffnen Sie sich dem Gefühl, als wäre es Ihrem wahren Ich tatsächlich näher, als es die verstörenden Gefühle im Augenblick sind. Dann entlassen Sie die negativen Gefühle aus Ihrem Körper, als lösten sie sich in Ihrer Liebe auf. Bleiben Sie den Tag über in diesem Zustand.

Transzendentes Erkennen

Intuitionen klären
Nachdem Sie wie in der ersten Übung vorgeschlagen meditiert haben, betrachten Sie alles, was Ihnen begegnet, mit einiger Distanz. Während des Tagesablaufs beobachten Sie Ihre Gefühle und Gedanken. Beobachten Sie das auf bestimmte konkrete Einzelziele gerichtete bewusste Denken, aber auch alle Gedanken, die »unmotiviert« auftauchen – plötzlich fällt Ihnen eine Freundin oder Arbeitskollegin ein oder etwas, das Sie gern hätten und jetzt zu kaufen beschließen, oder Sie tagträumen einfach vor sich

hin. Fragen Sie sich, weshalb dieser Gedanke gerade jetzt kommt. Womit steht er in Verbindung? Birgt er vielleicht eine Eingebung zu dem Problem, vor dem Sie gerade stehen? Es könnte sein, dass er Sie auf eine Lösung aufmerksam machen möchte.

Transzendente Identität

Berufung
Schließen Sie die Augen. Wenn Sie sich ganz entspannt haben, lassen Sie Ihr Leben Revue passieren. Beginnen Sie mit der Kindheit in der Familie und lassen Sie Ihr Leben dann vor dem inneren Auge ablaufen wie einen Film. Achten Sie darauf, welche Dinge Ihnen in Erinnerung kommen, aber betrachten Sie alles distanziert. Forschen Sie nach Verbindungen, nach verborgener tieferer Bedeutung. Was haben Sie in Kindheit und Jugend gelernt, das später Ihre tiefsten Ziele mitprägte? Wie lief der persönliche Austausch in der Familie und was für Probleme gab es? Wie reagierten Sie darauf?

Jetzt die Schul- und Ausbildungsjahre. Welche Lehrer mochten Sie und welche nicht? Weshalb? Denken Sie an gute Freunde; weshalb waren Sie mit ihnen befreundet? Was lernten Sie damals? Denken Sie an zentrale Synchronizitäten jener Jahre und wohin sie führten. Was wollten Sie werden? Wie kamen Sie an Ihre ersten Jobs?

Sehen Sie sich Ihre berufliche Laufbahn und Ihre Liebesbeziehungen bis heute an. Was haben Sie gelernt? Was haben Sie vermisst? Was war das Thema Ihres Films? Wenn Sie alles bisher Erlebte zusammennehmen, was würden Sie raten, wenn jemand Sie fragte, wie man ein volles, rundes Leben lebt?

Zuletzt halten Sie diese Summe Ihres Lebens neben Ihre schönsten Träume – den Traum von den Dingen, die Sie erreichen möchten. Welche Verbindung besteht zu dem, was Ihnen am allerwichtigsten ist, was Sie der Welt geben möchten? Passen Ihre Lebensumstände zu diesem Gefühl von Berufung? Sind sie dabei eine Hilfe oder eher ein Hindernis? Fällt Ihnen etwas ein, was als Nächstes zu tun wäre?

Ein höherer Wille

Spontanes Gelingen
Erinnern Sie sich an Augenblicke Ihres Lebens, in denen etwas sehr Wichtiges unerwartet wie von selbst ging, als hätte es einen tieferen Ursprung – vielleicht beim Sport oder als Sie einen Vortrag hielten oder sonst etwas zu leisten hatten. Die Aktionen waren plötzlich einfach da, die Worte flogen Ihnen zu, wie einem höheren Ich oder Sein oder Vermögen entsprungen. Nehmen Sie sich vor, dass Sie sich dieser Ebene künftig immer weiter annähern werden.

Integration und Flow

Höhere Identität, Energie und Erkenntnis
Nehmen Sie Ihren Lieblingsplatz ein, an dem Sie sich entspannen und die Zeuge-Haltung einnehmen können. Visualisieren Sie, wie das Universum aus einer göttlichen Quelle strömt, Ihren größeren Körper bildet und durch Ihre Augen sich selbst betrachtet. Fühlen Sie diese Quelle als Energie, die in Ihnen aufwallt und in alles, was Sie sehen, überströmt. Fühlen Sie Ihre essentielle Einheit mit dieser Quelle und fragen Sie sich, wie Sie die Welt am besten bereichern

können. Beobachten Sie Ihre Gedanken nach dieser Visualisation: Gibt es da Weisungen Ihres höheren Selbst oder Hinweise auf unmittelbare Aktionen im Sinne Ihrer wahren Berufung?

Flow
Seien Sie während der Meditation einfach der verstreichenden Zeit inne und betrachten Sie Ihr Leben von einem Standpunkt über Ihren Empfindungen, Gefühlen und Gedanken aus. Wenn dann Ihr normaler Alltag weitergeht – Arbeit oder Abendessen im Restaurant oder was auch immer Sie normalerweise tun, beobachten Sie weiter in dieser Haltung alles ringsum, aber auch Ihre Gefühle und Gedanken. Unterscheiden Sie beiläufige Gedanken von solchen, die aus größerer Tiefe zu kommen scheinen und etwas von Inspiration haben. Einem spontanen Einfall sollten Sie jetzt in der Haltung eines Forschers oder Entdeckers nachgehen. Geschieht etwas Magisches? Achten Sie weiterhin genau darauf, was geschieht. Kommen die weiteren Ereignisse Ihnen bedeutungsvoll vor, haben Sie etwas von Synchronizität? Wenn ja, warum geschieht das jetzt? Hat es etwas mit den höheren Zielen Ihres Lebens zu tun? Aber Vorsicht: keine voreiligen Schlussfolgerungen; bleiben Sie aufgeschlossen, aber auch wachsam. Die Erfahrung lehrt uns, dass es einige Zeit dauern kann, bis der eigentliche Sinn der Dinge uns klar wird. Suchen Sie immer den Silberstreif in allem, was Ihnen begegnet. Sehen Sie zu, ob aus dem Bisherigen eine weitere spontane Eingebung folgt. Halten Sie den Fluss so lange wie möglich in Gang.

Wie schon gesagt, diese Übungen lassen sich Ihren Neigungen und Lebensumständen entsprechend anpassen. Die Evolution hat uns alle an diese Schwelle zur Transformation geführt. Nie zuvor war das Wissen um unser höheres Potenzial so weit verbreitet, standen so viele Anregungen und Hilfen für die Praxis zur Verfügung, hat es so viel Aufgeschlossenheit für die Mysterien des Daseins gegeben. Durch ausgewogene, engagierte Praxis können wir alle uns immer mehr am Abenteuer der Evolution beteiligen und zu ihm beitragen.

Eine Tür hat sich uns geöffnet. Es ist uns bestimmt, hindurchzugehen.

17.
TRANSFORMATION –
EIN LITERATURFÜHRER[*]

Viele der in allen Kulturen vorhandenen alten Zeugnisse des Wissens um unsere höhere Natur sind lange Zeit relativ unbeachtet geblieben oder waren verschollen, werden jetzt aber von Philologen, Historikern und Religionswissenschaftlern wiederentdeckt und stehen uns in nie da gewesener Fülle zur Verfügung. Außerdem sind sie in unserer Zeit durch wissenschaftliche Entdeckungen in mancher Hinsicht ergänzt, erweitert und verfeinert worden.

Wir möchten Ihnen hier eine Auswahl aus diesem gewaltigen Fundus vorlegen, darunter auch viele Klassiker, die nichts von ihrer Bedeutung eingebüßt haben. Unsere »Stichprobe« dient dem Zweck, Ihnen einen Eindruck von der außerordentlichen Vielfalt und Kraft unseres Erbes zu geben. Etliche der

---

[*] Übersetzte englischsprachige Werke, aus denen in diesem Buch zitiert wird, sind sowohl mit dem Originaltitel als auch mit dem der deutschen Fassung angegeben. (Anm. d. Übers.)

angeführten Titel können als populär gelten, andere nicht. Manche sind vergriffen, werden hier aber angeführt, weil sie nach unserer Meinung von zentraler Bedeutung für den Fortschritt unserer Selbsterkenntnis sind. Wir finden es auch wichtig, dass sie nicht gänzlich in Vergessenheit geraten, sondern uns und späteren Generationen als spirituelle Ressourcen zur Verfügung stehen bleiben.

Wir haben unseren kleinen Literaturführer nach den Kapiteln dieses Buches eingeteilt und manche Werke werden mehrmals genannt.

Für die Praxis ist es besonders vorteilhaft, wenn wir ein sicheres intellektuelles Fundament haben, und dazu können unsere großen Wissenschaftler, Philosophen, Heiligen und Weisen uns verhelfen.

1. Kapitel: Das Rätsel des Seins

Alexander, Samuel. *Space, Time, and Deity.* 2 Bde. Peter Smith, 1979. In diesem Werk legt Alexander seinen philosophischen Ansatz dar, den er »empirische Metaphysik« nennt. Damit meint er eine breit angelegte, von verifizierbaren Daten ausgehende Philosophie der spirituellen Themen. Für Alexander hat unsere evolvierende Welt fünf Hauptebenen, nämlich Raumzeit, Materie, Leben, Geist und Gottheit, die alle aus den übrigen hervorgehen.

Bergson, Henri. *Schöpferische Entwicklung.* Zürich: Coran, 1967. Bergson schrieb in einem flüssigen, laienverständlichen Stil, der ihm eine große Leserschaft sicherte und den Nobelpreis für Literatur eintrug. In diesem Buch, seinem vielleicht bekanntesten, benennt er als den Antrieb der Evolution den »Elan vital«, den man auch als Über-Bewusstsein oder Gott auffassen kann. In späteren Werken, etwa in *Die beiden Quellen der Moral und der Religion*, äußert Bergson die Meinung, Mystiker partizipierten mehr als andere an Gottes Liebe zur Menschheit und seien deshalb die Avantgarde der Evolution. Ihr Geist muss jedoch auf andere übergreifen, wenn die Entwicklung weitergehen soll, und das bedeutet, dass die Gesellschaft »offen« sein muss: sie darf nicht autoritär sein und braucht Aufgeschlossenheit für radikale spirituelle Ideen.

Berry, Thomas, und Brian Swimme. *Die Autobiographie des Universums*. München: Diederichs, 1999. Berry ist Kulturhistoriker und katholischer Priester, Swimme ein Philosoph und mathematischer Kosmologe. Dieses Buch ist ihre tief empfundene Meditation über das evolvierende Universum und seine spirituellen Dimensionen, ein »Epos«, wie Berry es nennt.

Bohm, David. *Die implizite Ordnung*. München: Goldmann, 1987. Bohm, eine der großen Gestalten der Quantentheorie, entwickelte eine Physik, in der alte Trennungen aufgehoben sind und Materie und Bewusstsein als ein ungeteiltes Ganzes behandelt werden. Nach Bohm enthält jeder einzelne Bestandteil unseres Universums die Summe aller Bestandteile, mithin die Summe alles Existierenden.

Broad, Charlie Dunbar. *The Mind and Its Place in Nature*. Routledge and Kegan Paul, 1925. In diesem Buch stellt der britische Philosoph Broad die Emergenztheorie der Evolution (höhere Seinsstufen entstehen durch neu auftauchende Qualitäten aus niederen) zu Materie, Geist und den Hinweisen auf den Fortbestand des Bewusstseins nach dem physischen Tod in Beziehung.

Chaisson, Eric. *Cosmic Dawn*. Little, Brown, 1981. Eine Geschichte der Evolution von der Geburt des Universums bis zur Entstehung des Lebens.

Darwin, Charles. *The Correspondence of Charles Darwin*. 3 Bde. Cambridge University Press, 1985.

–. *Die Abstammung des Menschen*. Wiesbaden: Fourier, 1992. Hier dehnt Darwin seine Anschauungen über Evolution und natürliche Auslese auf den Entwicklungsschritt von den Primaten zum Menschen aus.

–. *Der Ausdruck der Gemütsbewegungen bei dem Menschen und den Tieren*. Frankfurt am Main: Eichborn, 2000. Eine historische und immer noch aufschlussreiche Studie des emotionalen Ausdrucksverhaltens von Menschen und Tieren aufgrund von Beobachtungen an kleinen Kindern (seine eigenen eingeschlossen), Tieren und Menschen verschiedener Kulturen, sowie in der Malerei und Bildhauerei.

–. *Über die Entstehung der Arten durch natürliche Zuchtwahl oder die Erhaltung der begünstigten Rassen im Kampfe um's Dasein*. Köln: Parkland, 2000. Dieses bahnbrechende Buch, eines der größten in der Geschichte der Wissenschaft, bewog viele Wissenschaftler überall auf der Welt, die Evolution als Tatsache und die natürliche Auslese (»Zuchtwahl«) als eine ihrer wichtigsten Mechanismen zu akzeptieren. Es verbreitete sich zunächst in der Wissenschaft, dann aber auch in der Öffentlichkeit wie ein Lauffeuer.

–. *Reise eines Naturforschers um die Welt*. Nördlingen: Greno, 1988. Dies ist das Tagebuch, das Darwin in den dreißiger Jahren des neunzehnten Jahrhunderts während seiner Reise nach Südamerika und auf die Galapagos-Inseln auf der »Beagle« schrieb. Hier finden wir viele der Beobachtungen, die ihn zu seiner Evolutionstheorie führten.

Davies, Paul. *Prinzip Chaos: die neue Ordnung des Kosmos*. München: Goldmann, 1990. Der Mathematiker und Physiker Davies präsentiert hier seine Sicht der Selbstorganisation, die dafür sorgt, dass nichtorganische und lebende Systeme sich zu immer komplexeren Formen entwickeln. Hier wendet er diesen Ansatz auf das Universum als Ganzes an.

–. *Der Plan Gottes*. Frankfurt am Main; Leipzig: Insel, 1996. Gedanken über Zweck und Ordnung im evolvierenden Universum. Davies nennt Anhaltspunkte dafür, dass es in der Evolution so etwas wie ein Telos gibt, eine Grundtendenz zu immer höherer Komplexität.

Eldridge, Niles. *Reinventing Darwin: The Great Debate at the High Table*. John Wiley, 1995. Eine aufschlussreiche Erörterung der Evolutionstheorie und ihrer Aufnahme durch die wissenschaftliche Gemeinschaft. Eldridge ist der Evolutionstheoretiker, der zusammen mit Stephen Jay Gould das Modell des »unterbrochenen Gleichgewichts« entwickelte.

Elgin, Duane. *Awakening Earth*. William Morrow, 1993. Eine weit blickende Darstellung der Kultur- und Bewusstseinsevolution von der Frühzeit bis in die ferne Zukunft.

Ferris, Timothy. *Chaos und Notwendigkeit: Report zur Lage des Universums*. München: Droemer, 2000. Der preisgekrönte Wissenschaftsautor liefert hier seine kenntnisreiche und klar geschriebene Darstellung der kosmischen Evolution vom Urknall an über die Galaxien, Sterne und Planeten bis zur weiteren Entwicklung auf der Erde.

Gebser, Jean. *Ursprung und Gegenwart*. Teil 1, *Die Fundamente der aperspektivischen Welt: Beitrag zu einer Geschichte der Bewusstwerdung*. Teil 2, *Die Manifestation der aperspektivischen Welt: Versuch einer Konkretion des Geistigen*. Schaffhausen: Novalis, 1986. Ein umfassender Überblick über die individuelle und kollektive menschliche Entwicklung von der Steinzeit bis heute. Gebser gelingt hier eine Zusammenschau unter ästhetischen, soziologischen, anthropologischen, psychologischen, religionswissenschaftlichen und anderen Gesichtspunkten. Mit der Menschheit entsteht aus seiner Sicht ein neues »aperspektivisches« oder »integrales« Bewusstsein, das schließlich über das kollektive Bewusstsein der Frühzeit und sogar über den Individualismus der Neuzeit seit der Renaissance hinausgeht. Dieses neu hervortretende Bewusstsein sieht die Welt umfassender und ganzheitlicher, als es auf früheren Entwicklungsstufen möglich war; es erlebt die spirituelle Wirklichkeit intensiver und hat einen neuen Sinn für Zeit und Ewigkeit. Wir sind, wie Gebser schrieb, »nicht nur durch das Heute und das Gestern geformt und bestimmt, sondern auch durch das Morgen«.

Glass, Bentley, et al. (Hg.). *Forerunners of Darwin 1745–1859*. Johns Hopkins Press, 1959. Eine Darstellung des älteren Evolutionsdenkens, das Darwins Entdeckungen und Theorien anbahnte.

Goudge, T.A. »Emergent Evolution.« In *The Encyclopedia of Philosophy*, Bd. 2. Macmillan, 1967. Der Artikel fasst die wichtigsten Gedanken zur Emergenztheorie der Evolution zusammen, die von Philosophen wie Alexander, Morgan und Polanyi entwickelt wurde.

Gould, Stephen Jay (Hg.). *Das Buch des Lebens*. Köln: vgs, 1993. Eine reich bebilderte Sammlung von Essays hervorragender Wissenschaftler über die Geschichte des Lebens von ihren Ursprüngen bis zum Homo sapiens. Dieses Buch ist ebenso maßgebend wie leicht verständlich, seine Zeichnungen, Fotos und Diagramme machen das gewaltige Panorama des Lebens lebendig und plastisch.

–. *Hen's Teeth and Horse's Toes*. Norton, 1983. (*Wie das Zebra zu seinen Streifen kommt*. Stuttgart: Birkhäuser, 1986.) Dieses Buch enthält den Essay »Evolution as Fact and Theory«, aus dem wir im ersten Kapitel zitieren.

–. *Ontogeny and Phylogeny*. Harvard University Press, 1977. Dieses Buch, das man in vielen Bibliotheken findet, referiert die Geschichte des Evolutionsdenkens von den alten Griechen bis zur Moderne. Gould zeigt auf, dass seit über zweitausend Jahren immer wieder mal ein Philosoph oder Naturforscher auf den Gedanken kam, es müsse eine Evolution geben; manche nahmen sogar die moderne Evolutionstheorie in Teilen vorweg. Wenn Sie diesen Bericht lesen, werden Sie sehen, mit wie vielen Inspirationen die Entdeckung der Evolution verbunden war und wie viele überraschende Wendungen sie genommen hat.

Graham, Peter W. (Hg.). *The Portable Darwin*. Penguin, 1993. Eine nützliche Einführung in Darwins wichtigste Schriften mit klarer und verständlicher Zusammenfassung seiner Gedanken und seiner historischen Bedeutung.

Hegel, Georg Wilhelm Friedrich. *Phänomenologie des Geistes*. Hamburg: Meiner, 1988. In diesem ungemein einflussreichen Werk beschreibt Hegel die Welt als dialektische Entfaltung des Geistes von der unreflektierten Natur bis zum menschlichen Selbstbewusstsein – eine Evolution, in deren Verlauf der Geist zu sich selbst kommt, sich selbst erkennt. Eine der Kernaussagen Hegels lautet, dass jede neue Entwicklungsstufe die früheren im doppelten Sinne »aufhebt«, nämlich negiert und damit vernichtet, aber auch bewahrt und damit zu ihrer Erfüllung bringt.

Kauffman, Stuart. *At Home in the Universe*. Oxford University Press, 1995. (*Der Öltropfen im Wasser*. München u.a.: Piper, 1998.) Kauffman gehört zu den Pionieren der Komplexitätstheorie, der Wissenschaft großer, komplexer Systeme. In diesem Buch legt er überzeugend dar, dass Selbstorganisation als ein entscheidender stabilisierender Faktor in allen Bereichen wirkt – in der nichtorganischen Natur, in der Sphäre des biologischen Lebens und in der menschlichen Gesellschaft. Fast alle komplexen Systeme, so seine wichtigste Feststellung, zeigen eine spontane Tendenz zur Ordnung – Schneeflocken, Bakterien und Menschen, aber auch große Unternehmen und Organisationen.

Lamb, Simon, und David Sington. *Die Erdgeschichte*. Köln: Könemann, 2000. Eine in klarer Sprache geschriebene und illustrierte Geschichte der geologischen Evolution und ihrer Bedeutung für die Entwicklung von Pflanzen und Tieren.

Lovejoy, Arthur O. *Die große Kette der Wesen*. Frankfurt am Main: Suhrkamp, 1993. Der amerikanische Philosoph und Historiker Lovejoy war in den Vereinigten Staaten der wichtigste Befürworter einer eigenen Forschungsrichtung »Ideengeschichte«. In diesem Buch, seinem berühmtesten und einflussreichsten, verfolgte er die Idee einer großen Kette oder großen Hierarchie des Lebens (die nichtorganische, tierische, menschliche und übermenschliche Formen umfasst) von Platon und Aristoteles aus bis ins neunzehnte Jahrhundert und zeigt ihre Einflüsse in Antike, Mittelalter und Neuzeit auf.

Mayr, Ernst. *Die Entwicklung der biologischen Gedankenwelt*. Berlin u.a.: Springer, 2002. Eine umfassende Geschichte des biologischen Denkens, vorgelegt von einer der führenden Autoritäten auf dem Gebiet der Entwicklung der Evolutionstheorie.

Morgan, Conwy Lloyd. *Emergent Evolution*. Henry Holt and Company, 1923. Auf Morgan geht der Gedanke der evolutionären »Emergenz« zurück, der besagt, dass höhere Seinsstufen durch neu auftauchende Eigenschaften aus niederen hervorgehen. Er unterscheidet vier aufeinander aufbauende Ebenen der Schöpfung: psychophysische Ereignisse, Leben, mentale Ebene und spirituelle Ebene. Jede »emergierende« Ebene entsteht aus dem bereits Existierenden und geht darüber hinaus, ist gänzlich neu im Universum, kann nicht aus den bestehenden Gesetzen und Bedingungen abgeleitet werden und muss daher in »natürlicher Frömmigkeit« akzeptiert werden.

Murphy, Michael. *The Future of the Body: Explorations into the Further Reaches of Human Nature.* Tarcher/Putnam, 1992. (*Der Quanten-Mensch: ein Blick in die Entfaltung des menschlichen Potentials im 21. Jahrhundert.* Wessobrunn: Integral, 1996.) Dieses Buch erwuchs aus dem im Archiv des Esalen Institute aufbewahrten Material über außergewöhnliche menschliche Fähigkeiten und erörtert diese im Zusammenhang mit der Evolution.

Polanyi, Michael. *Personal Knowledge.* Harper & Row, 1958. Dies ist eines der größten Bücher des zwanzigsten Jahrhunderts zur Philosophie der Wissenschaft. Polanyi, der nicht nur ein hervorragender Wissenschaftler, sondern auch Philosoph war, zeigt hier die Bedeutung der Subjektivität für die Erkenntnis auf. Außerdem bringt er sehr gute Argumente für den Emergenzcharakter des evolutionären Fortschritts.

Satprem. *Sri Aurobindo oder das Abenteuer des Bewußtseins.* München: O.W. Barth, 1976. Eine schwungvolle Biografie Aurobindos mit anschaulicher Schilderung der mystischen Erfahrungen und philosophischen Visionen des großen Philosophen sowie seines Integralen Yoga.

Schelling, Friedrich Wilhelm Joseph. *System des transzendentalen Idealismus.* Hamburg: Meiner, 2000. Schelling »temporalisierte« als einer der ersten die »große Kette der Wesen« (um den Ausdruck Lovejoys zu verwenden) und sah die Natur als fortschreitende Manifestation Gottes. Die Welt war für ihn »schlummernder Geist«, ein *Deus implicitus*, der Schritt für Schritt zu seinem eigenen Ursprung als *Deus explicitus* zurückkehrt. Schelling, der einen nachhaltigen Einfluss auf seinen Freund Hegel ausübte, veröffentlichte dieses Werk im Jahr 1800.

Sheldrake, Rupert. *Das schöpferische Universum*. Frankfurt am Main; Berlin: Ullstein, 1996. Für Sheldrake ist das Universum keine große Maschine, sondern eher ein Lebewesen. Er fragt: Was ist das Leben eigentlich, was bestimmt die Gestalt oder die Instinkte der Lebewesen? Seine »Formenbildungshypothese« besagt, dass Bau und Funktion aller Lebewesen nicht nur genetisch, sondern auch über »morphogenetische Felder« von einer Generation an die nächste weitergegeben werden.

Simpson, George Gaylord. *Auf den Spuren des Lebens: die Bedeutung der Evolution*. Berlin-Dahlem: Colloquium, 1957. Eine klassische Darstellung der Evolutionstheorie und der möglichen Schlussfolgerungen für die weiteren Entwicklungschancen der Menschheit.

Stebbins, George Ledyard. *The Basis of Progressive Evolution*. University of North Carolina Press, 1969. Stebbins gibt hier eine Schätzung für die Zahl der kleineren und größeren Evolutionsschritte auf dem langen Weg von den Einzellern bis zum Menschen.

Swimme, Brian. *Das Universum ist ein grüner Drache*. München: Claudius, 1994. Ein fiktiver Dialog zwischen einem jungen Menschen und einem alten Geschichtenerzähler über die Rätsel, die Schönheit, die Aussichten des evolvierenden Universums. Ein Buch für Jung und Alt.

–. *Das verborgene Herz des Kosmos*. München: Claudius, 1997. Reflexionen von teilweise geradezu lyrischer Leidenschaftlichkeit über den evolvierenden Kosmos und seine spirituellen Tiefen.

Thompson, D'arcy Wentworth. *Über Wachstum und Form*. Frankfurt am Main: Suhrkamp, 1983. Ein wunderbar geschriebenes Buch über biologische Prozesse, das man als Pendant zu Stuart Kauffmans *Der Öltropfen im Wasser* lesen kann. Sehr liebevoll, schrieb ein Kritiker, werde das Leben hier in allen Einzelheiten vorgeführt, »die Formen von Hörnern, Zähnen und Hauern, Springfloh und Napfschnecke, Knospe und Same, Bienenzelle und Regentropfen, Ölfilm und Seifenblase, das Plumpsen eines Kiesels im Teich«. Thompson war ein großer Wissenschaftler und ein begabter Dichter.

Teilhard de Chardin, Pierre. *Der Mensch im Kosmos*. München: Beck, 1999. Als Jesuitenpriester und Paläontologe verband Teilhard wissenschaftliche Kenntnisse mit spiritueller Intuition zu einer umfassenden Vision der Evolution: von der »Lithosphäre« (der unbelebten Welt) über die »Biosphäre« (die Welt des biologischen Lebens) zur »Noosphäre« (der Welt des Geistes) und weiter auf den »Punkt Omega« zu, in dem die Welt sich inniger mit Gott vereinigen wird. Ähnlich Schelling, Hegel und Aurobindo sah Teilhard die Welt als fortschreitende Manifestation der in ihr selbst liegenden Göttlichkeit.

Wallace, Alfred Russel. *My Life: A Record of Events and Opinions*, 2 Bde. Dodd, Mead and Company, 1905. Wallace entdeckte das Prinzip der natürlichen Auslese in ungefähr der gleichen Zeit wie Charles Darwin; er glaubte aber, dass für die Evolution des Menschen spirituelle Einflüsse ebenso eine Rolle spielen wie materielle.

Weiner, Jonathan. *Der Schnabel des Finken oder Der kurze Atem der Evolution*. München: Droemer Knaur, 1996. Die Geschichte zweier Forscher, die durch weitere Untersuchungen an den von Darwin auf den Galapagosinseln entdeckten Finken herausfanden, dass die Evolution viel schneller voranschreiten kann, als Darwin glaubte. Das Buch handelt auch von interessanten Veränderungen in Methodik und Theorie der Biologie seit der Zeit Darwins.

Whitehead, Alfred North. *Prozess und Realität*. Frankfurt am Main: Suhrkamp, 1995. Der berühmte Mathematiker und Philosoph Whitehead sah das Schöpferische als den wichtigsten Zug des Universums. Nach seiner Auffassung können alle unbelebten und belebten Dinge und Wesenheiten wahrnehmend und reagierend miteinander in Kontakt treten. Selbst unbelebte Dinge besitzen eine gewisse minimale Subjektivität und Freiheit, die sie auf die Anziehungskraft des Göttlichen reagieren lässt. Subjektivität und Freiheit wachsen mit dem biologischen Leben und dessen zunehmender Komplexität, so dass Lebewesen, insbesondere Menschen, dem Göttlichen noch näher kommen können – sofern sie es möchten.

Wilber, Ken. *Eine kurze Geschichte des Kosmos.* Frankfurt am Main: Fischer, 1997. Wilber, der heute als einer der größten systematischen Philosophen überhaupt gilt, setzt die Evolution zum Göttlichen und zu den höheren Vermögen des Menschen in Beziehung. Dieses in spielerischer Dialogform geschriebene Buch kann als Zugang zu seinem Gesamtwerk dienen.

–. *Wege zum Selbst.* München: Kösel, 1984. In diesem Buch betrachtet Wilber insbesondere die Entwicklung des Menschen.

–. *Eros, Kosmos, Logos.* Frankfurt am Main: Fischer, 2001. Dieses umfangreichste und umfassendste Buch Wilbers verbindet die Entdeckungen der Naturwissenschaften, der Geisteswissenschaften einschließlich der vergleichenden Religionswissenschaft sowie die Kunst und andere Gebiete zu einer erschöpfenden Darstellung des evolvierenden Universums in seiner Beziehung zum Geist. Wilber lässt sich der Linie des »evolutionären Pantheismus« zurechnen, in der auch Schelling, Hegel, Bergson, Gebser, Teilhard und Sri Aurobindo stehen – der Lehre also, dass das Göttliche dem evolvierenden Universum sowohl transzendent als auch immanent ist.

2. Kapitel: Eine Geschichte des Erwachens

Adler, Mortimer. *Aristotle for Everybody: Difficult Thought Made Easy.* Bantam, 1978. Dieses Büchlein, verfasst von einem hoch angesehenen Pädagogen des zwanzigsten Jahrhunderts, macht das Werk des griechischen Philosophen leichter verständlich.

Arberry, A.J. (Übers.). *The Koran Interpreted*, 2 Bde. George Allen & Unwin, 1955. Nach Ansicht mancher ist es Arberry besser als jedem anderen gelungen, Reichtum, Schönheit und poetische Kraft des arabischen Originals ins Englische zu übertragen. In seinem faszinierenden Vorwort beleuchtet Arberry außerdem Geschichte und Problematik der Koran-Übersetzungen, und seine Interpretationen bedienen sich aller Mittel moderner Textkritik.

Aristoteles. *Philosophische Schriften*, 6 Bde. Hamburg: Meiner, 1995. Eine Sammlung der großen Werke des Platon-Schülers und Lehrers Alexanders des Großen. Dante nannte ihn den »Meister der Wissenden«, und sein weiter geistiger Horizont – Naturphilosophie, Metaphysik, Kunst, Schauspielkunst, Ethik, Rhetorik und Politik – erstaunt uns noch heute.

Armstrong, Karen. *Buddha*. Harper San Francisco, 2001. Eine leicht lesbare und poetische Darstellung von Leben und Lehre des Buddha.

–. *Muhammad*. München: Heyne, 1995. Eine erfrischend neue Sicht des Propheten, verfasst von einer überaus produktiven Religionswissenschaftlerin und Schriftstellerin unserer Zeit.

Arnold, Edwin. *Die Leuchte Asiens*. München: Hirthammer, 1995. Das Leben des Buddha in poetischer Darstellung, verfasst von einem Engländer der viktorianischen Zeit. Das Buch war um die Wende zum zwanzigsten Jahrhundert ungeheuer beliebt, und das mit Recht. Es erfasst etwas sehr Kostbares an dieser alten Geschichte und gibt es kraft- und gefühlvoll wieder.

–. *Bhagavad-gita*. Zürich: Rascher, 1946. Für manche gibt diese Übersetzung die Stimmung des Sanskrit-Originals am besten wieder.

Assagioli, Roberto. *Psychosynthese*. Reinbek bei Hamburg: Rowohlt, 1993. Assagioli war der Begründer der Psychosynthese, die moderne Psychologie und Tiefenpsychologie mit spiritueller Praxis in Ost und West verknüpft. Eine umfassende Einführung in die Prinzipien und Techniken der Psychosynthese.

Augustinus. *Bekenntnisse*. München: dtv, 1997. Die große Mystik-Kennerin Evelyn Underhill schrieb über dieses Buch: »Niemand wird die *Bekenntnisse* lesen können, ohne dass ihm die Dichte und Aktualität der spirituellen Erfahrung und die dezidiert mystische Perspektive, aus der Augustinus die Wirklichkeit sah, ins Auge springen ... Es bedurfte mehr als eines bloß literarischen Genies, um die wunderbaren Kapitel des siebten und achten Buchs hervorzubringen oder gar die unzähligen ganz für sich stehenden Abschnitte, die vom plötzlichen Ausbruch seiner Leidenschaft für das Absolute künden. Spätere Mystiker, denen das nicht verborgen blieb, beriefen sich ständig auf ihn, und für die Entstehung der Scholastik steht sein Einfluss nur hinter dem der Bibel zurück.«

Aurobindo, Sri. *Sämtliche Werke*. Zürich: Rascher. Hier findet man die poetischen Werke Aurobindos ebenso wie seine vielen Bücher, Artikel und Briefe über Philosophie, Psychologie, politische Ereignisse, Literatur und die Vielfalt transformativer Praxis – und natürlich einen schier unerschöpflichen Fundus zur Frage der Evolution des Menschen.

–. *The Essential Aurobindo*, herausgegeben von Robert McDermott. Lindisfarne Press, 1987. Eine neuere Sammlung von Schriften mit einem begeisterten und luziden Nachwort des Herausgebers zur Bedeutung Aurobindos für die Menschen des Westens.

–. *A Greater Psychology: An Introduction to the Psychological Thought of Sri Aurobindo*, herausgegeben von A.S. Dalal. Tarcher/Putnam, 2001. In seinem Vorwort zu dieser meisterhaften Anthologie schreibt Ken Wilber: »Wenn es um eine ›größere Psychologie‹ geht – eine Körper, Verstand, Seele und Geist erfassende Psychologie –, hat Aurobindo uns viel zu sagen ... Dieses Buch ist sicher der beste Überblick über das psychologische Denken Aurobindos.«

–. *Das göttliche Leben*. Gladenbach: Hinder und Deelmann. Dies ist die umfassendste Formulierung der Philosophie Aurobindos und vielleicht die großartigste Darstellung des »evolutionären Pantheismus« überhaupt.

Bacon, Francis. *Neu-Atlantis*. Berlin: Akademie, 1984. Und *Das neue Organon*. Berlin: Akademie, 1982. In diesen sehr ehrgeizigen Werken stellte Bacon seinen Ansatz des induktiven Denkens dar, der in der Zeit der Renaissance und der Aufklärung weiter entwickelt wurde und entscheidende Bedeutung für die Methodik der modernen Naturwissenschaft bekam.

Bamford, Christopher (Hg.). *Homage to Pythagoras: Rediscovering Sacred Science.* Lindisfarne Press, 1994. Eine Sammlung von neun Essays mit einer Neubewertung, die Pythagoras als »Leit-Genius unserer Kultur« und Symbolgestalt der Aussöhnung von wissenschaftlicher und religiöser Ausrichtung beschreibt.

Barnstone, Willis. *The Poetics of Ecstasy: Varieties of Ekstasis from Sappho to Borges.* Holmes & Meier, 1983. Eine rhapsodische Form der literarischen Analyse mit dem Ergebnis, dass das ekstatische Element seit der Antike in vielen Werken großer Autoren eine entscheidende Rolle spielt.

Barnstone, Willis (Übers.). *The Poems of St. John of the Cross.* New Directions, 1972. Eine der feurigsten Übersetzungen des großen Heiligen, die wir besitzen.

Basham, Arthur L. *The Wonder That Was India.* Grove Press, 1959. Hoch gelobt als die beste Einführung in die Entwicklung der indischen Kultur von den Ursprüngen im Industal bis etwa 1000 n.Chr.

Bateson, Gregory. *Geist und Natur.* Frankfurt am Main: Suhrkamp, 1995. Die denkbar beste Einführung in das Denken des Anthropologen und Gesellschaftstheoretikers Bateson. In diesem Buch thematisiert er die Beziehung zwischen Geist und Körper, aber auch künstliche Intelligenz, Evolutionsbiologie, Erkenntnistheorie, Philosophie, Logik und Kognitionswissenschaft.

Becker, Ernest. *The Denial of Death.* The Free Press, 1973. (*Die Überwindung der Todesfurcht.* München: Goldmann, 1987.) Becker schreibt hier über die Bedeutung des Todes in unserem Leben – insbesondere seine inspirierende Rolle für Kunst, Kreativität und Heldentum.

Black Elk. *Ich rufe mein Volk*, herausgegeben von John Neihardt. Olten und Freiburg im Breisgau: Walter, 1984. Dieses Anfang der dreißiger Jahre veröffentlichte Buch gilt als eine der besten Darstellungen indianischer Spiritualität.

Blake, William. *The Poetry and Prose of William Blake*, herausgegeben von D.V. Erdman; kommentiert von Harold Bloom. Doubleday, 1970. (Teilübersetzungen: *Zwischen Feuer und Feuer*. München: dtv, 1996; *Die Hochzeit von Himmel und Hölle*. Bad Münstereifel: Edition Tramontane, 1987.) Blake war einer der ganz großen Visionäre, Künstler und Dichter. Und seine Vision lebt weiter für alle, die »Newtons Schlaf« überwinden möchten, ein von Materialismus, Wahrnehmungsgewohnheiten und mechanistischem Denken beherrschtes Leben.

Buber, Martin. *Ich und Du*. Stuttgart: Reclam, 1995. Der beste Kenner des Chassidismus im zwanzigsten Jahrhundert erkundet hier die Ich-Du-Beziehung von Menschen, die einander anders als auf der Ebene der gewöhnlichen Bedürfnisse, Wünsche und mechanischen Reaktionen begegnen, die das Einzigartige und Unnachahmliche im anderen sehen und seinen wahren und ewigen Wert erkennen.

–. *Der Weg des Menschen nach der chassidischen Lehre*. Gütersloh: Gütersloher Verlagshaus, 1999. In diesem Buch, das die Lehren vieler spiritueller Meister des Judentums verarbeitet, geht es um Natur und Zweck des Lebens und unsere Beziehung zu Gott.

Burckhardt, Titus. *Alchemie*. Andechs: Dingfelder, 1992. Ein kunstvolles und höchst kenntnisreiches Buch über Symbolik und Hauptströmungen jenes esoterischen Denkens, das wir unter dem Begriff »Alchemie« zusammenfassen. Burckhardt macht hier überzeugend deutlich, dass die Alchemie praktisch eine Art Geheimsprache stellte, in der das transformative Denken des Abendlands größtenteils formuliert wurde.

Burkhardt, Jacob. *Die Kultur der Renaissance in Italien*. Essen: Phaidon, 1996. Dieses Buch galt über Jahrzehnte als das definitive Werk zur Renaissance. Burkhardts Kernthese lautet, dass die italienischen Stadtstaaten den europäischen Feudalismus überwunden hatten und eine ganz neue Atmosphäre entstand, die dem Individualismus Raum gab und die Renaissance entstehen ließ.

Burr, A.H. *The World's Rim: Great Mysteries of the North American Indians*. University of Nebraska Press, 1953. Eine hoch angesehene Einführung in die Spiritualität der amerikanischen Ureinwohner.

Butler's Lives of Saints, 4 Bde., herausgegeben, überarbeitet und erweitert von Herbert Thurston und Donald Attwater. Christian Classics, 1956. Dieses monumentale Werk entstand und erschien zwischen 1756 und 1759 in etlichen Bänden. Thurston, der Herausgeber dieser aktualisierten Ausgabe, war Jesuit und gehörte im zwanzigsten Jahrhundert zu den führenden katholischen Autoritäten auf dem Gebiet der paranormalen Erscheinungen bei christlichen Heiligen.

Cahill, Thomas. *Wie die Iren die Zivilisation retteten*. München: Goldmann, 1998. Ein neuer Blick auf alte europäische Geschichte. Cahill erzählt von irischen Mönchen, die sorgfältige Abschriften von griechischen und römischen Texten des klassischen Altertums anfertigten und in Klöster auf dem Kontinent brachten. So überlebten die alten Werke, bis die Gelehrten der Renaissance sie wieder entdeckten.

Campbell, Joseph. *Der Heros in tausend Gestalten*. Frankfurt am Main: Insel, 1999. Dies ist eines der bekanntesten Bücher des berühmten Mythenforschers und hat das breite Publikum ebenso inspiriert wie Filmemacher, Künstler, Tänzer und Dichter. Die Suche nach Selbsterkenntnis, so Campbells Schluss aus seinen Betrachtungen der Heldenreise in verschiedenen Kulturen, bringt einen »Monomythos« hervor, das heißt, sie ist im Grunde »eine einzige Geschichte«.

–. *Die Masken Gottes*, 4. Bde. Bd. 1, *Die Mythologie der Urvölker*. München: dtv, 1996. Campbell betrachtet hier Mythen aus prähistorischer Vergangenheit und das geistige Klima, in dem sie bei unseren fernen Vorfahren entstanden.

– (Hg.). *The Mysteries: Papers from the Eranos Yearbooks*. Bollingen Series, Princeton University Press, 1955. Eine Sammlung von Essays führender Religionswissenschaftler und Mythenforscher zum Phänomen der antiken Mysterienkulte in Indien, Griechenland, Persien und dem Mittleren Osten.

Campbell, Joseph, und Bill Moyers. *Die Kraft der Mythen*. Zürich: Artemis, 1994. In diesem Gespräch wird geistvoll und kenntnisreich erörtert, wie Mythen uns mit Geschichten »von der jungfräulichen Geburt bis zur modernen Ehe, von Jesus bis John Lennon« bei der Erkenntnis unserer selbst und der Welt helfen.

Capra, Fritjof. *Das Tao der Physik*. München: Droemer Knaur, 1997. Hier geht es um die Begegnung von Ost und West, um die Parallelen zwischen moderner Physik und östlicher Philosophie und um die Erkenntnisse, die sich aus dieser Begegnung ergeben.

Cassianus, Johannes. *Weisheit der Wüste*. Einsiedeln; Köln: Benziger, 1949. Sieben Jahre pilgerte Cassianus durch die ägyptische Wüste, und die Gespräche, die er mit den christlichen Mönchen führte, sind in diesem Buch aufgezeichnet. Sein Werk beeinflusste den heiligen Benedikt (gest. 547), dessen Mönchsregel für alle spateren Ordensgründungen maßgebend blieb, und Gregor den Großen (540 bis 604), dessen Schriften das kontemplative Christentum mitprägten.

Cellini, Benvenuto. *Mein Leben*. Zürich: Manesse, 2000. Dieses Werk ist für die Autobiografie das, was Montaignes *Essais* für diese Gattung bedeuten – das Sichtbarmachen einer wiedererkennbaren Persönlichkeit, wie sie uns auch heute auf der Straße begegnen könnte. Es ist eines der Werke, die der italienischen Renaissance ihr Gesicht gaben. Das unerschrockene Eintreten für das Ich macht Cellini zum Inbegriff des befreienden und manchmal amoralischen Geistes der Renaissance in ihrer Abkehr von der Frömmelei des europäischen Spätmittelalters.

Cicero, Marcus Tullius. *Werke*, 3 Bde. Berlin: Aufbau. Und *Der Staat/De Republica*, lateinisch-deutsch. Düsseldorf: Artemis und Winkler, 1999. Cicero, dem man die Verwandlung des Lateinischen von einer bloßen Umgangssprache in das rhetorisch geschliffene Werkzeug des Staatsmannes zuschreibt, gilt als einer der überzeugendsten Redner der Geschichte, und seine Werke zeigen, weshalb.

Cleary, Thomas. *Liu Yiming: Zum Tao erwachen*. Bern u.a.: O.W. Barth, 1990. Eine gelehrte und doch leicht verständliche Einführung in den Geist der daoistischen Traditionen, verfasst von einem ausgezeichneten Übersetzer spiritueller Texte des Ostens.

Cleary, Thomas (Übers.). *Von der klugen Entscheidung*. München: Heyne, 1996. Diese Einführung in die Grundlehren des großen chinesischen Weisen, Philosophen, Erziehers und Gesellschaftskritikers Konfuzius gibt uns nicht nur ein solides philosophisches und historisches Fundament, sondern macht uns auch mit Aphorismen und Kommentaren des Weisen zu den unterschiedlichsten Themen bekannt.

–. *The Essential Koran*. Harper Collins, 1993. Hier erschließt sich die spirituelle Weisheit des Koran in einer gut nachvollziehbaren, mit Anmerkungen versehenen Übersetzung. Das Buch ist für den nichtmuslimischen Westler gedacht und Clearys Auswahl und Übersetzungen hebt die zentralen Gedanken, die Schönheit und die Kraft islamischer Spiritualität hervor.

Coleridge, Samuel Taylor. *The Complete Poems*. Penguin Classics, 1997. (Auswahl: *Gedichte*, englisch-deutsch. Stuttgart: Reclam, 1989.) In großen Teilen seines literarischen Werks wusste Coleridge eine hoch fliegende metaphysische Imagination mit mystischer Einsicht zu verbinden.

Conze, Edward. *Der Buddhismus: Wesen und Entwicklung*. Stuttgart: Kohlhammer, 1995. Eine solide Einführung in Denken und Praxis des Buddhismus, verfasst von einem großen Kenner der Materie.

Copernicus, Nicolaus. *Über die Kreisbewegung der Weltkörper*. Berlin: Akademie, 1959. Eines der ganz großen revolutionären Bücher der Menschheit, die endgültige Widerlegung des alten ptolemäischen Weltbildes, nach dem die Erde im Zentrum des Universums steht. Mit seiner Feststellung, dass die Erde die Sonne umkreist, rüttelte Copernicus die Astronomen und die Theologen gleichermaßen wach und leitete die endgültige Emanzipation der Naturwissenschaft von der Theologie ein.

Corbin, Henri. *Creative Imagination in the Sufism of Ibn Arabi*, aus dem Französischen von Ralph Manheim. Bollingen Series 41, Princeton University Press, 1969. (*L'imagination créatrice dans le soufism d'Ibn 'Arabi.*) Bei dem großen islamischen Mystiker und Metaphysiker Ibn 'Arabi verband sich unmittelbare spirituelle Erfahrung mit einer luziden und imaginativen Metaphysik. Henri Corbin, einer der führenden Religionswissenschaftler des zwanzigsten Jahrhunderts, macht uns Ibn 'Arabis Vision in diesem Buch mit wissenschaftlicher Akribie und tiefem spirituellem Verständnis nachvollziehbar, indem er die islamische Mystik mit anderen abendländischen Formen der spirituellen Erfahrung vergleicht.

–. *Die smaragdene Vision: der Licht-Mensch im persischen Sufismus*. München: Diederichs, 1989. Hier schildert Corbin das »Polieren« der Wahrnehmung, das den Sufi befähigt, Auren und andere spirituelle Erscheinungen zu sehen. Aus den von Corbin angeführten Texten geht hervor, dass solche Fähigkeiten in der Sufi-Tradition seit Jahrhunderten bekannt sind.

Cousineau, Phil (Hg.). *Soul: An Archaeology: Readings from Socrates to Ray Charles*. Harper San Francisco, 1995. Der große Überblick über die Entwicklung der Seelen-Vorstellung und ihrer Bilderwelt von den alten Ägyptern und den klassischen griechischen Philosophen bis hin zu modernen Künstlern wie Kandinsky und Ray Charles.

Crossan, John Dominic. *Der historische Jesus*. München: Beck, 1995. Und *Jesus: ein revolutionäres Leben*. München: Beck, 1996. Crossan zeigt sich hier als ein ebenso kenntnisreicher wie geistreicher Autor. Seine Bücher halten wissenschaftlichen Kriterien stand und sind zugleich provozierend, kämpferisch und fesselnd. Das erste ist recht ausführlich, das zweite, kürzere, kann als eher populäre Fassung des Stoffs verstanden werden.

Dante Alighieri. *Die göttliche Komödie*. München u.a.: Piper, 2002. Eines der ganz großen genialen Werke der Weltliteratur und zugleich eine unvergleichlich mitreißende und schneidend klare Darstellung der transzendenten Bereiche.

Descartes, René. *Philosophische Schriften*. Hamburg: Meiner, 1996. Pflichtlektüre für jeden, der über die Grundlagen des modernen Rationalismus Bescheid wissen möchte.

Deussen, Paul. *Die Philosophie der Upanishads*. Leipzig: Brockhaus, ⁴1920. Um die Jahrhundertwende geschrieben, ist dieses Buch zum Klassiker geworden und in mancher Hinsicht unübertroffen geblieben. Eine umfassende, gut dokumentierte und mitreißende Arbeit, in der die Gedankenwelt der Upanischaden wirklich lebendig wird.

Dickinson, Emily. *The Complete Poems of Emily Dickinson*, herausgegeben von Thomas H. Johnson. Little, Brown, 1967. (Teilübersetzungen: *Dichtungen*. Mainz: Dieterich, 2001. Und *Gedichte* englisch-deutsch. Stuttgart: Reclam, 1999.) Dickinsons Weltsicht und Kunst stehen in der Tradition des amerikanischen Transzendentalismus von Jonathan Edwards bis Ralph Waldo Emerson. Ihre Gedichte atmen Genie, Seele und Geist.

Dodds, Eric R. *Der Fortschrittsgedanke in der Antike*. Zürich: Artemis, 1977. Der große britische Altphilologe geht hier der Idee des Fortschritts in der griechischen und römischen Antike nach.

Doyle, Brendan (Hg.). *Meditations with Julian of Norwich*. Bear & Company, 1983. Eine bewegende Übersetzung der berühmten englischen Mystikerin des vierzehnten Jahrhunderts. (Eine deutsche Übersetzung nach der ursprünglichen Fassung: Juliana of Norwich. *Offenbarungen von göttlicher Liebe*, übersetzt und eingeleitet von Elisabeth Strakosch. Einsiedeln: Johannes, 1960.)

Durkheim, Emile. *Die elementaren Formen des religiösen Lebens*. Frankfurt am Main: Suhrkamp, 1998. Das klassische Werk eines der Begründer der Religionssoziologie. Durkheim bietet hier zunächst die theoretische Aufarbeitung des Totemismus bei den australischen Aborigines und entwickelt daraus seine Hauptthese, dass Religion dem menschlichen Bedürfnis nach gesellschaftlicher Ordnung und Zusammenhang entspringt.

Eckehart, Meister. *Deutsche Predigten und Traktate*, herausgegeben und übersetzt von Josef Quint. Zürich: Diogenes, 1979. Eckhart, der als einer der größten Mystiker des Christentums angesehen wird, übte einen nachhaltigen Einfluss auf Philosophen wie Hegel, Fichte und Heidegger aus. Eckharts mystische Erfahrung und Metaphysik, deren Kern die essentielle Einheit der Seele mit Gott ist, enthalten starke Anklänge an östliche Philosophie und spirituelle Praxis.

Edgerton, Franklin (Übers.). *Bhagavad-Gita*. Harper Torchbooks, 1964. Wenn man eine wörtliche Übersetzung dieses mit Recht so berühmten indischen Textes sucht, die exakt Silbe für Silbe vorgeht, ist diese unübertroffen. Darüber hinaus bietet Edgerton sehr klare und überzeugende Erläuterungen. Die Bhagavad-Gita ist einer der tiefgründigsten spirituellen Texte der Menschheit.

Einstein, Albert. *Mein Weltbild*. © Europa Verlag Zürich, 1954. In diesem Buch finden wir die manchmal überraschenden Gedanken des großen Wissenschaftlers über spirituelle Dinge und das Leben überhaupt.

Eliade, Mircea. *Schamanismus und archaische Ekstasetechnik*. Frankfurt am Main: Suhrkamp, 1999. Ein bahnbrechendes Werk über den Schamanismus in steinzeitlichen Kulturen überall auf der Welt. Eliade bezeichnet den Schamanen als »Spezialisten für Ekstasetechnik«. Sein Buch bietet eine reichhaltige Bibliographie.

Eliot, T.S. *Complete Poems and Plays*. Harcourt, Brace & World, 1971. (*Werke*, 4 Bde., herausgegeben von Eva Hesse. Frankfurt am Main: Suhrkamp, 1988.) Der in Amerika geborene Eliot verstand es wie kaum ein anderer, die Leere und Ziellosigkeit des modernen Lebens einzufangen. Der beißenden Schärfe seiner Beobachtungen steht jedoch eine der ganz großen spirituellen Dichtungen des zwanzigsten Jahrhunderts gegenüber, die »Vier Quartette«.

Emerson, Ralph Waldo. *The Best of Ralph Waldo Emerson.* Walter J. Black, Inc., 1969. (Auf Deutsch verschiedene Einzel- und Sammelausgaben, z.B. *Essays.* Essen: Magnus, 1987; *Von der Schönheit des Guten.* Zürich: Diogenes, 1992.) Emerson, den man auch »Hindu-Yankee« oder »Plotin-Montaigne« genannt hat, war entscheidend geprägt durch Schellings Idealismus und die große heilige Schrift Indiens, die Bhagavad-Gita. Neben Henry David Thoreau ist er Amerikas berühmtester Transzendentalist, weltweit bekannt vor allem durch seinen Glauben an »self-reliance« (im Sinne von Selbstvertrauen und Eigenständigkeit) und die »Über-Seele«.

Epiktet. *Handbüchlein der Moral und Unterredungen.* Stuttgart: Kröner, 1984. Diese um 100 n. Chr. entstandene und ganz unprätentiös auftretende Schrift hat sich als zeitloses Buch der Lebenshilfe erwiesen. Der große stoische Philosoph, der selbst lange Jahre des Sklavendaseins erlebte, bietet praktische Weisheit und schreibt über Tugend und Freiheit.

Evans-Wentz, William Y. *Milarepa, Tibets großer Yogi.* Bern: O.W. Barth, 1978. Die Tibeter verehren Milarepa als einen ihrer größten Dichter und Erleuchteten. Evans-Wentz übersetzte seine Biografie aus dem Tibetischen und versah sie mit Anmerkungen.

Fadiman, James, und Robert Frager (Hg.). *Essential Sufism.* Harper Collins, 1997. Diese lesenswerte Einführung in die islamische Mystik enthält über dreihundert Fabeln, Gedichte und Gebete aus alter und neuer Zeit, verfasst von Propheten, Dichtern, Lehrern und Weisen des Sufismus.

Ficino, Marsilio. *Briefe.* Haarlem: Rozekruis Pers, 1994. Und *Briefe des Mediceerkreises.* Berlin: Juncker, 1926. Der große Philosoph, Mentor und Übersetzer im Florenz der Renaissance war auch ein vorzüglicher Briefeschreiber. Gerade die Briefe offenbaren seine mystische Einsicht, seine hoch fliegende Imagination, sein schöpferisches metaphysisches Denken und sein tiefes Gefühl für Freundschaft. Wie Plotin, Ibn 'Arabi und andere Mystiker, die zugleich profunde Denker waren, weist er den Weg zu einer Offenbarungsmetaphysik für unsere Zeit.

–. *Das Buch des Lebens*. Berlin; New York: de Gruyter, 1980. Eines der bedeutendsten, seinen Einfluss aber mehr im Verborgenen ausübenden Bücher der italienischen Renaissance. Stets die Seele im Blick, gibt es Ratschläge zu vielen Bereichen des Lebens – Ernährung, Astrologie, Gesundheit, Melancholie, langes Leben.

Frazer, James. *The Golden Bough: A Study in Comparative Religion*, 12 Bde. Macmillan, 1911–15. Ein enorm einflussreiches Werk über »primitive« Religion und Magie. Es existiert auch in einer von Theodore Gaster herausgegebenen gekürzten Fassung. (*Der goldene Zweig*. Reinbek bei Hamburg: Rowohlt, 2000.)

Freud, Sigmund. *Studienausgabe*. Frankfurt am Main: Fischer. Freud ist einer der größten Revolutionäre des modernen Lebens, dessen grundlegende Forschungsarbeit inzwischen in sehr viele Wissensgebiete Eingang gefunden hat. Heute wird vielfach an ihm kritisiert, dass er allzu sehr auf Kindheitstraumata und Sexualität ausgerichtet war, doch seine eigentliche Leistung, die Entdeckung des Unbewussten und der psychischen Abwehrmechanismen, ist von bleibendem Wert, zumal die Heilkraft von Psychotherapie und Selbsterkenntnis gerade in dieser Zeit der Entdeckung unseres höheren Potenzials durch nichts zu ersetzen ist.

Galilei, Galileo. *Dialog über die beiden hauptsächlichen Weltsysteme, das ptolemäische und das kopernikanische*. Stuttgart: Teubner, 1982. Der große italienische Astronom und Physiker veröffentlichte nicht nur seine (durch die Erfindung des Fernrohrs möglich gewordene) Entdeckung der Sonnenflecken, der Jupitermonde und anderer Himmelskörper, sondern wagte mit seinem *Dialog* die Verteidigung des kopernikanischen Weltbildes, worauf das Werk 1632 prompt verboten wurde. Im Jahr darauf machte die Inquisition ihm den Prozess und verurteilte ihn zu lebenslangem Hausarrest. Galileo gehört zu den ganz großen Wegbereitern der modernen Naturwissenschaft.

Gibbon, Edward. *Verfall und Untergang des Römischen Reiches*. Frankfurt am Main: Eichborn, 2000. In diesem großen Geschichtswerk betrachtet der britische Historiker Größe und Untergang des römischen Imperiums von den Anfängen bis zum Beginn des Mittelalters.

Ginzberg, L. *Legends of the Bible*. Jewish Publication Society of America, 1956. Dies ist die ausgezeichnete Kurzfassung eines ursprünglich siebenbändigen Werks, in dem Ginzberg untersucht, was die jüdische Imagination aus ihrem biblischen Erbe gemacht hat.

Goethe, Johann Wolfgang von. *Faust: der Tragödie erster und zweiter Teil. Urfaust*. München: Beck, 1999. Der Faust-Stoff, hier in seiner wohl großartigsten Gestaltung, spielt im modernen Denken immer noch eine Rolle als Allegorie des Strebens nach Wissen um jeden Preis und des damit verbundenen »Teufels-Pakts«.

Govinda, Lama Anagarika. *Der Weg der weißen Wolken: Erlebnisse eines buddhistischen Pilgers in Tibet*. Bern u.a.: Scherz, 2000. Der berühmte abendländische Buddhist schildert hier seine spirituellen Abenteuerreisen in Tibet und Indien, wobei höchst wundersame Erlebnisse sich mit informativen Passagen abwechseln. Der in Deutschland geborene Govinda fühlte sich zuerst zum Theravada-Buddhismus Südostasiens hingezogen, fand jedoch seine Heimat später im tibetischen Buddhismus.

Green, Elmer und Alyce. *Biofeedback – eine neue Möglichkeit zu heilen*. Freiburg im Breisgau: Bauer, 1999. In dieser wegbereitenden Arbeit über Biofeedback stellen Elmer und Alyce Green ihre eigenen Forschungen zu möglichen Anwendungsformen der Selbstregulation dar und betrachten ihre Bedeutung für die Kreativität, bei der Meditation und für die Heilung von Krankheiten oder auch für die Kräfte von Medien, Heilern und Mystikern.

Griffiths, Bede. *Unteilbarer Geist: Quelle der heiligen Schriften*. Andechs: Dingfelder, 1996. Eine ganz vorzügliche Anthologie heiliger Schriften, von einem katholischen Mönch mit Einführungen versehen, der viele Jahre seines Lebens in Indien verbrachte und sich tief auf die spirituellen Traditionen dieses Landes einließ.

Gurdjieff, G.I. *Begegnungen mit bemerkenswerten Menschen.* München: Heyne, 1997. Der moderne Mystiker Gurdjieff schildert hier sein außerordentlich wechselvoll verlaufenes Leben und erzählt von seinen Lehrern. Gurdjieffs »vierter Weg«, der Pfad der Erleuchtung im Alltag, hat in den letzten Jahrzehnten viel Zulauf in den Vereinigten Staaten und Europa erhalten.

–. *All und alles.* München: Hugendubel, 2000. Gurdjieffs Hauptwerk beschreibt einen außergewöhnlichen Weg zum spirituellen Erwachen. Es birgt einen großen Reichtum an esoterischem Wissen und ist dazu voller spitzbübischem Humor und Verständnis für das Menschliche.

Guthrie, William K. *Die griechischen Philosophen von Thales bis Aristoteles.* Göttingen: Vandenhoeck & Ruprecht, 1963. Guthrie war ein großer Kenner der griechischen Philosophie und ein sehr produktiver Autor. Wer sich für die Wurzeln jenes Denkens interessiert, das mit Sokrates, Platon, Aristoteles, den Stoikern und Epikureern zur Hochblüte der griechischen Philosophie führte, hat mit diesem Buch einen sehr guten Einstieg.

Hafis. *Der Diwan,* 2 Bde. Kelkheim: Yin Yang Media, 1999. Ein Werk voller überschwänglicher Freude, das die tiefe Begeisterung des großen Sufi-Mystikers und Dichters wiedergibt.

Hanh, Thich Nhat. *Das Herz von Buddhas Lehre: Leiden verwandeln – die Praxis des glücklichen Lebens.* Freiburg im Breisgau: Herder, 2001. Eine schlichte und poetische Einführung in die Kernlehren des Buddhismus – zum Beispiel die Vier Edlen Wahrheiten und den Edlen Achtfachen Pfad – und etliche Sutras. Der berühmte buddhistische Mönch aus Vietnam verbindet Erzählungen aus der klassischen buddhistischen Literatur mit heutigen Begebenheiten und zeigt auf, was sie im Kern bedeuten.

Harner, Michael. *Der Weg des Schamanen.* München: Ullstein-Taschenbuchverlag, 2002. Der Ethnologe Harner, der bei südamerikanischen Zauberern in die Lehre ging, ist sowohl Wissenschaftler als auch praktizierender Schamane. Eine ausgezeichnete kurze Einführung in Grundgedanken und Praxis des Schamanismus.

Harvey, Andrew (Hg.). *The Essential Mystics: The Soul's Journey into Truth*. Harper San Francisco, 1996. Diese Sammlung bietet Zeugnisse aller großen Traditionen für die Beziehung der Mystiker zum Göttlichen. Sie enthält die Lehren indianischer, australischer und afrikanischer Seher und schöpft auch aus daoistischen, buddhistischen, jüdischen, christlichen, hinduistischen und islamischen Quellen und berücksichtigt außerdem die alten Griechen. Überall das gleiche Verlangen der Seele, sich mit dem Göttlichen zu vereinigen – und sich zu diesem Zweck ganz und gar auf die Welt einzulassen. Leichte Lektüre mit praktischen Hinweisen zu den angesprochenen mystischen Traditionen.

Heinberg, Richard. *Memories and Visions of Paradise: Exploring the Universal Myth of a Lost Golden Age*. Quest Books, 1995. Der Autor unterscheidet in seiner Gesamtschau der Legenden und Träume vom verlorenen Goldenen Zeitalter zwischen bloßer Nostalgie und dem ewigen menschlichen Verlangen, ein besseres Leben zu finden oder zu schaffen.

Heschel, Abraham Joshua. *Gott sucht den Menschen: eine Philosophie des Judentums*. Neukirchen-Vluyn: Neukirchener Verlag, 2000. Jacob Neusner, ein großer jüdischer Gelehrter des zwanzigsten Jahrhunderts, nannte dieses Buch »eine liebevoll und überaus kenntnisreich geschriebene Darstellung der klassischen jüdischen Theologie, die denkbar beste Einführung in die intellektuelle Überlieferung des Judentums«.

Hick, John. *Religion: die menschliche Antwort auf die Frage nach Leben und Tod*. München: Diederichs, 1996. Der Autor gehört zu den bedeutendsten zeitgenössischen Religionsphilosophen. Selbst ein Christ, studierte er die anderen religiösen Traditionen der Welt mit Sympathie und wissenschaftlicher Akribie. In diesem Buch legt er seine Überzeugung dar, dass Religion eine kulturell geprägte Antwort auf ein und dieselbe, wenn auch unter vielen Namen bekannte spirituelle Wirklichkeit ist.

–. *Death and Eternal Life*. Harper & Row, 1976. In keinem anderen Punkt sind die Religionen so uneins wie in der Frage des Lebens nach dem Tod. Hick begibt sich mit großem Sachverstand auf diesen schwankenden Boden und entwickelt eine neue

Theorie unseres Schicksals nach dem Tod. Man mag ihm zustimmen oder nicht, jedenfalls ist dieses Buch ungemein reich an Einsichten und imaginativen Spekulationen.

Hildegard von Bingen. Die Werke Hildegards liegen in zahlreichen Einzelausgaben bei verschiedenen Verlagen vor, insbesondere bei Otto Müller in Salzburg. Die heilige Hildegard (1098 bis 1179), Äbtissin eines Benediktinerinnenklosters, Komponistin, Dichterin, Malerin, Theologin, Heilerin, Biografin und vor allem Mystikerin, gewinnt bei heutigen spirituellen Suchern immer mehr an Bedeutung.

Hillman, James. *Re-visioning Psychology*. Harper & Row, 1975. »Revision der Psychologie« bedeutet für den Psychologen Hillman, dass die Seele wiederentdeckt werden muss, dass sie ihren angestammten Platz im Leben wieder einnehmen muss. Daraus folgt, dass man in der Psychotherapie nicht ausschließlich auf das Pathologische starren darf, sondern Kreativität und Imagination Raum geben muss.

Hixon, Lex. *Eins mit Gott: Mystik jenseits von Religion und Zeit*. München: Knaur, 1992. In diesem sehr schön geschriebenen Buch betrachtet der Religionswissenschaftler Hixon die Erleuchtungserfahrung zentraler Gestalten im tantrischen Hinduismus, im Zen, in Christentum, Judentum, Sufismus und Daoismus.

–. *Great Swan: Meetings with Ramakrishna*. Hier wird der lichtvolle Verstand und Geist des großen bengalischen Mystikers wunderbar deutlich und der Leser erhält außerdem praktische Anleitung und spirituelle Inspiration – ein lebendiges Bild der Ekstasen und der fesselnden Persönlichkeit des Heiligen.

Homer. *Ilias/Odyssee*. München: dtv, 2002. Diese beiden Epen gehören zum bleibenden Grundbestand der abendländischen Kultur. Ihr unerschöpflicher geschichtlicher, psychologischer und künstlerischer Reichtum führt jeder Generation aufs Neue die zeitlose Schönheit und Kraft großer Literatur vor Augen.

Hume, Robert E. (Übers.). *The Thirteen Principal Upanishads*. Oxford University Press, 1931. Eine der umfangreichsten und brauchbarsten Übersetzungen, wissenschaftlich fundiert, mit einer ausgezeichneten Einführung und Anmerkungen versehen.

Huxley, Aldous. *Die Pforten der Wahrnehmung.* München u.a.: Piper, 2000. Der Titel dieses Essays, in dem es um die spirituelle Dimension der normalen und der höheren Wahrnehmung geht, lässt einen berühmten Ausspruch William Blakes anklingen: »Sind die Pforten der Wahrnehmung gereinigt, wird alles dem Menschen erscheinen, wie es ist, unendlich.«

–. *Die ewige Philosophie.* München u.a.: Piper, 1987. Ein Buch über die spirituelle Einheit in der Tiefenstruktur aller Religionen. Es bietet eine thematisch gegliederte Sammlung von Zitaten aus verschiedenen Traditionen und Huxleys großartige Kommentare.

Isherwood, Christopher. *Ramakrishna and His Disciples.* Simon & Schuster, 1959. Ausgezeichnete Einführung in Leben und Wirken eines der größten Mystiker, verfasst von einem bedeutenden Essayisten und Romanautor.

James, William. *The Varieties of Religious Experience.* Penguin Classics, 1982. (*Die Vielfalt religiöser Erfahrung: eine Studie über die menschliche Natur.* Frankfurt am Main u.a.: Insel, 1997.) Ein Klassiker zur Psychologie der Religion, viel zitiert und von breiter und nachhaltiger Wirkung. Der eloquente Philosoph und Vater der amerikanischen Psychologie schreibt über Mystik, Bekehrungserfahrungen und das Pathologische im religiösen Bereich.

Johannes vom Kreuz. *Sämtliche Werke.* Freiburg im Breisgau: Herder. Johannes vom Kreuz trug neben Teresa von Avila zur Reform des Karmeliterordens in Spanien bei und gilt als einer der größten Mystiker des Christentums. Seine Werke geben ein eindrucksvolles Bild vom kontemplativen Leben.

Jung, Carl Gustav. *Erinnerungen, Träume, Gedanken.* Zürich u.a.: Walter, 1997. Das Besondere an dieser eindrucksvollen Autobiografie besteht in der Freimütigkeit, mit der Jung sein Innenleben preisgibt – eine Serie quälender Träume, dunkle Ahnungen, Synchronizitäten, alchimistische Forschungen und die Details seiner »Midlife«-Seelenkrise.

–. *Synchronizität, Akausalität und Okkultismus*. München: dtv, 2001. Das erste und nach wie vor definitive Buch über das, was Jung »bedeutsame Koinzidenzen« nannte. In wissenschaftlicher Absicht verfasst und daher nicht immer leichte Lektüre, aber mit faszinierenden Beispielen von Präkognition, Hellsichtigkeit und Telepathie angereichert, die nach Jungs Auffassung nur unter dem Gesichtspunkt der Synchronizität zu deuten sind.

Jungclaussen, Emmanuel (Hg.). *Aufrichtige Erzählungen eines russischen Pilgers*. Freiburg im Breisgau u.a.: Herder, 1999. Das Buch erzählt vom Seelenleben eines einfachen russischen Laien des neunzehnten Jahrhunderts, der das Herzensgebet zu seiner spirituellen Praxis machte. Ein bewegendes und schönes Buch von der Tiefe eines christlichen Lebens.

Khan, Hazrat Inayat. *The Heart of Sufism: Essential Writings of Hazrat Inayat Khan*, herausgegeben von Hendrikus J. Witteveen. Shambhala, 1999. Hazrat Inayat Khan brachte den Sufismus in den Westen und gründete 1910 einen Sufi-Orden. Witteveen destilliert aus der sechzehnbändigen Werkausgabe die spirituelle Essenz des Meisters. In dieser Sammlung finden wir auch Khans Worte über den großen Sufi-Dichter Rumi. Eine der Kernaussagen Khans: »Nicht durch Selbstverwirklichung erkennt der Mensch Gott, sondern in der Gotteserkenntnis verwirklicht er sich selbst.« (Siehe auch: Hendrikus J. Witteveen. *Universaler Sufismus: die Sufi-Botschaft von Hazrat Inayat Khan*. Heilbronn: Verlag Heilbronn, 1998.)

Khan, Pir Vilayat Inayat. *Erwachen: eine Sufi-Erfahrung*. München: Goldmann, 2000. In diesem Buch führt der Sohn von Hazrat Inayat Khan den Leser durch Meditation und Visualisation, durch das »Wirbeln« der Derwische und den *Dhikr* (das Ritual, das die Gegenwart Gottes im Herzen ermöglicht), den Weg, der über das Ich hinaus geht. *Erwachen* ist Pir Vilayats am leichtesten zugängliches Buch über die Leitthemen des Sufismus und die Selbsttransformation.

Kandinsky, Wassily. *Über das Geistige in der Kunst*. Bern: Benteli, ca. 1975. Die Rolle des Künstlers besteht nach Kandinskys Auffassung darin, das Innenleben der Dinge zu erspüren. Man fühlt sich an Schilderungen der Kundalini-Erfahrung erinnert, wenn er sagt, Kunst habe »das geistige Dreieck zu heben«.

Kant, Immanuel. *Kritik der reinen Vernunft*. Hamburg: Meiner, 1998. In diesem Werk, einem Meilenstein der abendländischen Philosophie, legt Kant dar, dass das »Ding an sich« nicht unmittelbar erkannt werden kann, weil unser Erkennen durch Kategorien bestimmt ist, durch formale Bedingungen, unter denen wir die Welt wahrnehmen.

Kapleau, Philip. *Die drei Pfeiler des Zen*. München: O.W. Barth, 2000. Ein lebendiges Buch über die Zen-Praxis im modernen Japan – Lehrvorträge von Zen-Meistern, Gespräche zwischen Meister und Schüler, Briefe, Berichte von Zen-Erfahrungen.

Kerényi, Karl. *Die Mysterien von Eleusis*. Zürich: Rhein, 1962. Kerényi untersucht hier den antiken Mysterienkult auf seine Bedeutung für die moderne Psychologie hin.

Knitter, Paul. *Ein Gott, viele Religionen: gegen den Absolutheitsanspruch des Christentums*. München: Kösel, 1988. Wer die Theorien über die Einheit der Religionen kennen lernen und sich über die Haltung des Christentums gegenüber anderen Religionen informieren möchte, wird kein besseres Buch als dieses finden. Sein Verfasser, ein Christ, spricht von der Notwendigkeit einer neuen globalen Theologie, in der das Christentum keine Sonderstellung mehr beanspruchen kann.

Koch, Raimondo (Übers.). *Die Blümlein des Franz von Assisi*. München: Kösel, 1988. Eine Sammlung legendärer Berichte über den heiligen Franziskus, den vielleicht beliebtesten aller christlichen Heiligen – Fabeln und Geschichten, die sich um ihn sammelten wie die Vögel auf seinen Schultern.

Kripal, Jeffrey. *Kali's Child: The Mystical and the Erotic in the Life and Teachings of Sri Ramakrishna*. University of Chicago

Press, 1998. Eine wegweisende Untersuchung, in der Kripal, Professor der Religionswissenschaft, die homoerotische Dimension in Leben und Wirken des großen indischen Mystikers betrachtet.

Kuhn, Thomas S. *Die Struktur wissenschaftlicher Revolutionen.* Frankfurt am Main: Suhrkamp, 1995. Ein zum Klassiker gewordenes Grundlagenwerk über die wissenschaftliche Methode, ihre praktische Umsetzung, ihre pädagogischen Aspekte und ihr »Brauchtum«. Kuhn führt hier den Begriff des »Paradigmenwechsels« ein, um damit große Umbrüche in der wissenschaftlichen Theoriebildung zu bezeichnen.

Lao-Tzu. *Tao Te Ching,* übertragen von Stephen Mitchell. Harper Collins, 1992. Dem Lyriker und Schriftsteller Mitchell ist hier eine schöne und eindrucksvolle Übersetzung dieses klassischen Handbuchs der Lebenskunst gelungen. (Auf Deutsch liegen mehrere Übersetzungen vor; eine Ausgabe in sieben Sprachen ist: *Tao te King.* Budapest: Farkas, 1995.)

–. *Tao Te Ching,* übertragen von Jonathan Star. Tarcher/Putnam, 2001. Star bietet die erste wörtliche Übersetzung jedes einzelnen Schriftzeichens des Originals, und der Leser erhält ein einzigartiges Werkzeug, um den Text in seiner ganzen Tiefe auszuloten.

Le Mee, Jean (Übers.). *Hymns of the Rig Veda.* Knopf, 1975. Sorgfältig ausgewählte und schön übersetzte Passagen des Rig-Veda in ästhetisch anspruchsvoller Präsentation mit Fotos auf jeder Seite. (Siehe auch: Paul Thieme. *Gedichte aus dem Rig-Veda.* Stuttgart: Reclam, 1993.)

Leonardo da Vinci: Gemälde, Zeichnungen, Studien, eingeleitet von Giorgio Nicodemi. Leipzig: Asmus, 1940. Keine Betrachtung der Renaissance ist vollständig ohne zumindest einen Blick auf die Schriften, Kunstwerke und wissenschaftlichen Skizzen Leonardos. Er war wie nur wenige andere der Inbegriff des »Renaissance-Menschen« und kannte als Maler, Bildhauer, Architekt, Ingenieur, Wissenschaftler, Dichter, Musiker, Erfinder und Experimentator nicht seinesgleichen.

Lin Yutang. *Konfuzius*. Frankfurt am Main: Fischer, 1957. Eine fesselnde Einführung mit Kommentaren des berühmten Kenners der chinesischen Philosophie. Das Buch bringt auch repräsentative Ausschnitte aus den Hauptwerken des Konfuzianismus.

Luther, Martin. *Die reformatorischen Grundschriften*. Darmstadt: Wissenschaftliche Buchgesellschaft, 1983. Luthers Proteste gegen Missstände in der christlichen Kirche wurden zum Auslöser der Reformation. Die hier gesammelten Schriften machen Luthers Glauben und seine Überzeugungen erkennbar.

Mann, W. Edward, und Edward Hoffman. *Wilhelm Reich: The Man Who Dreamed of Tomorrow*. Tarcher/Putnam, 1980. Eine Biografie des österreichischen Psychoanalytikers. Er beschrieb als erster die Auswirkungen unbewusster Muskelspannungen, die er »Körperpanzer« nannte, auf die Psyche, die destruktiven Auswirkungen autoritärer Gesellschaften und politischer Systeme und die Freisetzung von Lebensenergie durch Psychotherapie, Selbsterforschung und körperliche Therapieformen.

Marc Aurel. *Selbstbetrachtungen*. Frankfurt am Main: Insel, 1992. Der große römische Kaiser (121 bis 180 n. Chr.) war außerdem ein stoischer Philosoph. In seiner gesellschaftliche, politische und spirituelle Aspekte einschließenden Philosophie finden sich viele Anklänge an die von uns in diesem Buch entwickelte Vision der Transformation.

Mascaró, Juan (Übers.). *The Bhagavad Gita*. Penguin Classics, 1965. Eine lesenswerte Übertragung dieser klassischen Erzählung vom Gespräch des Gottes Krishna mit dem Krieger Arjuna, in dem es um Gut und Böse, Liebe und Krieg, Atman und Brahman geht.

–. *The Dhammapada: The Path of Perfection*. Penguin Classics, 1974. Eine eindrucksvolle Fassung dieses klassischen buddhistischen Weisheitsbuchs.

–. *Upanishads*. Eine weniger strenge und genaue Übertragung als die von Hume, aber auf ihre Weise ebenfalls eine gültige Fassung der zwölf ganz oder teilweise aufgenommenen Upanischaden. Der einführende Essay setzt das Denken der Upanischaden zu anderen mystischen Werken in Beziehung.

Maslow, Abraham. *Psychologie des Seins*. Frankfurt am Main: Fischer, 1997. Ein grundlegender Text der humanistischen und transpersonalen Psychologie.

–. *The Farther Reaches of Human Nature*. Viking, 1971. In diesem ebenfalls grundlegenden Werk geht es um die höheren »Bedürfnisse« und Potenziale des Menschen.

Merton, Thomas. *Wahrhaftig beten*. Freiburg, Schweiz: Paulus, 1971. In diesem Kleinod von einem Buch bringt Merton seine Studien zum kontemplativen Gebet und seine eigene Erfahrung damit auf den Punkt. Er bezieht sich hier auf Johannes vom Kreuz und andere große Vertreter beziehungsweise Strömungen der christlichen Mystik.

–. *Der Berg der sieben Stufen*. München: Goldmann, 1988. In seinem ersten Buch schildert Merton seine anfänglichen Zweifel, den Umschwung zu einer absoluten Glaubensgewissheit und die Entscheidung, die unwiderruflichen Gelübde eines Trappistenmönchs abzulegen. Sicher eines der wichtigsten Werke des kontemplativen Christentums im zwanzigsten Jahrhundert.

Meyer, Marvin W. (Hg.). *The Ancient Mysteries: A Sourcebook of Sacred Texts of the Mystery Religions of the Ancient Mediterranean World*. Harper San Francisco, 1987. Eine Sammlung von Texten, die eindringlich veranschaulichen, dass Ritual, Zeremonie und heiliger Raum tiefe Transformationserfahrungen auslösen können. (Siehe auch: Marion Giebel. *Das Geheimnis der Mysterien*. Düsseldort; Zürich: Artemis und Winkler, 2000.)

Milton, John. *Das verlorene Paradies*. Ditzingen: Reclam. In diesem Epos, dem vielleicht größten der englischen Literatur, schildert Milton Erschaffung, Sündenfall und Erlösung des Menschen. Wenn wir es unter dem Gesichtspunkt des spirituellen Erwachens lesen, offenbart es immer weitere Schichten der Bedeutung und Schönheit.

Mitchell, Stephen. *The Gospel According to Jesus: A New Translation and Guide to His Essential Teachings for Believers and Unbelievers*. Harper Collins, 1991. Leben und Lehre Jesu, dargestellt anhand einer aufschlussreich kommentierten Neuübersetzung der Evangelien, aus denen Mitchell alles eliminierte, was die Forschung inzwischen als spätere Hinzufügung erkannt hat.

Montaigne, Michel de. *Essais*, 3. Bde. München: BTB bei Goldmann, 2000. Montaigne wird als der Vater dieser Literaturgattung angesehen, und seine eigenen *Essais* sind seit ihrem Erscheinen (1580) nie vergriffen gewesen. Übrigens wählte Montaigne die Bezeichnung »Essais« – üblicherweise mit »Versuche« übersetzt, aber dem ursprünglichen lateinischen Wortsinn nach könnte man auch »Erwägungen« oder »Sondierungen« sagen –, weil es ihm darum ging, sich und die Welt klarer und tiefer zu erfassen.

Needleman, Jacob. *The Heart of Philosophy: An Introduction to Philosophy with the Magic Left In*. Harper San Francisco, 1982. Mit echter Herzenswärme und philosophischer Tiefe wendet sich Needleman den großen und lebensnahen Lehren der großen Denker zu und zeigt uns, dass die Philosophie ein unschätzbar wertvolles Instrument der Transformation sein kann.

Newton, Isaac. *Philosophiae naturalis principia mathematica*. (*Mathematische Prinzipien der Naturlehre*. Darmstadt: Wissenschaftliche Buchgesellschaft, 1962. Neuübersetzung in Auswahl: *Mathematische Grundlagen der Naturphilosophie*. Hamburg: Meiner, 1988.) Ein wahrhaft epochemachendes Werk, in dem der große Physiker seine historischen Entdeckungen zur Schwerkraft und die Bewegungsgesetze darlegt.

Nicholson, Reynold A. *Studies in Islamic Mysticism*. Cambridge University Press, 1967. *The Idea of Personality in Sufism*. Cambridge University Press, 1923. *The Mystics of Islam*. G. Bell & Sons, 1914. Diese Bücher, Zeugnisse von Nicholsons fachlicher und schriftstellerischer Souveränität, sind nach wie vor wichtig und nützlich. Manche Kenner des Islam halten das letztgenannte

Werk zusammen mit Arberrys *Sufism* für den besten Zugang zu diesem Gebiet. (Siehe auch Schimmel, Annemarie.)

Novak, Philip. *The World's Wisdom*. Harper San Francisco, 1994. Eine schöne und klar abgefasste Anthologie ausgewählter Passagen aus den heiligen Schriften der Welt.

Otto, Rudolf. *Das Heilige*. München: Beck, 1987 (erschienen 1917). Ein Buch von nachhaltiger Wirkung über die numinose Dimension der religiösen Erfahrung, verfasst von einem der profiliertesten Religionswissenschaftler seiner Zeit.

Ouspensky, P.D. *Auf der Suche nach dem Wunderbaren*. München: O.W. Barth, 1991. Ouspensky erzählt in diesem Buch zunächst von seiner ersten Begegnung mit Gurdjieff in einem Moskauer Vortragssaal (1915) und gibt dann eine eindrucksvolle Schilderung der nächsten acht Jahre, in denen er Gurdjieffs Schüler war. Ouspenskys geordnetes Denken, sein philosophischer Scharfsinn und sein spiritueller Abenteuergeist machen dieses Buch zu einem guten Einstieg für jeden, der Gurdjieffs Lehren kennen lernen möchte.

–. *Der vierte Weg*. Basel: Sphinx, 1991. Eine Sammlung wörtlicher Auszüge aus Ouspenskys Vorträgen 1921 bis 1946, einschließlich seiner Antworten auf Fragen der Schüler.

–. *Vom inneren Wachstum des Menschen*. Weilheim: O.W. Barth, 1965. Eine Einführung in Gurdjieffs Denken über Bewusstsein und spirituelle Entwicklung.

Ovid. *Metamorphosen*. Düsseldorf u.a.: Artemis und Winkler, 2001. Dieses großartige Epos in Hexametern gilt seit etwa zweitausend Jahren als wichtige Informationsquelle zur griechischen Antike und bietet tiefe psychologische Einblicke in die unaufhörlichen »Verwandlungen« des Menschen.

Pagels, Elaine. *Versuchung durch Erkenntnis: die gnostischen Evangelien*. Frankfurt am Main: Suhrkamp, 1989. Dieses Buch beruht auf den 1945 in Nag Hammadi (Ägypten) entdeckten gnostischen Texten des Christentums. Es stellt die Selbsterkenntnis als den Weg zur Vereinigung mit Gott dar und macht erkennbar, dass die Entwicklung des Christentums möglicherweise anders verlaufen wäre, hätte man gnostische Texte in den Kanon der heiligen Schriften aufgenommen.

Pannika, Raimundo. *The Vedic Experience: Mantramanjari.* University of California Press, 1977. Eine reichhaltige Einführung in das vedische Denken, die dem Leser einen lebhaften Eindruck vom vedischen Bewusstsein vermittelt. Eine wunderbare Textauswahl und Übersetzung mit einführenden Worten und Analysen.

Paracelsus. *Sämtliche Werke*, 4 Bde. Anger: Anger Verlag Eick, 1993. Auswahl: *Lebendiges Erbe.* St. Goar: Reichl, 2002. Der große Arzt Paracelsus war einerseits noch durchdrungen von Astrologie, Mystik und Okkultismus der Renaissance, steht aber andererseits bereits für den Übergang vom Zeitalter des Glaubens zur Aufklärung.

Patanjali. *Yoga Sutras*, unter dem Titel *The Science of Yoga* übersetzt von I.K. Taimni. Theosophical Publishing House, 1967. Der Grundtext des Yoga in einer besonders gelungenen und einfühlsam kommentierten Übersetzung. (Auf Deutsch liegen mehrere Übersetzungen vor, zum Beispiel *Patanjali, die Wurzeln des Yoga.* Bern u.a.: O.W. Barth, 1990.)

Platon. *Sämtliche Werke*, 4 Bde. Reinbek bei Hamburg: Rowohlt, 1994. Oder: *Sämtliche Dialoge*, 7 Bde. Hamburg: Meiner, 1993. Zwei Dialoge möchten wir besonders erwähnen, nämlich *Phaidon*, Platons Bericht von den letzten Stunden seines Lehrers Sokrates, ein inspirierendes Gespräch über die Unsterblichkeit der Seele; und *Symposion*, einen der am meisten gelesenen Dialoge Platons. In dieser Folge von Vorträgen geht es um das Wesen der Liebe, und der Dialog endet mit zwei Höhepunkten: der Rede des Sokrates über die transformative Reise der Liebe als Aufstieg zum Schönen und die anschließende Lobrede des überraschend aufgetauchten Alkibiades, in die Platon seine ganze Liebe zu seinem Lehrer hineinlegt.

Plotin. *The Enneads*, übersetzt von Stephen Mackenna. Larson Publications, 1992. Huston Smith war so begeistert von dieser

Übersetzung, dass er sie »erhaben« nannte. Das Buch selbst wird von vielen als die »Bibel der Schönheit« und als eines der kostbarsten Werke der abendländischen spirituellen Literatur gesehen. Eine deutsche Fassung: *Die Enneaden des Plotinus*, übersetzt von J.G.W. Engelhardt. Erlangen: Palm und Enke.

Progoff, Ira (Übers.). *The Cloud of Unknowing*. Dell, 1957. Progoffs ausgezeichnete Einführung stimmt den Leser auf die Begegnung mit dem Geist dieses anonymen spirituellen Klassikers ein, der einen Zustand der vollkommenen Offenheit oder des »Nichtwissens« als Voraussetzung für das Erlebnis der lebendigen Gegenwart Gottes ansieht. Eine deutsche Fassung: *Die Wolke des Nichtwissens*, übersetzt und eingeleitet von Willi Massa. Freiburg im Breisgau: Herder, 1999.

Radhakrishnan, Sarvapalli. *The Principal Upanishads*. Harper & Brothers, 1953. Der vollständige Sanskrittext von acht Upanischaden in der hervorragenden Übersetzung eines der bekanntesten indischen Philosophen des zwanzigsten Jahrhunderts, mit Erläuterungen und einer historisch-philosophischen Einleitung.

Ramakrishna, Sri. *Das Vermächtnis*. München: O.W. Barth, 1981. Gespräche Ramakrishnas mit seinen Schülern und mit Besuchern zwischen 1882 und 1886, aufgezeichnet von seinem Schüler »M.«

Rousseau, Jean-Jacques. *Bekenntnisse*. Frankfurt am Main: Insel, 1985. Ein Werk von historischer Bedeutung, verfasst von einem der Väter der Aufklärung und der französischen Romantik.

Rumi, Jelaluddin. *The Essential Rumi*, übersetzt von Coleman Barks. Harper San Francisco, 1995. Diese Übersetzungen und Nachdichtungen haben dazu beigetragen, dass Rumi heute, siebenhundert Jahre nach seinem Tod, einer der beliebtesten Dichter der Welt ist. (Auf Deutsch liegen verschiedene Werk- und Sammelausgaben vor, zum Beispiel *Die Sonne von Tabriz*. Frankfurt am Main: Fischer, 1997.)

Satprem. *Sri Aurobindo und das Abenteuer des Bewußtseins*. München: O.W. Barth, 1976. Eine lebendige Einführung in Leben, Wirken und Denken des großen Mystikers und Philosophen.

Schelling, Friedrich Wilhelm Joseph. *System des transzendentalen Idealismus*. (Siehe Eintrag zum 1. Kapitel.)

Schimmel, Annemarie. *Mystische Dimensionen des Islam*. Frankfurt am Main: Insel, 1995. Großer historischer Überblick über die Mystik des Islam, verfasst von einer ausgewiesenen Kennerin, die auch zahlreiche einschlägige Werke aus den Originalsprachen übersetzte. Ausgezeichnete Bibliografie.

Scholem, Gershom. *Jewish Gnosticism, Merkabah Mysticism, and Talmudic Tradition* (Vortragsreihe in New York). Jewish Theological Seminary of America, 1965; und *Die jüdische Mystik in ihren Hauptströmungen*. Frankfurt am Main: Suhrkamp, 1996. Zwei klassische Einführungen in die jüdische Mystik, verfasst von einem ihrer bedeutendsten Kenner.

Schuon, Frithjof. *Das Ewige im Vergänglichen*. Weilheim: O.W. Barth, 1984. *Der Mensch und die Gewissheit*. Stuttgart: Edition Menges, 1996. Der in der Schweiz geborene Sufi-Lehrer und Erforscher der mystischen Traditionen der Welt schrieb Bücher, die weniger argumentieren und überzeugen, als vielmehr behaupten und proklamieren. Das liegt sicher nicht allen Lesern, aber wenn man an eine spirituelle Einheit glaubt, aus der sich alle Religionen speisen, sind Schuons Bücher ganz sicher von einzigartiger Kraft, Schönheit und Faszination.

Shah, Idries. *Das Geheimnis der Derwische*. Freiburg im Breisgau u.a.: Herder, 1982. Diese vielschichtigen und vieldeutigen, aber von essentiellen Wahrheiten ausgehenden Derwisch-Erzählungen dürfen nicht als Fabeln oder Legenden, als bloße Folklore verstanden werden, auch wenn sie sich sehr unterhaltsam lesen. Es sind Lehrgeschichten, die unsere üblichen Anschauungen über Alltag und spirituelle Praxis in Frage stellen.

–. *Die Sufis*. München: Diederichs, 1995. Dieses im Original 1964 erschienene Buch stellt die spirituelle und psychologische Tradition des Sufismus dar. Shah geht ihrem Einfluss auf die abendländische Kultur seit dem siebten Jahrhundert nach und zeigt auf, dass viele große Traditionen, Ideen und Entdeckungen auf Lehren von Sufi-Meistern zurückgehen. Das Buch ist jedoch mehr als ein historischer Abriss, nämlich ein Lehrwerk in der Tradition der klassischen Texte des Sufismus.

Shakespeare, William. *Sämtliche Werke*. Berlin: Aufbau, 2000. Von dem Literaturkritiker Harold Bloom als »Erfinder des Menschen« gefeiert, ist Shakespeare nach wie vor der größte Dramatiker englischer Zunge und einer der größten Psychologen der Menschheit.

Smith, Huston. *Eine Wahrheit, viele Wege: die großen Religionen der Welt*. Freiburg im Breisgau: Bauer, 1993. Seit über vierzig Jahren dient dieses Buch vielen Menschen als Einführung in die großen Religionen. Smith legt es nicht darauf an, uns alles über jede Religion zu erzählen, aber er versteht es, mit treffenden Worten zum Kern der einzelnen Traditionen vorzudringen. In dem schmalen Bändchen *Forgotten Truth* (Harper and Row, 1976) spricht Smith von der gemeinsamen Tiefenstruktur aller Religionen und von der Macht und Ohnmacht der Naturwissenschaft als Mittel zum Verständnis der Welt.

–. *Why Religion Matters: The Fate of the Human Spirit in the Age of Disbelief*. Harper San Francisco, 2001. Ein leidenschaftliches Plädoyer für das spirituelle Leben in einer von Smith als erstickend, spirituell analphabetisch und materialistisch empfundenen postmodernen Welt, die immer mehr in den Sog einer blinden Wissenschaftsgläubigkeit gerät.

Smith, Wilfred Cantwell. *The Meaning and End of Religion*. Fortress Press, 1991. *Faith and Belief*. Princeton University Press, 1979. *Towards a World Theology*. Westminster Press, 1981. Von großem Kenntnisreichtum und tiefer Sympathie zeugende Gedanken eines der großen vergleichenden Religionswissenschaftler des zwanzigsten Jahrhunderts über die spirituelle Einheit der Menschheit.

Sogyal Rinpoche. *Das tibetische Buch vom Leben und vom Sterben*. München u.a.: O.W. Barth, 2001. Uralte Lehren für das moderne Bewusstsein, Anekdoten und Geschichten aus den religiösen Traditionen in Ost und West. Sogyal Rinpoche macht den Leser zunächst mit den Grundlagen des tibetischen Buddhismus vertraut, um dann zum Thema des Sterbens überzugehen und aufzuzeigen, wie der Tod das Herz berühren und das Bewusstsein erwecken kann.

Suzuki, Daisetz Teitaro. *Essays in Zen Buddhism.* Rider, 1949, 1950. (Auf Deutsch in sechs Einzelbänden: *Satori; Zazen; Koan; Karuna; Prajna; Shunyata.* Bern u.a.: O.W. Barth, 1987–91.) Eine unerschöpfliche Fundgrube der Information und Erkenntnis, verfasst von einem der wichtigsten Wegbereiter des Zen im Westen.

Suzuki, Shunryu. *Zen-Geist, Anfänger-Geist.* Berlin: Theseus, 2000. Anschauliche und praktisch ausgerichtete Lehrvorträge eines Meisters des Soto-Zen, Begründer des San Francisco Zen Center. Vorzügliche Einführung in die Praxis des Zen.

Tarnas, Richard. *Idee und Leidenschaft: die Wege des westlichen Denkens.* München: dtv, 1999. Eine große Gesamtschau der Geschichte des abendländischen Denkens in einem Buch, das auch die transpersonale Perspektive berücksichtigt.

Teresa von Avila. *Die innere Burg.* Zürich: Diogenes. Dieses Buch ist nach Ansicht des Theologen Harvey Cox »ein spiritueller Klassiker des Christentums, verfasst von einer Frau, die Tatkraft mit tiefer Innerlichkeit zu verbinden wusste. Unübertroffen in seinem subtilen Verständnis für das Labyrinth der Seele.«

Thibaut, George (Übers.) *The Vedanta Sutras of Badarayana with the Commentary by Shankara.* Dover, 1962. Bei diesen Texten (auch Brahma Sutras genannt) handelt es sich um knappe, aphoristische Zusammenfassungen der upanischadischen Lehren. Shankaras Kommentar ist ein wichtiges Werk, weil er hier seine Lehre der »Nicht-Zweiheit« (*advaita*) entwickelt.

Thomas von Aquin. *Summe der Theologie.* Gesamtausgabe lateinisch-deutsch: *Summa theologica,* 36 Bände (und Zusatzbände). Graz u.a.: Styria; Heidelberg: F.H. Kerle (früher Graz u.a.:

Anton Pustet), 1934–60. Auswahl: *Summe der Theologie*, 3 Bde. Stuttgart: Kröner. Kaum ein anderes Werk christlicher Theologie lässt sich in der Wirkung mit diesem vergleichen. In seinem magnum opus erkennen wir den großen Theologen und Philosophen in seinem Bestreben, sich der Kräfte des Glaubens und der Vernunft zu bedienen, um alles zusammenzutragen, was zur Erkenntnis Gottes gereichen kann.

Thomas von Kempis (Kempen). *Die Nachfolge Christi*. Bielefeld: Missionsverlag, 1994. Ein klassischer spiritueller Führer und seit über fünfhundert Jahren eine Quelle der Inspiration für Christen und Nichtchristen.

Tillich, Paul. *Der Mut zum Sein*. Berlin u.a.: De Gruyter, 1991. Hier beschreibt ein großer Theologe das Dilemma des modernen Menschen und zeigt auf, wie ein Weg aus der Angst gefunden werden kann. Sein, so Tillich, verlangt vor allem Mut – den Verlockungen des bloßen Anscheins nicht nachzugeben und sich für das Mysterium, die Kraft und den Zauber des Seins zu öffnen.

Torrance, Robert M. *The Spiritual Quest: Transcendence in Myth, Religion, and Science*. University of California Press, 1994. Nach Torrances Ansicht kann man davon ausgehen, dass die spirituelle Suche in der Steinzeit zwar ein etwas anderes Erscheinungsbild hatte als in den entwickelten Traditionen, aber im Grunde nichts anderes war; dass die spirituelle Suche mit anderen Worten in der Natur des Menschen verwurzelt ist, biologisch, psychologisch und durch die Sprache. Faszinierend, kenntnisreich, gründlich, leicht zu lesen und mit einer umfangreichen Bibliografie ausgestattet.

Underhill, Evelyn. *Mystik: eine Studie über die Natur und Entwicklung des religiösen Bewußtseins im Menschen*. Bietigheim: Turm, 1974. Dieses im englischen Original vor fast einem Jahrhundert erschienene Buch gehört zu den angesehensten Werken über christliche Mystik und wird von vielen als eigener Beitrag zur spirituellen Literatur der Welt betrachtet.

Waley, Arthur. *The Analects of Confucius*. Macmillan, 1938. Diese Übersetzung wird trotz ihrer mehr als sechzig Jahre noch von vielen bevorzugt. Waley gibt außerdem eine vorzügliche Einführung in Denken und Praxis des Konfuzianismus.

–. *The Way and Its Power*. George Allen and Unwin, 1934. Hervorragende Einführung in den philosophischen Daoismus.

Walsh, Roger. *Der Geist des Schamanismus*. Olten u.a.: Walter, 1992. Hier wird der Schamanismus unter dem Gesichtspunkt seiner Bedeutung für Entwicklung und Heilung, aber auch als eines der Werkzeuge für die Bewältigung der heutigen Umweltkrisen betrachtet.

–. *Essential Spirituality: Seven Practices Common to the Great World's Religions*. Tarcher/Putnam, 1999. Roger Walsh, Philosoph und Vertreter der transpersonalen Psychologie mit besonderem Interesse an den religiösen Traditionen, erzählt in schlichter Sprache und anhand zahlreicher Anekdoten von dem, was er als die gemeinsamen Ziele aller Weisheitstraditionen ansieht. Außerdem gibt er dem Leser spezifische Übungen an die Hand, mit denen er diesen Zielen näher kommen kann. Ein Selbsthilfebuch von ungewöhnlicher Tiefe.

Watts, Alan. *The Supreme Identity: An Essay on Oriental Metaphysics and the Christian Religion*. Vintage, 1972. *Behold the Spirit: A Study in the Necessity of Mystical Religion*. Vintage, 1974. Watts war vor allem als Kenner des Zen-Buddhismus und Daoismus bekannt, doch wir besitzen von ihm auch sehr klare und verständliche Bücher über christliche Mystik und die großen Themen, die sie mit anderen Traditionen gemein hat. Dies sind zwei der besten seiner vielen Bücher.

–. *Der Lauf des Wassers: eine Einführung in den Taoismus*. Frankfurt am Main: Suhrkamp, 1992. Watts letztes Buch, herrlich in seiner Kunstfertigkeit und seinem Kenntnisreichtum. Watts schöpft aus antiken und modernen Quellen, um die Philosophie des Dao für westliche Leser zu erschließen.

–. *Zen: Tradition und lebendiger Weg*. Rheinberg: Zero, 1981. In diesem reichhaltigen und tiefgründigen Buch führt Watts den Leser durch die Geschichte und Hintergründe des Zen bis zu seiner unverwechselbaren Ausprägung in japanischer Kunst und Lebensart.

Whitman, Walt. *Grashalme*. Ditzingen: Reclam. 1855, im Jahr ihres Erscheinens, umfassten Whitmans berühmte *Leaves of Grass* nur zwölf Gedichte. Im Verlauf von Whitmans langem Leben erschien das Buch in immer neuen Fassungen und bekam, der wachsenden Erfahrung seines Autors entsprechend, immer mehr Tiefe und einen immer weiteren Horizont. Ralph Waldo Emerson nannte das Werk »das erstaunlichste Zeugnis von Geist und Weisheit, das Amerika bis jetzt hervorgebracht hat«.

Wiesel, Elie. *Chassidische Feier: Geschichten und Legenden*. Freiburg im Breisgau u.a.: Herder, 1988. Mit diesem Buch über den Chassidismus knüpft Wiesel, einer der bedeutendsten jüdischen Gegenwartsautoren und Überlebender des Konzentrationslagers, an die Erlebniswelt seiner Kindheit im Siebenbürgen der dreißiger Jahre an.

Wordsworth, William. *Selected Poetry of William Wordsworth*. Modern Library, 2001. (Auswahl: *Gedichte*. Heidelberg: Schneider, 1959.) Wordsworth verfasste einige der größten mystischen Dichtwerke in englischer Sprache.

Yampolsky, Philip. *Zen Master Hakuin: Selected Writings*. Columbia University Press, 1971. Yampolsky, der sich als Übersetzer von Zen-Werken einen Namen gemacht hat, widmet dieses Buch einem der bedeutendsten Zen-Meister Japans.

Yeats, W.B. *The Poems of W.B. Yeats*. Macmillan, 1961. Yeats war einer der größten Dichter des zwanzigsten Jahrhunderts und maßgeblich an der Celtic-Revival-Bewegung in Irland beteiligt, die sich spirituellen, literarischen, sprachlichen, mythologischen und politischen Fragen widmete. Auf Deutsch zum Beispiel: *Liebesgedichte*. München: Luchterhand Literaturverlag, 2001. *Die geheime Rose*, Erzählungen. Frankfurt am Main: Suhrkamp, 1971.

Yogananda, Paramhansa. *Autobiographie eines Yogi*. Los Angeles: Self-Realization Fellowship, 2001. Yoganandas Lebensgeschichte hat Millionen von Lesern erreicht und gilt als einer der religiösen und spirituellen Klassiker unserer Zeit.

Zimmer, Heinrich. *Philosophie und Religion Indiens.* Frankfurt am Main: Suhrkamp, 1994. Ein hochgelehrtes und doch beinahe übermütiges Werk über das philosophische Denken Indiens, schwungvoll und farbenprächtig.

Zweig, Connie, und Jeremiah Abrams (Hg.). *Die Schattenseite der Seele.* Bern u.a.: Scherz, 1993. Spirituelle Lehrer, Psychologen und Gesellschaftskritiker erforschen die dunkle Seite der menschlichen Seele, ihre Kraft und das in ihr verborgene Potenzial.

3. Kapitel: Wahrnehmung

Ackerman, Diane. *A Natural History of the Senses.* Random House, 1990. (*Die schöne Macht der Sinne: eine Kulturgeschichte.* Hamburg: Europa, 2002.) Eine Hymne an die Sinne, poetisch und wissenschaftlich fundiert. Die Autorin schildert intensive, befreiende und zutiefst lustvolle Sinneserfahrungen, die sie den fünf Sinnen und einer sechsten Kategorie zuordnet, der Synästhesie (zum Beispiel Farbwahrnehmungen beim Hören von Musik).

–. *The Taste of Vanilla.* Random House, 1992. In diesem Buch konzentriert Ackerman sich auf den Geschmackssinn und gibt viele Berichte von sehr sinnlichen Augenblicken, an denen zu erkennen ist, welchen Reichtum an Sinneserfahrung wir uns erschließen können.

Campbell, Don G. *Die Heilkraft der Musik.* München: Delphi bei Droemer, 1998. Ein poetisches Werk über den Nutzen der klassischen Musik für unser körperliches, seelisches und spirituelles Wohl – sei es im Klassenzimmer, auf der Entbindungsstation oder in der psychiatrischen Klinik.

Castaneda, Carlos. *Die Lehren des Don Juan.* Frankfurt am Main: Fischer, 1998. Castanedas ursprünglicher Bericht von seiner Begegnung mit dem indianischen »Zauberer« Juan Matus hat nichts von seiner Wirkung und Originalität eingebüßt. In Don Juans Lehren liegt der Zugang zu einer neuen Wahrnehmung, zu Bereichen jenseits unseres alltäglichen Lebens.

Dossey, Larry. *Recovering the Soul: A Scientific and Spiritual Search*. Bantam, 1989. Für Dossey ist der menschliche Geist »nichtlokal«, weil er mit dem universalen Bewusstsein verbunden ist. Als Arzt und Vordenker einer neuen Medizin legt er überzeugende medizinische, wissenschaftliche und spirituelle Argumente für die Idee des »einen Geistes« vor und zeigt auf, welche Schlussfolgerungen sich daraus für jeden Einzelnen und für die Menschheit insgesamt ergeben.

Dröscher, Vitus. *Magie der Sinne im Tierreich* (1966). München: dtv, 1991. Ein kenntnisreiches Buch über außergewöhnliche Sinneserfahrungen mit Berichten aus erster Hand und Zusammenfassungen wissenschaftlicher Untersuchungen.

Gurney, Edmund, Frederic Myers und Frank Podmore. *Phantasms of the Living*, 2 Bde. (1886). Scholars' Facsimiles and Reprints, 1970. (*Gespenster lebender Personen und andere telepathische Erscheinungen*. Leipzig: Spohr, 1896.) Eine wegbereitende Sammlung von Fallgeschichten über Geistererscheinungen lebender und toter Personen und andere paranormale Phänomene.

Huxley, Aldous. *The Art of Seeing* (1942). Creative Arts, 1982. (*Die Kunst des Sehens*. München; Zürich: Piper, 1999.) In wunderbar klarer Sprache schreibt Huxley über seine Genesung von einer fast vollständigen Erblindung und vermittelt nebenbei, wie Gedächtnis, Imagination, Furcht, Angst und vorgefasste Anschauungen sich auf unser Sehvermögen auswirken.

LaBerge, Stephen. *Hellwach im Traum*. München: mvg, 1991. LaBerge gehört zu den führenden Schlafforschern und ist Experte auf dem Gebiet der »luziden« Träume (Träume, in denen man weiß, dass man träumt). In diesem Buch vermittelt er uns ein Bild von seinen Forschungen und gibt praktische Hinweise, wie man sich das weite Feld der Träume erschließen kann.

Lindbergh, Charles. *The Spirit of St. Louis*. Scribners, 1953. (*Mein Flug über den Ozean*. Frankfurt am Main: Fischer, 1956.) In diesem klassischen Bericht vom ersten Alleinflug über den Atlantik erzählt Lindbergh auch von den Wahrnehmungsveränderungen, die er unterwegs erlebte.

Milne, Morus und Margery. *Die Sinneswelt der Tiere und Menschen*. Hamburg u.a.: Parey, 1968. Eine weit ausgreifende Darstellung wissenschaftlicher und außerwissenschaftlicher Berichte der Sinnesvermögen von Menschen und Tieren.

Murphy, Michael, und Steven Donovan. *The Physical and Psychological Effects of Meditation*. Institute of Noetic Sciences, 1997. Eine Zusammenfassung von an die zweitausend wissenschaftlichen Untersuchungen, aus denen unter anderem hervorgeht, dass Meditation das Seh- und Hörvermögen und andere Sinnesleistungen verbessern kann.

Murphy, Michael, und Rhea White. *In the Zone: Transcendent Experience in Sports*. Penguin Arkana, 1995. Sport als transformative Praxis: eine Betrachtung außergewöhnlicher Leistungen, Wahrnehmungen und Bewusstseinszustände bei sportlicher Betätigung.

Oh, Sadharu, und David Falkner. *Sadharu Oh: A Zen Way of Baseball*. New York: Vintage, 1985. Nicht nur eine schöne Sportlerbiografie, sondern ein grundlegendes Buch über Höchstleistungen und veränderte Wahrnehmung im Sport. Oh war über Jahre der beste Baseballspieler Japans. Sein Wunsch, im Sport Großes zu vollbringen, führte ihn zum Aikido und zu anderen Formen der transformativen Praxis.

O'Neill, Eugene. *Long Day's Journey into Night*. Yale University Press, 1955. (*Eines langen Tages Reise in die Nacht*. Frankfurt am Main: Fischer, 1989.) Ein großartiges psychologisches Porträt der urbanen Einsamkeit im zwanzigsten Jahrhundert.

Réda, Jacques. *The Ruins of Paris*. Reaktion Books, 1996. (Original: *Les ruines de Paris*. Paris: Gallimard, 1977.) Eine Reihe kurzer Essays und Prosagedichte, in denen Réda vermittelt, was sich aus seinem Entschluss, seine Heimatstadt jeden Sonntag mit neuen Augen zu sehen, ergab. Siehe auch: *Rédas Paris*. Passau: Stutz, 2001.

Rogo, D. Scott. *NAD; A Study of Some Unusual »Other-World« Experiences*. University Books, 1970. *NAD; A Psychic Study of the »Music of the Spheres«*. University Books, 1972. Zwei Sammlungen von Berichten aus erster Hand über außergewöhnliche Hör-Erfahrungen – Musik, Stimmen und andere Laute, für die keine äußere Quelle auszumachen war.

Targ, Russell, und Keith Harry. *Jeder hat ein 3. Auge*. München: Goldmann, 1987. Russell Targ und Harold Puthoff. *Jeder hat den sechsten Sinn*. Köln: Kiepenheuer & Witsch, 1977. Russel Targ, Charles Tart und Harold Puthoff. *Mind at Large*. Praeger, 1979. In diesen drei Büchern geht es um die beschriebenen Forschungen am SRI über Hellsichtigkeit und »Fern-Sehen«. Die Autoren schildern auch, wie man das Fern-Sehen üben kann.

Tart, Charles. *States of Consciousness*. Psychological Processes, 1983. Eine systematische Untersuchung des Wie und Warum veränderter Bewusstseinszustände und höherer Wahrnehmungen und ihres Stellenwerts für die evolvierende Natur des Menschen.

van der Post, Laurens. *Die verlorene Welt der Kalahari*. Zürich: Diogenes, 1995. Eine der großen Stimmen des Gewissens im zwanzigsten Jahrhundert gibt einen außergewöhnlichen Einblick in eine lebendige »steinzeitliche« Kultur.

Walsh, Michael (Hg.). *Butler's Lives of the Saints*, Kompaktausgabe, durchgesehen und ergänzt. Harper San Francisco, 1991. (Zum Werk siehe Literaturangaben zum 2. Kapitel unter Butler.)

4. Kapitel: Das Wunder der Bewegung

David-Neel, Alexandra. *Heilige und Hexer*. Leipzig: Brockhaus, 1981. Bericht von den abenteuerlichen Reisen der Autorin in Tibet. Enthält Schilderungen von übernatürlichen Fähigkeiten, die sie bei tibetischen Mystikern erlebte.

Feuerstein, Georg. *The Yoga Tradition: Its History, Literature, Philosophy and Practice.* Hohm Press, 1998. Eine umfassende illustrierte Darstellung des Yoga von der schamanistischen Frühzeit bis zu seiner heutigen Ausprägung in Hinduismus und Buddhismus. Das Buch enthält neben theoretischen Erörterungen auch Hinweise zur Praxis des Yoga.

Govinda, Lama Anagarika. *Der Weg der weißen Wolken.* © 2000 alle deutschsprachigen Rechte by Scherz Verlag, Bern, München, Wien, für den O. W. Barth Verlag. Der deutsche Buddhist und Gelehrte erzählt von seinen Abenteuern und spirituellen Erfahrungen in Tibet und Indien.

Ming-Dao, Deng. *Scholar Warrior: An Introduction to the Tao in Everyday Life.* Harper San Francisco, 1990. Ein Buch über den Daoismus als spirituellen Weg. Es berichtet außerdem von ungewöhnlichen Bewegungsfähigkeiten, erworben durch Übungen mit körperlichen, mentalen und spirituellen Anteilen.

Myers, Frederic. *Human Personality and Its Survival of Bodily Death*, 2. Bde. Longmans, Green and Co, 1903, 1954. Eines der großartigsten Werke über außergewöhnliche menschliche Fähigkeiten. Sein Autor, der das Wort »Telepathie« prägte, gehört zu den Begründern der modernen parapsychologischen Forschung. Myers befasst sich in diesem Buch auch ausgiebig mit dem Phänomen der außerkörperlichen Erfahrung.

5. KAPITEL: NEUE WEGE DER KOMMUNIKATION

Dossey, Larry. *Heilende Worte: die Kraft der Gebete und die Macht der Medizin.* Südergellersen: Martin, 1995. In diesem Buch präsentiert der Arzt Larry Dossey den neuesten Stand der Forschung über den Zusammenhang von Gebet, Heilung und Medizin. Anhand von realen Beispielen und eigenen Erlebnissen macht er plausibel, dass Gebete tatsächlich etwas für Gesundheit und Heilung bewirken können.

–. *Prayer Is Good Medicine: How to Reap the Healing Benefits of Prayer*. Harper San Francisco, 1996. Ein Bericht über klinische und experimentelle Untersuchungen zur Heilkraft der Gebete, verbunden mit praktischen Ratschlägen.

Ehrenwald, Jan. *Telepathy and Medical Psychology*. Norton, 1948. Der Psychiater Ehrenwald geht von Freuds Vermutung aus, dass telepathische Phänomene von denselben Filtermechanismen eliminiert werden, die auch für die Bewältigung von Sinneseindrücken eine Rolle spielen. In diesem Buch stellt er dar, welche Rolle Telepathie und unsere Abwehrmechanismen gegen Telepathie in der Psychotherapie und im Alltag spielen.

Grof, Stanislav und Christina (Hg.). *Spirituelle Krisen: Chancen der Selbstfindung*. München: Kösel, 1990. Eine Sammlung von Essays der Herausgeber und anderer bekannter Psychologen und spiritueller Lehrer zur Dynamik von Umbruchskrisen, die hier »spirituelle Notfälle« genannt werden.

Keating, Thomas. *Intimacy with God*. Crossroad, 1994. Dieses schöne, tiefgründige und praktisch ausgerichtete Buch zeigt auf, wie das Gebet uns inniger mit Gott vertraut machen kann und wie wir in der Beziehung zum Göttlichen die verwandelnde Kraft der Liebe erfahren können.

Ullman, Montague, Stanley Krippner und Alan Vaughan (Hg.). *Traumtelepathie: telepathische Experimente im Schlaf*. Freiburg im Breisgau: Aurum, 1977. Ein Buch über die Forschungen von Ullman und Krippner, die deutliche Hinweise auf telepathische Kommunikation zwischen Träumenden geben.

6. Kapitel: Lebensenergie

Benson, Herbert. *Beyond the Relaxation Response*. Times Books, 1984. Dieses Buch beschreibt Forschungen an der Harvard University, wo man bei tibetischen Lamas feststellte, dass sie ihre Körpertemperatur zu regulieren vermögen.

Brunton, Paul. *Von Yogis, Magiern und Fakiren: Begegnungen in Indien.* München: Knaur, 1983. Ein faszinierender Bericht von inneren und äußeren Entdeckungsreisen, darunter auch eine Begegnung Bruntons mit dem großen indischen Weisen Sri Ramana Maharshi.

Eliade, Mircea. *Schamanismus und archaische Ekstasetechnik.* Frankfurt am Main: Suhrkamp, 1999. Eines der großen Bücher über den Schamanismus und seine Bedeutung für die moderne Psychologie. Eliade, Professor für Religionsgeschichte, berichtet von »magischer Wärme« und anderen an das Wirken der Kundalini-Kraft erinnernden Phänomenen, die bei Schamanen in aller Welt zu beobachten sind.

Gendlin, Eugene. *Focusing: Selbsthilfe bei der Lösung persönlicher Probleme.* Reinbek bei Hamburg: Rowohlt, 2001. Das Focusing ist eine Methode, nach der wir lernen können, auf unseren Körper (oder besser die Vorgänge in Körper und Seele) als bestem Ratgeber in allen Dingen zu hören. Wir knüpfen Kontakte zu dem Teil unserer selbst, der jenseits von Logik und Moral, jenseits von Schuldgefühlen und Schuldzuweisungen fühlt und erkennt.

Katz, Richard. *Num: Heilen in Ekstase.* Interlaken: Ansata, 1985. Ein Buch über Heilungs- und Einweihungspraktiken der Kung in der Kalahari-Wüste Südafrikas. Vielfach spielt hier eine »Num« genannte Energie eine Rolle, die an die von Eliade (s.o.) beschriebene »magische Wärme« und die Kundalini-Erfahrung im Yoga erinnert.

Sanella, Lee. *The Kundalini Experience: Psychosis or Transcendence?* Integral Publishing, 1987. Der Psychiater Sanella schreibt über Erlebnisse heutiger Amerikaner, die stark an Berichte über die Kundalini-Erfahrung im Yoga erinnern.

Thurston, Herbert. *The Physical Phenomena of Mysticism.* Burns Oates, 1952. (*Die körperlichen Begleiterscheinungen der Mystik.* Luzern: Räber, 1956.) Ein berühmtes Buch über körperliche Erscheinungen wie das »Feuer der Liebe« oder auch Stigmata, die mit mystischer Erfahrung einhergehen können. Der Autor war eine der führenden katholischen Autoritäten auf dem Gebiet der vom kontemplativen Leben erzeugten übernatürlichen Kräfte. Besonders interessant das achte Kapitel, »Incendium amoris«.

7. KAPITEL: EKSTASE

Abram, David. *The Spell of the Sensuous: Perception and Language in a More-Than-Human World.* Vintage, 1996. In diesem Buch werden Schamanismus, Mythen, Geschichten, Umweltgedanken und Poesie zu einem Aufruf verwoben – dem Aufruf, an unseren natürlichen Platz in der Welt zurückzukehren.

Ackerman, Diane. *Die schöne Macht der Sinne: eine Kulturgeschichte.* Hamburg: Europa, 2002. Ein Buch über die Freuden der Sinne und die Sinnes-Evolution des Menschen.

Aurobindo, Sri. *Sämtliche Werke.* Zürich: Rascher. Eloquent und detailliert schreibt der große indische Philosoph und Mystiker über die Vielfalt ekstatischer Erfahrungen in der transformativen Praxis.

Barnstone, Willis. *The Poetics of Ecstasy: Varieties of Ekstasis from Sappho to Borges.* Holmes & Meier, 1983. Ein Buch über die Rolle der Ekstase in der poetischen Schöpfung und in allem schöpferischen Tun. Essays über Sappho, Dickinson, Kavafis, Johannes vom Kreuz und Borges.

Baker-roshi, Richard. *Original Mind: Zen Practice in the West.* Riverhead, 2002. Ein wunderbares Buch über Buddhismus und buddhistische Praxis, verfasst von einem lebenden westlichen Lehrer des Buddhismus.

Campbell, Joseph, und Bill Moyers. *Die Kraft der Mythen.* Zürich: Artemis, 1994. Im Gespräch mit dem Dokumentarfilmer Moyers wird der große Mythenforscher uns so lebendig wie in kaum einem anderen Werk von ihm oder über ihn. Das Gespräch bewegt sich zwischen den Abenteuern der Seele in Mythologie, Kunst und Literatur einerseits und dem ewigen Konflikt zwischen Wissenschaft und Spiritualität andererseits.

Johnson, Robert A. *Ekstase: eine Psychologie der Lebenslust.* München: Kösel, 1991. Dieses sehr lesenswerte und kluge Buch eines Psychologen der Jung-Schule handelt von Natur und Wirkung der Ekstase und den tragischen Folgen ihrer langen Unterdrückung im Westen.

Kabir. *The Kabir Book: Forty-Four of the Ecstatic Poems of Kabir*, übersetzt von Robert Bly. Beacon Press, 1977. Ekstatische Gedichte des islamischen Dichters in wunderschöner Übersetzung. Auf Deutsch zum Beispiel: *Wach auf: mystische Gedichte.* Bergen: Sophia.

Murphy, Michael. *Der Quanten-Mensch.* München: Integral, 2000. Ein Bericht über außergewöhnliche menschliche Fähigkeiten und ihren Bezug zur Evolution. Außerdem Vorschläge für eine transformative Praxis zur Förderung dieser Fähigkeiten.

8. KAPITEL: LIEBE

Fromm, Erich. *Die Kunst des Liebens.* München: dtv, 1996. Einfühlsam, poetisch und überzeugend schreibt Fromm über die verschiedenen Formen der Liebe und die tragischen Folgen der Entfremdung im modernen Leben.

Gilbert, Jack. *The Great Fires: Poems 1982–1992.* Knopf, 1992. Ein hinreißendes Buch mit Gedichten von den Qualen und Ekstasen der Liebe.

May, Rollo. *Liebe und Wille.* Köln: Edition Humanistische Psychologie, 1988. Der hoch geachtete humanistische und existentielle Psychologe macht eindringlich klar, dass alle Unmenschlichkeit mit dem Fehlen eines Verständnisses für die verwandelnde Kraft der Liebe zu tun hat.

Needleman, Jacob. *Das kleine Buch der großen Liebe.* Frankfurt am Main: Fischer, 2000. Ein kluger und erhellender Essay eines Philosophen über die Liebe, dargestellt unter mythologischen, philosophischen, poetischen und theologischen Gesichtspunkten, aber auch aus der Perspektive des Alltags. Wir bleiben uns selbst so lange unbekannt, sagt Needleman, bis wir lernen zu lieben.

Platon. *Symposion* (siehe Eintrag zum 2. Kapitel). In diesem Dialog Platons wird die Liebe unter verschiedenen Gesichtspunkten betrachtet: mythisch durch Phaidros, sophistisch durch Pausanias, poetisch durch Agathon, komisch durch Aristophanes und mit unübertroffener philosophischer Eloquenz durch Platons großen Lehrer Sokrates.

Rilke, Rainer Maria. *Briefe an einen jungen Dichter*. Zürich: Diogenes, 1997. Von großer Dichte sind diese Briefe über die Berufung zum Schreiben und das Wesen des Poetischen, die auch vom Aufruf zu mehr Leben und Liebe handeln.

Steindl-Rast, David. *Fülle und Nichts: die Wiedergeburt christlicher Mystik*. München: Goldmann, 1994. Der Mönch Steindl-Rast fragt nach dem Zusammenhang zwischen Gebet, Liebe und Dankbarkeit, und für ihn ist Dankbarkeit aus Liebe das, was eigentlich unser Menschsein ausmacht. »Alles zu segnen, was ist, und einfach nur deshalb, weil es ist, dazu sind wir gemacht«, schreibt er. Das kontemplative und das aktive Leben sind für ihn nicht zweierlei; vielmehr ist Kontemplation am besten durch »Handeln in Liebe« zu verwirklichen.

Welwood, John. *Dem Herzen folgen: durch Liebe und Freundschaft zu sich selbst finden*. München: Knaur, 1996. Welwood versteht intime Beziehungen als spirituelle Entdeckungsreisen, deren Herausforderungen unsere tiefsten Kräfte und Reserven mobilisieren.

Wiesel, Elie. *Chassidische Feier: Geschichten und Legenden*. Freiburg im Breisgau u.a.: Herder, 1988. Liebevoll erzählte Geschichten über große Vertreter der chassidischen Bewegung.

9. Kapitel: Transzendente Identität

Almaas, A-Hameed. *Essenz: der diamantene Weg zur inneren Verwirklichung*. Freiamt im Schwarzwald: Arbor, 1997. Almaas schöpft aus antiken und neuzeitlichen spirituellen Traditionen sowie aus der gegenwärtigen psychologischen Theorie, um zu einer Synthese westlicher und östlicher Ansätze der psychischen und spirituellen Entwicklung zu gelangen. Die essentielle Wirklichkeit ist das, was wir selbst im Grunde sind, wenn wir über das Ego hinausgehen.

Emerson, Ralph Waldo (siehe Eintrag zu Kapitel 2). Die Essays dieses großen amerikanischen Transzendentalisten sind von breiter Themenvielfalt – Geschichte, Liebe, Freundschaft, Dichtung, Politik. Zu unserer transzendenten Identität äußert er sich vor allem in dem Essay, der im englischen Original den Titel »The Oversoul« trägt.

Hesse, Hermann. *Siddharta*, in *Sämtliche Werke*, Bd. 3. Frankfurt am Main: Suhrkamp, 2001. Das Leben des Buddha, nacherzählt aus der Sicht eines zutiefst beunruhigten jungen Inders, der seine Bestimmung zu finden und zu leben versucht.

Huxley, Aldous. *Die ewige Philosophie* (siehe Eintrag zum 2. Kapitel).

Mitchell, Stephen (Übers.). *Bhagavad Gita: A New Translation*. Harmony, 2000. Die Gestalt des Gottes Krishna in dieser großartigen spirituellen Fabel lässt sich als Verkörperung der transzendenten Identität oder des wahren Selbst Arjunas deuten.

Peace Pilgrim. *Peace Pilgrim: Her Life and Work in Her Own Words*. Ocean Tree, 1994 (*Peace Pilgrim: eine Pilgerin der Liebe*. Grafing: Aquamarin, ca. 1988.) Das Vermächtnis einer Frau, die sich nach einem Gotteserlebnis in der Lebensmitte zu einer Pilgerschaft durch Amerika berufen fühlte, die erst mit der Verwirklichung des Weltfriedens enden sollte. Das Buch macht deutlich, wie sie im Verlauf der Ereignisse zu ihrem »wahren Ich«, ihrer »transzendenten Identität« fand.

Plotin (siehe Eintrag zum 2. Kapitel). Für Plotin hat jeder Mensch eine ewige Identität, die in der göttlichen Welt der Formen verankert ist. In seiner Beschreibung dieser Identität erkennen wir Erlebnisse wieder, die wir als Lebendigwerden unseres »wahren Ich« oder in ähnlichen Ausdrücken beschreiben.

Ramakrishna. *Das Vermächtnis*. München: O.W. Barth, 1981. Der Lebensbericht des großen Mystikers, verfasst von seinem Schüler »M.« und mit einem biografischen Abriss von Swami Nikhilananda. Besonders interessant ist Nikhilanandas Bericht von Ramakrishnas Initiation seines berühmten Schülers Narendra (später Swami Vivekananda), durch die jener zu einer grundstürzenden Erfahrung von transzendenter Identität kam.

Rumi (siehe Eintrag zum 2. Kapitel). Eine der größten literarischen und philosophischen Gestalten der Welt und heute einer der populärsten Dichter. Dass Rumi um die transzendente Identität wusste, belegen diese Zeilen: »Äonen klopfte ich an Gottes Pforte, doch als sie sich endlich öffnete, sah ich, dass ich von innen klopfte.«

10. Kapitel: Transzendentes Erkennen

Bateson, Gregory und Mary Catherine. *Angels Fear: Towards an Epistemology of the Sacred*. Bantam, 1988. Hier widmen sich Bateson und seine Tochter der religiösen und ästhetischen Sicht der Dinge unter der Prämisse, dass sie als Erkenntnisformen der Wissenschaft und Logik gleichrangig sind.

Bucke, Richard. *Die Erfahrung des kosmischen Bewußtseins*. Freiburg im Breisgau: Aurum, 1988. Dieser im englischen Original 1901 erschienene und nach wie vor gern gelesene Klassiker beschäftig sich mit der Evolution des menschlichen Geistes und seiner Reise ins »kosmische Bewusstsein«. Bucke beruft sich auf die Erweckungserfahrungen von Plotin, Jesus, dem Buddha, Emerson, Walt Whitman und anderen.

Frankl, Viktor. *... trotzdem Ja zum Leben sagen*. © Kösel Verlag, München, 1995. Frankls Bericht seiner Jahre in Auschwitz ist aus der spirituellen Literatur nicht wegzudenken. Er schildert Augenblicke tiefer spiritueller Offenbarung, die einen im Glauben bestärken und selbst unter schwierigsten Umständen dem Leben zugewandt bleiben lassen.

James, William (siehe Eintrag zum 2. Kapitel). Ein berühmtes Buch von nachhaltigem Einfluss – über Mystik, religiöse Wandlungserfahrungen, spirituelle »Pathologien« und die Beziehung zwischen Glauben und transzendentem Erkennen.

Koestler, Arthur. *Der göttliche Funke*. Bern u.a.: Scherz, 1966. Kunst, Humor und Wissenschaft – drei Gebiete, auf denen es, wie Koestler zeigt, häufig zu unverhofften Eingebungen kommt, zu Einfällen, die nicht aus dem gewohnten Ich zu stammen scheinen.

Mandela, Nelson. *Der lange Weg zur Freiheit*. Frankfurt am Main: Fischer, 1994. Ein großartiges Werk über Gewissen, Liebe und Mut. Mandelas Worte zeugen von einem politischen Willen, der aus einem philosophisch fundierten, auf transzendentes Erkennen ausgerichteten Leben erwachsen kann.

Nasr, Seyyed Hossein. *Die Erkenntnis und das Heilige*. München: Diederichs, 1990. Ein Buch über die spirituelle Dimension der Erkenntnis und ihre Beziehung zu einer höheren Intelligenz.

Vaughan, Frances. *Intuitiver leben: wie wir unser inneres Potential entwickeln können*. München: Kösel, 1988. Vaughan erkundet die persönlichen und überpersönlichen Aspekte der Intuition und gibt praktische Anleitungen zu ihrer Entwicklung.

Yates, Francis A. *The Art of Memory*. University of Chicago Press, 1966. Eine Abhandlung über die antike griechische und römische Kunst des »künstlichen Gedächtnisses«, die von Rednern, bildenden Künstlern, Dramatikern, Schauspielern und Naturphilosophen angewandt wurde.

11. Kapitel: Ein Wollen jenseits des Ego

Csikszentmihalyi, Mihaly. *Die außergewöhnliche Erfahrung im Alltag*. Stuttgart: Klett-Cotta, 1991. *Flow: das Geheimnis des Glücks*. Stuttgart: Klett-Cotta, 1992. *Kreativität: wie Sie das Unmögliche schaffen und Ihre Grenzen überwinden*. Stuttgart:

Klett-Cotta, 1997. Drei sehr wichtige Bücher über »optimale Erfahrung« und »Flow«, eine schöpferische Geistesverfassung, die der Autor und seine Kollegen in verschiedenen Kulturen der Welt erforscht haben. Was Csikszentmihalyi als Flow definiert, beinhaltet das, was wir ein »Wollen jenseits des Ego« nennen.

Dass, Ram. *Sei jetzt hier*. Berlin: Sadhana, 1996. Diese Geschichte von der Begegnung eines westlichen Psychologen mit der östlichen Mystik bietet vor dem Hintergrund unmittelbarer eigener Erfahrung Anleitungen für das spirituelle Leben.

Daumal, René. *Der Analog: ein nicht-euklidischer, im symbolischen Verstand authentischer alpinistischer Abenteuerroman*. Frankfurt am Main: Suhrkamp, 1983. Die außerordentliche, Schönheit, Poesie und Wahrheit atmende Geschichte einer Suche nach Sinn.

Dossey, Larry. *Heilende Worte: die Kraft der Gebete und die Macht der Medizin*. Südergellersen: Martin, 1995. Dieses Buch versucht den Brückenschlag zwischen Spiritualität und Medizin und stellt empirische Beweise für den Einfluss von Gebet und Glauben auf den Heilungsprozess vor.

Dostojewski, Fjodor M. *Die Brüder Karamasow*. München: dtv, 1990. In diesem letzten großen Meisterwerk beleuchtet Dostojewski die psychologischen und spirituellen Aspekte der Gottsuche und das Wesen des Glaubens vor dem Hintergrund eines wahren Schlachtfelds von Liebe und Hass, Licht und Dunkel.

Heraklit. *Fragmente*, griechisch-deutsch. Düsseldorf: Artemis & Winkler, 1995. Das Werk lässt in seiner fragmentarischen Form noch erkennen, dass es sich um eine der ganz großen philosophischen Abhandlungen der griechischen Antike vor Sokrates gehandelt haben muss. Heraklit hat viele Denker von Sokrates bis Heidegger beeinflusst, und seine Kernaussage – alles ist im Fluss, alles wandelt sich – scheint bereits die moderne Philosophie und Physik vorwegzunehmen.

Hillman, James. *Charakter und Bestimmung*. München: Goldmann, 1998. Hillman fordert uns auf, in die Erde »hinunter zu wachsen« wie der Wurzeltrieb einer Eichel, aus dem schließlich eine Eiche wachsen wird. Charakter und Berufung jedes Menschen erwachsen nach Hillman aus der »Eichel« seiner essentiellen Natur. Darin sind wir von einer Hüter-Seele, einem »Daimon«, geleitet, der uns zwar nicht gerade kontinuierlich, aber doch unausweichlich zur Verwirklichung unserer ganz persönlichen Berufung führt.

Murphy, Michael, und George Leonard. *The Life We Are Given*. Tarcher/Putnam, 1995. Eine Darstellung der integralen transformativen Praxis (ITP), mit der eine ausgewogene Entwicklung von Geist, Körper, Herz und Seele erreicht werden soll. Zur ITP gehören die Ausbildung des Willens durch Affirmationen und die Hingabe an Energien und transformierende Einflüsse aus anderen Quellen als dem gewöhnlichen Ich.

Redfield, James. *Das Geheimnis von Shambhala*. München: Heyne, 2001. Ein fiktiver Bericht über Erfahrungen der Kraft von Gebet und Intention als Mittel der kulturellen Erneuerung.

Zhuangzi (ältere Schreibweisen Chuang-tzu, Tschuang-tse, Dschuang Dsi). *Zhuangzi: das klassische Buch daoistischer Weisheit*, übersetzt, herausgegeben und kommentiert von Victor H. Mair, aus dem Amerikanischen von Stephan Schuhmacher. Frankfurt am Main: Krüger, 1998. Eines der großen Weisheitsbücher Chinas, von tiefer Intuition und Spiritualität und dabei humorvoll und spielerisch. Zhuangzi lässt uns wissen, wie wir das Dao im täglichen Leben finden und uns von ihm zu Freude und Harmonie führen lassen können.

12. KAPITEL: INTEGRATION

Bolen, Jean. *Das Tao der Psychologie: sinnvolle Zufälle*. München: Heyne, 1998. Ein sehr lesenswertes Buch, das die Synchronizität mit Selbstentwicklung, paranormalen Kräften und persönlicher Integration verbindet.

Goleman, Daniel. *Emotionale Intelligenz*. München: dtv, 2001. Dieses gut recherchierte Buch bezieht sich auf die neuesten Erkenntnisse der Psychologie und Neurowissenschaft, um zu zeigen, wie unsere emotionalen und rationalen Fähigkeiten durch ihr Zusammenwirken unseren Charakter und unser Schicksal bestimmen. Die emotionale Intelligenz lässt sich, wie Goleman darstellt, so entwickeln, dass alle Bereiche unseres Lebens davon profitieren.

Jung, Carl Gustav. *Synchronizität, Akausalität und Okkultismus.* München: dtv, 2001. In diesem Buch führt Jung den Begriff der »bedeutungsvollen Koinzidenz« ein, in der nach seiner Auffassung ein Schlüssel zum Schicksal des Einzelnen liegt.

Progoff, Ira. *Jung, Synchronicity, and Human Destiny.* Dell, 1973. Dieses Buch verdeutlicht Jungs vielfach schwer verständliche Gedanken über Synchronizität und stellt sie in den Zusammenhang der persönlichen Entwicklung und Integration.

Tart, Charles. *Hellwach und bewußt leben.* Bern u.a.: Scherz, 1988. Eine liebenswerte Einführung in Gurdjieffs Werk, mit nützlichen Kapiteln über Selbstbeobachtung und Selbsterinnerung.

Weber, Renée. *Wissenschaftler und Weise.* Grafing: Aquamarin, 1987. Das Buch einer Religionswissenschaftlerin über die häufig gespannte Beziehung zwischen Wissenschaft und Spiritualität. Auf der Suche nach Gemeinsamkeiten zwischen verschiedenen religiösen Überzeugungen und Methoden der Wissensgewinnung interviewt sie unter anderem David Bohm, Rupert Sheldrake, den Dalai Lama, Bede Griffiths und Krishnamurti.

13. Kapitel: Transformation der Gesellschaft

Aristide, Jean-Bertrand. *Eyes of the Heart: Seeking a Path for the Poor in the Age of Globalization.* Common Courage Press, 2000. Eine Sammlung kurzer Essay und Geschichten, in denen mit ebenso viel Leidenschaft wie praktischem Verstand nach Möglichkeiten der Beendigung von Hunger und Armut in der Welt gefragt wird, verfasst vom ersten demokratisch gewählten Präsidenten Haitis.

Bennis, Warren, und Patricia Ward Biederman. *Geniale Teams: das Geheimnis kreativer Zusammenarbeit.* Frankfurt am Main u.a.: Campus, 1998. Bekannt geworden ist Bennis mit Büchern zum Thema »Führen«, beispielsweise *Führen lernen, Führungskräfte* und *Schlüsselstrategien erfolgreichen Führens.* Es ging ihm darum, Persönlichkeitszüge und Führungsqualitäten zusammenzutragen, die den Erfolg bei der Arbeit ausmachen. Hier geht es nun darum, wie man sich durch Zusammenstellung schlagkräftiger Teams »Kooperationsvorteile« verschafft. Bennis und seine Mitautorin beziehen sich dabei auf sechs Fallstudien – unter anderem die Firma Xerox, Clintons Wahlkampf von 1992 und die Disney-Animationsstudios – und destillieren daraus die Zutaten erfolgreicher Zusammenarbeit, um schließlich darzustellen, wie man durch Bündelung und Management von Talent viel mehr erreichen kann, als es den Einzelnen möglich wäre.

Berry, Thomas. *The Dream of the Earth.* Sierra Club Books, 1998. Eine Verherrlichung der Erde, verbunden mit der Feststellung, dass wir an einem entscheidenden Augenblick der Geschichte stehen, an dem wir den Zauber der Natur und die Achtung vor der Evolution neu entdecken müssen.

Callopy, Michael, und Jason Gardner (Hg.). *Architects of Peace: Visions of Hope in Words and Images.* New World Library, 2001. Fotos und Gedanken von gesellschaftlich engagierten Aktivisten und visionären politischen Führungsgestalten wie Nelson Mandela, Cesar Chavez, Maya Lin, Michail Gorbatschow und Helen Caldicott.

Dass, Ram, und Paul Gorman. *Wie kann ich helfen?* Berlin: Sadhana, 1994. Ein inspirierender Führer des mitfühlenden Handelns im Alltag mit bewegenden Berichten von Leiden und Güte.

Elgin, Duane. *Voluntary Simplicity.* Quill/Morrow, 1993. Ein ausgezeichnetes Buch für ein ausgewogenes und einfaches Leben, Plädoyer für eine sofortige Verbesserung unserer Lebensqualität durch eine Verbindung von Umweltbewusstsein und persönlicher Entwicklung.

Hanh, Thich Nhat. *Innerer Friede, äußerer Friede.* Berlin: Theseus, 1996. In diesem Buch stellt der vietnamesische Zen-Meister die spirituelle Praxis als gesellschaftliches Handeln dar, als das Mittel, uns selbst und die Welt zu heilen.

Hawken, Paul. *The Ecology of Commerce: A Declaration of Sustainability.* Harper Business, 1993. (*Kollaps der Kreislaufwirtschaft: Wachstum nach dem Vorbild der Natur.* Berlin: Siedler, 1996.) Ein wegweisendes Buch, das die harten Realitäten des Business mit der Notwendigkeit verantwortungsbewusster Innovation im Sinne der Umweltverträglichkeit aussöhnen möchte.

Keen, Sam. *Wider die Leere in unserer Zeit: eine praktische Philosophie für den Alltag.* Hamburg: Kabel, 1996. Keen lädt uns ein, nach neuen Ordnung stiftenden Mythen, neuen Sinn stiftenden Ritualen und neuen Möglichkeiten der Verwandlung von Gewöhnlichem in Heiliges Ausschau zu halten. Er geht von der gegenwärtigen Sinnkrise aus und zeigt auf, wie der Alltag mit Spiritualität zu erfüllen wäre.

Leonard, George. *Education and Ecstasy.* Delacorte, 1968. (*Erziehung durch Faszination.* Reinbek bei Hamburg: Rowohlt, 1976.) Lernen, und zwar lebenslanges Lernen, ist für Leonard die eigentliche Bestimmung des Menschen – und bringt die besten Ergebnisse, wenn es Spaß und Freude macht. Das Buch bietet unter anderem die lebhafte Schilderung eines hoch interaktiven, computergestützten Lernumfelds, in dem Kinder die notwendigen Grundkenntnisse erlernen könnten.

Muir, John. *The Wilderness World of John Muir.* Houghton Miflin, 1954. Muirs anschauliche und zu vielerlei Gedanken anregende Art zu schreiben wird in dieser Sammlung von Essays über Naturschönheit vom Yosemite Valley bis Alaska besonders deutlich. Neben Thoreau ist Muir der geistige Vater des amerikanischen Umweltbewusstseins.

Orwell, George. *1984.* Berlin u.a.: Ullstein, 1996. Aldous Huxley. *Schöne neue Welt.* Frankfurt am Main: Fischer, 2001. Zwei »Zukunfts«-Romane, beide Satiren auf utopisches Wunschdenken und Fortschrittsgläubigkeit. Beide Titel sind als Chiffren für die Gefahren des Totalitarismus und für seelenlosen wissenschaftlichen und gesellschaftlichen Fortschritt in die Umgangssprache eingegangen.

Redfield, James. *Die Vision von Celestine.* München: Heyne, 1999. Ein Buch über kollektive und persönliche Einsichten im Zusammenhang mit dem spirituellen Erwachen.

Roszak, Theodore. *Ökopsychologie: der entwurzelte Mensch und der Ruf der Erde.* Stuttgart: Kreuz, 1994. Welche Beziehung besteht zwischen dem Inneren des Menschen und der Außenwelt? Roszak formuliert seine Gedanken zu vielen Themen – das anthropische Prinzip, die Gaya-Hypothese, Mystik, Religion, Ökologie – und kommt zu dem Schluss, dass Seel-Sorge und Sorge für die Natur im Grunde nicht voneinander zu trennen sind.

Senge, Peter. *The Fifth Discipline: The Art and Practice of the Learning Organization.* Doubleday, 1990. (*Die fünfte Disziplin: Kunst und Praxis der lernenden Organisation.* Stuttgart: Klett-Cotta, 2001.) Senge ist Gründer des Center for Organizational Learning in der Sloan School of Management des Massachusetts Institute of Technology. In diesem Buch knüpft er bei Gedanken aus vielen Bereichen an – darunter Organisationsentwicklung und kontemplative Praxis – und erklärt von da aus, weshalb die lernende Organisation wichtig ist. Daneben gibt er eine Zusammenfassung seiner Managementprinzipien, nennt ein paar wichtige Werkzeuge für deren praktische Umsetzung und vermittelt Eindrücke, wie die tatsächlichen Abläufe im Rahmen dieses Systems aussehen.

14. Kapitel: Leben nach dem Tod

Becker, Ernest. *Die Überwindung der Todesfurcht.* München: Goldmann, 1987. Unsere größten Probleme, so Beckers Kernthese, handeln wir uns durch das Grauen vor unserer Sterblichkeit und das Totschweigen des Todes ein. Der einzige Weg, um von all dem frei zu werden, besteht für Becker darin, dass wir uns dem Transzendenten öffnen.

Evans-Wentz, W.Y. *Das tibetanische Totenbuch*. Olten: Walter, 1993. Durch Evans-Wentz' Einleitung und die Fußnoten gewinnt dieser alte tibetische Text an Klarheit, ein Führer für den Weg der Seele durch den Tod und den darauf folgenden *Bardo* oder »Zwischenzustand«, der einer neuen Inkarnation oder der endgültigen Befreiung vorausgeht.

Fremantle, Francesca, und Chögyam Trungpa (Übers.). *Das Totenbuch der Tibeter*, aus dem Amerikanischen von Stephan Schuhmacher. Kreuzlingen; München: Hugendubel, 2002. Das alte tibetische Buch für die Begleitung des Sterbeprozesses gibt den Personen im unmittelbaren Umfeld des Sterbenden Anleitung, wie sie dessen Seele in den Bereichen jenseits des physischen Todes Orientierung geben können.

Godwin, Malcolm. *Engel: eine bedrohte Art*. München: Heyne, 1995. Mythologie, Literatur, Religion und Popkultur dienen Godwin als Ausgangspunkte für dieses Buch über geflügelte »Boten« aus anderen Welten.

Grof, Stanislav und Christina. *Jenseits des Todes*. München: Kösel, 1986. Eine illustrierte, in poetischer Sprache geschriebene Sichtung der Vorstellungen von Tod und Nachleben in verschiedenen Kulturen und Epochen. Es werden Parallelen zwischen traditionellen Darstellungen, zeitgenössischen Berichten von Nahtodeserfahrungen sowie Erfahrungen von Tod und Wiedergeburt bei Psychiatriepatienten aufgezeigt.

Hastings, Arthur. *With the Tongues of Men and Angels: A study of Channeling*. Henry Holt and Company, 1991. Dieses nachdenkliche und von Augenmaß geprägte Buch fragt, welchen Anteil das Channeling und andere mediale Phänomene an den großen spirituellen Traditionen haben und wie dieser Anteil heutzutage zum Ausdruck kommt.

Head, Joseph, und S.L. Cranston. *Reincarnation: An East-West Anthology*. Theosophical Publishing House, 1961. Eine Sammlung von Zitaten, Reflexionen und Spekulationen zum Thema »Reinkarnation und Leben nach dem Tod«. Über viertausend Gestalten von Weltgeltung werden zitiert, darunter Plotin, Thoreau, Emerson, Frost, Lindbergh und Walt Whitman.

Kübler-Ross, Elisabeth. *Interviews mit Sterbenden.* München: Droemer Knaur, 2001. In diesem Buch legte die Autorin erstmals ihre Anschauungen über die fünf Stadien unseres Umgangs mit dem Sterben dar: Verleugnung und Isolation, Zorn, Feilschen, Depression und schließlich Einverständnis. Mit Geschichten und Interviews belegt sie, wie der bevorstehende Tod sich auf den Patienten, die medizinischen Betreuer und die Angehörigen auswirkt.

Leeming, David Adams. *Flights: Readings in Magic, Mysticism, Fantasy and Myth.* Harcourt Brace Jovanovich, 1974. Eine wunderbare Materialsammlung aus Literatur, Anthropologie und Mythologie, die sichtbar macht, wie sehr uns das, was »jenseits des Materiellen« liegt, fasziniert. Das Buch enthält Beiträge über Schamanismus von John Neihardt und Black Elk, über »Höhenflüge schamanistischer Poesie« von Coleridge, Yeats, Frost, Merton und Whitman, über Jungs visionäre Begegnungen, über die Hexenprozesse von Salem (1692), über Berichte von visionären Erfahrungen im Alten Testament, über Grimms Märchen und über Fantasy-Erzählungen von Poe, Vonnegut und Fitzgerald.

Levine, Stephen. *Wer stirbt? Wege durch den Tod.* Bielefeld: Context, 1991. Klug und einfühlsam zeigt Levine auf, wie wir uns angesichts der Ungeheuerlichkeit des Todes doch ganz auf das Leben einlassen können – als Vorbereitung auf das, was nachher kommen mag. Er forscht nach den Ursprüngen von Freude und Leid und benennt Einverständnis und Eigenverantwortung als wesentlich für beide. Er illustriert seine Anschauungen mit anrührenden Geschichten und gibt Hinweise für ein Leben der Achtsamkeit und Güte.

–. *Sein lassen: Heilung im Leben und im Sterben.* Bielefeld: Context, 1992. In diesem Buch geht es um die Heilkraft eines mitfühlenden, barmherzigen Bewusstseins. Levine stellt Meditationen und Übungen für den Umgang mit Trauer und Schmerz dar.

Lindbergh, Charles (siehe Eintrag zum 3. Kapitel).

Mallasz, Gitta. *Die Antwort der Engel.* Zürich: Daimon, 1984. Dieses erstaunliche Buch enthält Gitta Mallasz' Aufzeichnungen von Botschaften, die in der Zeit der Besetzung Ungarns durch die Nationalsozialisten siebzehn Monate lang jeden Freitag von Stimmen, die sich als Engel bezeichneten, an vier spirituelle Sucher und Freunde übermittelt wurden. Der Kern der Botschaften, persönliche Verantwortung, ist für uns Heutige so bedeutsam und wichtig, wie er es für die ursprünglichen Empfänger war.

Meltzer, David (Hg.). *Death: An Anthology of Ancient Texts, Songs, Prayers and Stories.* North Point Press, 1984. Eine breit angelegte Darstellung von Ideen, Ritualen, Zeremonien und heiligen Texten, an denen die Entwicklung der Vorstellung vom Leben nach dem Tod erkennbar wird. Der Themenfächer reicht von den Bestattungsriten der Neandertaler über die irische Nachtwache, den Tod in der Literatur, Totenklagen und Trauerlieder bis zu Zauberformeln und Amuletten.

Mitchell, Stephen (Übers.). *The Book of Job.* Harper Collins, 1992. Eine Neufassung der klassischen Geschichte von der »Rede des Herrn aus dem Wetter« und der Debatte über Ursprung und Sinn des Leidens in der Welt.

Monroe, Robert. *Der Mann mit den zwei Leben: Reisen außerhalb des Körpers.* München: Knaur, 1986. Monroe erzählt hier von seinen eigenen außerkörperlichen Erlebnissen und schildert, wie man sie herbeiführen kann.

–. *Der zweite Körper.* München: Ansata, 2000. Dieser Folgeband zum vorgenannten referiert ein Jahrzehnt der weiteren Erforschung von Bereichen außerhalb der bekannten physikalischen Wirklichkeit. Monroe berichtet von seinen Reisen außerhalb von Raum und Zeit, erörtert Techniken der Induzierung außerkörperlicher Erfahrungen und entwirft einen Plan für die weitere Forschung.

Moody, Raymond. *Leben nach dem Tod: die Erforschung einer unerklärlichen Erfahrung.* Reinbek bei Hamburg: Rowohlt, 2001. Die erste umfangreiche Studie über mehr als hundert Menschen, die klinisch tot waren und dann wiederbelebt wurden. Ihre Berichte weisen erstaunliche Übereinstimmungen auf und sind überaus positiv: Sie geben einen Eindruck von der »anderen Seite«, von der Liebe und dem Frieden, die uns dort erwarten.

Myers, Frederic William Henry. *Human Personality and Its Survival After Death*, 2 Bde. Longmans, Grenn and Co., 1903, 1954. Eine breit angelegte Studie über Geistererscheinungen, Telepathie, Inspiration und andere Phänomene, die für die Frage des Lebens nach dem Tod von Bedeutung sind.

Osis, Karlis, und Erlander Haraldson. *Der Tod, ein neuer Anfang*. Freiburg im Breisgau: Bauer, 2001. Ein Buch über Visionen, Ekstasen und Erscheinungen beim Sterben.

Poortman, Johannes J. *Vehicles of Consciousness: The Concept of Hylic Pluralism*. Theosophical Publishing House, 1978. Das bisher größte Buch über die Lehren vom Geist-Körper von der Antike bis heute. Der niederländische Philosoph betrachtet Zeugnisse aus der Steinzeit, der ägyptischen, indischen, griechischen, römischen und persischen Antike sowie neuzeitliche Überlieferungen in Europa, Asien und Amerika.

Ring, Kenneth. *Life at Death: A Scientific Investigation of Near-Death Experience*. Quill, 1982. Ring widmet sich seinem Thema mit wissenschaftlicher Strenge. Das Buch bringt unter anderem Interviews mit über hundert Menschen, die dem Tod sehr nahe waren oder nach dem klinischen Tod wiederbelebt wurden.

Rogo, D. Scott (siehe Eintrag zum 3. Kapitel).

Slocum, Joshua. *Allein um die Welt*. Berlin: Ullstein, 2000. Slocum erzählt die Geschichte seiner Solo-Umsegelung der Welt, während der ihm ein »Phantom-Segler« erschien und angab, er habe ihm während eines gefährlichen Sturms geholfen. Segler, Bergsteiger und andere Abenteurer berichten häufig von solchen Erscheinungen.

Stevenson, Ian. *Reincarnation and Biology*, 2 Bde. Praeger, 1997. Das Werk über Stevensons breit angelegte Erforschung von Erinnerungen des »Reinkarnations-Typs«, die vielfach von Kindern berichtet werden, sowie von seinen Bemühungen, den Erinnerungen entsprechende Personen zu identifizieren. Er bringt zahlreiche Fallstudien und beschreibt Geburtsnarben und Muttermale, die einen Bezug zu den erinnerten Ereignissen zu haben scheinen. So gab es den Fall, dass jemand, dem von Geburt an ein Finger fehlte, sich an den Verlust eines Fingers in einem früheren Leben »erinnerte«. Siehe auch: Ian Stevenson. *Reinkarnationsbeweise: Geburtsnarben und Muttermale belegen die wiederholten Erdenleben des Menschen.* Grafing: Aquamarin, 1999.

Tansley, David. *Energiekörper.* München: Kösel, 1985. Ein dichtes und schön illustriertes Buch über den ätherischen Bereich der feinstofflichen Energien und Formen.

Thompson, Keith. *Engel und andere Außerirdische.* München: Droemer Knaur, 1996. Die beste Deutung der so genannten Ufo-Erfahrung, die unterschiedlichste Formen haben kann. Thompson meint, dass es sich dabei um echte Begegnungen mit außerphysikalischen Phänomenen handeln könnte, die dann jedoch als außerirdische Wesen aufgefasst werden.

Tyrell, G.N.M. *Apparitions.* Gerald Duckworth & Co., 1943. Ein klassisches Buch über Geistererscheinungen mit einer Darstellung ihrer Erscheinungsformen, ihrer übereinstimmenden Merkmale in verschiedenen Kulturen, ihrer möglichen Ursachen und ihrer Wirkung auf Menschen, die sie wahrnehmen.

Williamson, C.J. »The Everest Message.« *Journal of the Society for Psychical Research* 48, S. 318–20. Ein Bericht von den paranormalen Erscheinungen im Verlauf der britischen Everest-Besteigung 1975.

15. Kapitel: Transformation des Körpers

Blofeld, John. *Taoism: The Road to Immortality.* Random House, 2000. Eine Betrachtung der daoistischen Anschauungen über körperliche Transformation und die Praktiken, mit denen man sie verwirklicht.

Dodd, Charles H. *The Meaning of Paul for Today*. Fontana Books, 1958. Ein Buch des Forschens nach der lebendigen Philosophie des Apostels Paulus und seiner Bedeutung für die moderne Welt.

Fox, Matthew. *Geist und Kosmos: der Weg der Verwandlung*. Grafing: Aquamarin, 1993. Eine Neubewertung des Werks Thomas von Aquins, eines der größten Genies des Mittelalters. Das Buch ist in Dialogform geschrieben und fragt nach den Möglichkeiten einer Re-Sakralisierung des modernen Lebens.

Grosso, Michael. *Frontiers of the Soul: Exploring Psychic Evolution*. Quest, 1992. Eine breit gefächerte Studie paranormaler Phänomene, unter anderem Ahnungen von körperlicher Auferstehung.

Guardini, Romano. *Die letzten Dinge: die christliche Lehre vom Tode, der Läuterung nach dem Tode, Auferstehung, Gericht und Ewigkeit*. Mainz: Matthias-Grünewald-Verlag, 4. Taschenbuchauflage 2002, S.65, 67ff. Alle Autorenrechte liegen bei der Katholischen Akademie in Bayern. Guardini deutet das Dogma der Verklärung als Hinweis auf die weitere gemeinsame Evolution von Körper und Seele bis zu ihrer Vergöttlichung.

Tansley, David V. *Energiekörper*. München: Kösel, 1985. Ein anschaulich geschriebenes und illustriertes Buch über den alten Glauben, der physische Körper sei ein Abbild des feinstofflichen Körpers. Tiefes Erfahrungswissen um das höhere Selbst sei nötig, wenn der Mensch zum Mitschöpfer des Göttlichen werden soll.

Thomas von Aquin. *Summa contra gentiles*, 6 Bde. Zürich: Stauffacher, 1942–1960. In diesem Werk (Bd. 6) entwickelt Thomas seine Lehre von der Auferstehung und Verklärung des Körpers.

Walsh, Roger. *Der Geist des Schamanismus*. (Siehe Eintrag zum 3. Kapitel.)

16. Kapitel: Transformative Praxis

Almaas, A-Hameed. *Essentielle Wirklichkeit*. Freiamt: Arbor, 1998. Dies ist der erste Band des vierbändigen Gesamtwerks

Der diamantene Weg des Herzens nach den Seminaren von Almaas. Von Schritt zu Schritt immer weiter in die Tiefe dringend, führt Almaas den Leser einen detailliert aufgeschlüsselten und wunderbar logischen Weg zur Erleuchtung.

Brussat, Frederic und Mary Ann. *Spiritual Rx: Prescriptions for Living a Meaningful Life.* Hyperion, 2000. Ein alphabetisch aufgebauter Führer zur spirituellen Praxis – Aufmerksamkeit, Einheit, Inbrunst, Präsenz, Schönheit, Staunen, Transformation, um nur einige der Einträge zu nennen. Zusätzlich zu den Grundelementen der Praxis gibt es Stichwörter, Erinnerungshilfen, Gelübde und Segenssprüche für jeden Tag sowie Hinweise zu Videos, Büchern, Gebeten, Kunstgegenständen, Tagebuchschreiben und Mantras.

Cameron, Julia. *Der Weg des Künstlers: ein spiritueller Pfad zur Aktivierung unserer Kreativität.* München: Droemer Knaur, 2000. Ein Zwölf-Wochen-Programm zur Erschließung unserer natürlichen Kreativität; viel Ermunterung und für jeden Tag Hinweise, dass bei jeder Form des Übens Freude der tiefere Antrieb sein sollte.

Cleary, Thomas (Übers.). *Unlocking the Zen Koan.* North Atlantic Books, 1993. Gewitzte Übersetzungen und Analysen alter chinesischer Koans, doch darüber hinaus bietet Cleary ein Vorgehen in fünf Schritten, das uns bei der Entschlüsselung ihrer Geheimnisse unterstützt. Diese Praxis fördert das Eintauchen in jede schwierigere Lektüre.

Csikszentmihalyi, Mihaly. *Lebe gut: wie Sie das Beste aus Ihrem Leben machen.* Stuttgart: Klett-Cotta, 1999. Hier ergänzt der Autor seine älteren psychologischen Studien mit Gedanken zur transformativen Praxis und zur persönlichen Entwicklung. So gilt es unter anderem, die Muster unseres normalen Tagesablaufs durch gerichtete Aufmerksamkeit und ein neues Gespür für tiefere Dimensionen der Zeit zu ändern.

DeRopp, Robert. *Das Meisterspiel.* München: Knaur, 1983. Eine Art Straßenkarte für den Weg zum Erwachen; mit aufschlussreichen, manchmal zum Schmunzeln anregenden Einblicken in das Potenzial des Menschen. Dieses eigenwillige und durchaus auch scharfzüngige, aber wohlüberlegte und gut geschriebene Buch beginnt mit der Aussage, dass alle Spiele und Spielchen des Lebens – vom Geld-Spiel über das Macht-Spiel und das Sex-und-Lust-Spiel bis zum Drogen-High-Spiel – auch Vorspiel sein können: Anbahnungen eines tieferen Verständnisses für die Kraft, Schönheit und Gefährlichkeit des »höchsten« Spiels, des Meisterspiels der spirituellen Selbsttransformation.

Goldstein, Joseph. *The Experience of Insight: A Simple and Direct Guide to Buddhist Meditation.* Shambhala, 1987. Dieses Buch gibt nicht nur Anleitung zur Praxis der Einsichts-Meditation (*vipassana*), sondern auch praktische Hinweise für das alltägliche Leben.

Goldstein, Joseph, und Jack Kornfield. *Einsicht durch Meditation: die Achtsamkeit des Herzens.* Bern u.a.: Scherz, 1990. Anleitung zur Einsichts-Meditation mit genauen Beschreibungen der Übungen.

Johnson, Robert A. *Bilder der Seele: Traumarbeit und aktive Imagination.* München: Hugendubel, 1995. Johnson, ein Psychologe der Jung-Schule, arbeitet zur Integration und Harmonisierung des Bewussten und des Unbewussten ein Vier-Schritte-Programm der aktiven Imagination aus, zu dem unter anderem Tagebuchschreiben, Traumarbeit und Ritual gehören.

Kabat-Zinn, Jon. *Gesund und stressfrei durch Meditation.* Bern u.a.: O.W. Barth, 1991. Der Gründer des Stress Reduction Programm am University of Massachusetts Medical Center schöpft aus reichhaltiger Erfahrung, wenn er in diesem Buch erklärt, wie Augenblick für Augenblick aufrechterhaltene Achtsamkeit uns befähigen kann, mit Krankheiten und alltäglichen Frustrationen umzugehen.

–. *Stark aus eigener Kraft: im Alltag Ruhe finden.* Bern u.a.: O.W. Barth, 1995. Ein poetisches, mit Herzblut geschriebenes Buch zur Übung von Aufmerksamkeit, Achtsamkeit und Seelentiefe im täglichen Leben.

Keen, Sam, und Anne Valley-Fox. *Your Mythic Journey: Finding Meaning in Your Life Through Writing and Storytelling.* Tarcher/Putnam, 1989. Eine Sammlung von Einzel- und Gruppenübungen, die dazu führen sollen, dass man Geschichten über den Grund-Verlauf des eigenen Leben zu erfinden und zu erzählen lernt. Die Autoren treffen die nützliche Unterscheidung zwischen überlieferten Mythen, die an ihre einmal festgelegte Gestalt gebunden sind, und kreativen Mythen, die den Menschen erlauben, ihr Leben neu zu erfinden und über ihre gegenwärtigen Lebensumstände hinauszuwachsen.

Kornfield, Jack. *Frag den Buddha und geh den Weg des Herzens.* München: Econ, 2001. Für dieses sehr persönlich gehaltene und praktisch ausgerichtete Buch zu der Frage, wie wir im täglichen Leben Frieden und Wahrheit finden können, schöpft Kornfield aus fünfundzwanzig Jahren als Praktizierender und Lehrer eines Weges mit Herz zum Erwachen. Dieses Buch verkörpert das Mitgefühl und die Güte, von denen es spricht, und bereichert die spirituelle Praxis mit Lehrgeschichten und aus persönlicher Erfahrung gewonnenen, unmittelbar anwendbaren Erläuterungen.

Leonard, George. *Der längere Atem: die Meisterung des Alltäglichen.* München: Integral, 1998. Für Leonard ist über lange Zeit geübte Praxis – vom Aikido bis zum Gärtnern – der Königsweg zu Entwicklung und Transformation. Ein kluges und scharfsinniges Buch, das ein Klassiker der transformativen Disziplinen zu werden verdient.

Metzner, Ralph. *The Unfolding Self: Varieties of Transformative Experience.* Origin Press, 1998. Eine Meditation über Hauptwege der transformativen Praxis, die in der Regel an einer Kernmetapher orientiert sind. Metzner nennt zwölf Kernmetaphern dieser Art, darunter »aus einem Traum erwachen«, »Befreiung aus der Gefangenschaft«, »den Schleier der Verblendung heben« und »von der Dunkelheit ins Licht«.

Murphy, Michael, und George Leonard (siehe Eintrag zum 11. Kapitel).

Peck, M. Scott. *Der wunderbare Weg: eine neue Psychologie der Liebe und des spirituellen Wachstums*. München: Goldmann, 1997. Peck zeigt einen Weg zu persönlicher Entwicklung und Erfüllung auf, indem er Verbindungen zwischen der modernen Psychologie und Psychiatrie und den traditionellen christlichen Werten der Disziplin und Verantwortung knüpft.

Trungpa, Chögyam. *Spirituellen Materialismus durchschneiden*. Berlin: Theseus, 1996. Eine rigorose Betrachtung der Selbsttäuschungen, Verbiegungen und Abwege, der großen Gefahren auf dem spirituellen Weg – und ein Buch über die klare Bewusstheit und Furchtlosigkeit, die man auf dem wahren Weg braucht. Bei der spirituellen Praxis geht es nicht darum, etwas zu erringen oder irgendwo anzukommen. Spirituelle Praxis trägt ihren Lohn in sich selbst.

–. *Das Buch vom meditativen Leben*. Reinbek bei Hamburg: Rowohlt, 1991. Diese moderne Darstellung vom Weg des Kriegers widmet sich der uralten tibetischen Praxisform der meditativen Bewusstheit, die Gleichgewicht, Mitgefühl, Mut und Verletzlichkeit (im Sinne von Zugänglichkeit und Aufgeschlossenheit) in unser Leben bringt.

Uhlein, Gabriele. *Meditations with Hildegard of Bingen*. Bear and Company, 1982. Ein wunderschönes Buch mit »Zentrierungs«-Übungen oder Meditationen auf der Basis von Hildegard-Texten.

Underhill, Evelyn. *Practical Mysticism*. Dover, 2000. Hier verdichtet die Autorin ihr klassisches Werk über Mystik (siehe Eintrag zum 2. Kapitel) zu Essays über Meditation und Kontemplation, die für sie die Schlüssel zum mystischen Leben sind. Sie sammeln die Kräfte der Seele zu einem »liebevollen Blick« für die Gegenwart Gottes in allem.

Vaughan, Frances. *Die Reise zur Ganzheit: Psychotherapie und spirituelle Suche*. München: Kösel, 1990. Dieses Buch über transpersonale Psychologie stellt viele Übungen zur persönlichen Entwicklung vor, die es zu einem praktischen, alle wichtigen Aspekte umfassenden Führer auf dem spirituellen Weg machen.

DANK

Unser Dank gilt den folgenden Personen, die zu diesem Buch beigetragen haben: John Austin koordinierte die Zeitpläne. Phil Novak recherchierte und half beim Zusammentragen von Informationen zu den großen Religionen der Welt. John Diamond hielt ständig Ausschau nach einem Zuhause für dieses Projekt. Mitch Horowitz, Cheflektor bei Tarcher/Putnam, erledigte das Organisatorische mit geschickter Hand. Jeremy Tarcher und Joel Fotinos ist für ihren Glauben an dieses Buch zu danken, und unser ganz besonderer Dank gilt Phil Cousineau für die vielen Stunden, die er für Recherche und Organisation opferte.

ÜBER DIE AUTOREN

Als **James Redfield,** Schriftsteller und Therapeut, 1993 *The Celestine Prophecy* (*Die Prophezeiungen von Celestine*) veröffentlichte, löste das Buch bei Lesern und Buchhändlern eine Woge der Begeisterung aus, die es zu einem der erfolgreichsten spirituellen Romane aller Zeiten machte. Das Buch hielt sich über drei Jahre auf der Bestsellerliste der *New York Times* und war zwei Jahre lang das meistverkaufte amerikanische Buch weltweit. 1996 folgte *The Tenth Insight* (*Die zehnte Prophezeiung von Celestine*), das ebenfalls aus dem Stand ein Bestseller wurde. Weitere Bücher Redfields, die in der Bestenliste der *New York Times* erschienen, sind *The Celestine Vision* (*Die Vision von Celestine*) und *The Secret of Shambhala* (*Das Geheimnis von Shambhala*). Redfield lebt in Florida und Alabama.

Die Erforschung des menschlichen Potenzials begann für **Michael Murphy** Anfang der fünfziger Jahre, als er an der Stanford University das Hauptfach Psychologie belegt hatte. 1961 wirkte er mit an der Gründung des Esalen Institute in Big Sur, Kalifornien, einem der weltweit führenden Zentren für persönliches Wachstum. 1980, wiederum mit Murphys Beteiligung, initiierte das Esalen Institute ein sowjetisch-amerikanisches Austauschprogramm, das Gespräche zwischen Schriftstellern, Gesellschaftsaktivisten und führenden Politikern anbahnen und fördern sollte und auf dessen Einladung Boris Jelzin erstmals in die Vereinigten Staaten reiste. Murphy verfasste Bücher wie *Golf in the Kingdom*, *The Future of the Body* (*Der Quanten-Mensch*) und *The Life We Are Given* (mit George Leonard). Er lebt in Sausalito, Kalifornien.

Sylvia Timbers arbeitet seit über fünfundzwanzig Jahren im Bereich Bewusstseinsforschung, wo ihr Schwerpunkt auf Praxis und Ausbildung liegt. Ihre Spezialität sind Multimediaprojekte und Drehbücher zum Thema psychische und spirituelle Entwicklung. Sie hat auf eigene Faust Projekte in Südamerika, Europa, Afrika und Asien entwickelt und aufgebaut und außerdem als Beraterin für Menschen mit tödlichen Erkrankungen gearbeitet. Timbers hat in Tibet, China, Indien und Nepal gedreht und arbeitet gegenwärtig an einem großen Dokumentarfilm, in dessen Mittelpunkt Tibet stehen wird.

Personen- und Sachregister

A

Aborigines 255
Abraham 65
Ackerman, Diane 149
Adler, Alfred 90
Affirmationen 268–271
Ahsai, Ahmad 67
al-Adawiyya, Rabia 68
al-Arabi, Ibn 70
al-Bistami, Abu Yazid 68
al-Ghazzali, Abu Hamid 67
al-Hallaj 67
Alexander-Methode 97
Alister Hardy Research
  Centre 98
Alkohol 273
Amos 57, 59
Ananda 48, 146
Animan-Siddhi 124
Antaradrishti-Siddhi 124
Anudrishti-Siddhi 124
Areopagita, Dionysios 63
Aristide, Jean-Bertrand 213f.
Aristoteles 54ff., 227, 244, 278
Ashoka, Kaiser 48
Askese 46
Auferstehung des Fleisches
  243–253
Aufklärung 73–76, 192
Augustinus, heiliger 62
Aurobindo, Sri 79f., 85, 100,
  150, 165, 225, 263, 272
Autosuggestion 275
Averroes 67
Avicenna 67
Ayala, Francisco 28, 31

B

Baal Schem Tow *siehe* Elieser,
  Rabbi Israel Ben
Bacon, Francis 73f., 192
Balzac, Honoré de 232
Barks, Cole 69
Basho 49
Beatrijs von Nazareth 273
Becker, Ernest 91
Beinahe-Katastrophen 30
Bellamy, Edward 192
Benedikt, heiliger 63
Bennis, Warren 204–207
Benson, Herbert 97, 265
Berdjajew, Nicolai 79
Bergson, Henri 79, 85
Berry, Thomas 208
Berufung (Übung, transformative) 293f.
Bewegung 126–134
– aus dem Zentrum (Übung,
  transformative) 285f.
– aus einem Mantra (Übung,
  transformative) 286
– Übungen, transformative
  285ff.
Bewegungs-Visualisation 287
Bewusst lächeln und lachen
  (Übung, transformative)
  291

Bhagavad-Gita 167
Bilder 278f.
Bildungswesen, Transformation 198–204
Bilokation 132f.
Biofeedback 93ff., 123, 137, 242
Blake, William 64, 147, 165, 231
Blofeld, John 254
Bodhidharma 48
Böhme, Jacob 64
Bön-Kult 50
Boorstin, Daniel J. 83
Botticelli 71
Boulanger, Nadia 142
Bozzano, Prof. Ernesto 116
Braid, James 89
Braud, William 137ff., 196
Bresson, Henri Cartier 113
Brodie, John 110
Buber, Martin 60, 155
Bucke, Richard 172
Buddha 165, 170
Buddha Gautama 46f.
Buddhismus 43, 46–50, 120, 127f., 132, 168, 184, 219, 222, 224, 237, 268 *siehe auch* Zen-Buddhismus
Buffon, Georges Louis Leclerc de 77
Bush, George 215
Butler, Alban 122
Butler, Lee 214

C

Caldicott, Helen 218
Campbell, Joseph 146

Cellini, Benvenuto 72
Chardin, Pierre Teilhard de 64, 80, 85
Chassidismus 60, 155
Chen, Dr. Milton 203
Chhandogya-Upanishad 42
Christentum 57, 60–65, 70, 184, 222, 236f., 268
Coleridge 231
Collopy, Michael 214f.
Crescenzo, Luciano de 206
Crookall, Robert 227
Crossan, John 62
Cupertino, Joseph von 248

D

Dalai Lama, vierzehnter 49
Dante 70
Daoismus 43–46, 49f., 120, 128, 132, 184, 264
– Transformation des Körpers 254
Darwin, Charles 23–26, 54, 81–84, 86, 234
David-Neel, Alexandra 128
Defoe, Daniel 192
Demokrit 119
Descartes, René 74
Diderot, Denis 74
Diksha 137
Distanz, befreiende 271ff.
Dobzhansky, Theodosius 28
Dogen 48, 264, 267
Dogmatismus 70
Donatello 72
Dossey, Larry 196

E

Edelman, Marian Wright 214
Ego 178–182
Ehrenwald, Jan 140
Einfühlungsvermögen 194, 212
Einstein, Albert 172, 201
Eisenbud, Jule 140
Ekstase 146–152
Eldredge, Niles 24f.
Eleusis 39
Elia 57
Eliade, Mircea 255f.
Elieser, Rabbi Israel Ben (Baal Schem Tow) 60
Elliotson, John 88
Emerson, Ralph Waldo 165f., 208
Energie für andere (Übung, transformative) 289f.
Energie-Visualisation (Übung, transformative) 288f.
Energien, höhere
– Übungen, transformative 288ff.
Engel 234–239
Entdeckungen, moderne 86–102
Entspannung, progressive (nach Jacobson) 97
Entwicklungsinitiativen 214–218
Erfahrung 13–17
-en, außerkörperliche 225–228
Erfolg, geschäftlicher 205
Erinnern (Übung, transformative) 291f.
Erkennen, transzendentes 171–177
– Übungen, transformative 292f.
Erleuchtung 46f.
Erwachen 11–104
-s, Geschichte des 35
Erziehung, somatische 96f., 145
Erziehungssystem *siehe* Bildungswesen
Esdaile, James 88
Eskimo 255f.
Etwas geschafft haben (Übung, transformative) 290f.
Evolution
– Entdeckung 81–85
– Gang, wechselvoller 27–32
–, gemeinsame (Geist/Körper) 241ff.
– Geschichte 17–20
– Tatsache 21f.

F

Fähigkeiten, höhere menschliche
– Wissenschaft 195–198
Feldenkrais-Methode 97
Fengshui 44
Fern-Sehen (Übung, transformative) 284f.
Ficino, Marsilio 71
Fitnessforschung 145
Fitnesstraining 265
Fleck, Jack 110
Flow 186f., 194, 206
–, integrierter, synchronistischer 187f.
– Übungen, transformative 294ff.

Forschung 242
Fox, Oliver 227
Frankl, Viktor 175
Franklin, Benjamin 74
Franz von Assisi 63, 136, 147, 157, 165, 170, 248
Frauen, Gleichstellung 103
Freud, Sigmund 90, 92, 136, 140, 278
Freude
– Übungen, transformative 290f.
Friedensinitiativen 214–218
Fry, Christopher 102

G

Galilei 74, 126
Gebet 150
–, kontemplatives 273–277
Geist/Körper
– Evolution, gemeinsame 241ff.
Geistererscheinungen 231
Gelübde 268–271
Georg, heiliger 237
George Lucas Educational Foundation 203
Gesellschaft, Transformation 191–220
Gibbon 74
Gilbert, Jack 155
Gilgamesch-Epos 191
Gindler, Elsa 97
Glaube der Kirche 249
Gleichgewichts«, Modell des »unterbrochenen (punctuated equilibrium) 24f.
Goethe 74, 116

Gorbatschow, Michail 214
Götter, Ägyten 39
Gould, Stephen Jay 23ff.
Govinda, Lama Anagarika 127f.
Graham, Martha 141, 173
Guardini, Romano 243, 251
Gurdjieff, G. I. 69, 100
Gurney, Edmund 98, 115, 231
Guru Rinpoche *siehe* Padmasambhava
Guthlac, heiliger 117

H

Hadith 66
Hafiz 68
Haiku 49
Hakuin 49
Händel 201
Haraldsson, Erlander 229f.
Harner, Michael 196
Hartshorne, Charles 79
Harvey 74
Hass 70
Hawken, Paul 211
Hegel 78–80
Heilmagnetismus 86–89
Heine 232
Hellsehen 120ff.
Hemingway, Ernest 226
Heraklit 119, 178
Hesiod 191
Hildegard von Bingen 63, 147
Hillel, Rabbi 59
Hinduismus 120, 184, 219, 222, 227, 231, 236f., 268

Hirnforschung 242
Hitler 193
Hogan, Ben 110
Höhere Identität, Energie und Erkenntnis (Übung, transformative) 294f.
Homer 39, 231
Homöostase 263
Homo sapiens 19, 28, 258
Hooker, J. D. 81
Hören 114–118
Hosea 59
Hugo, Victor 232
»Human-Potential«-Bewegung 100ff.
Hume, David 74
Huxley, Aldous 111, 193
Huxley, Thomas 82
Hypnose 86–89, 150, 242, 275

I

Idealismus, deutscher 76–81
Identität, höhere
- Erfahrungen 223ff.
Identität, transzendente 162–170
- Übungen, transformative 293f.
Imagination 95f., 150
Individuation 91
Initiationen 38
Inspiration 173f.
Integration
- Übungen, transformative 294ff.
Intelligenz 35
Intention, gerichtete 268–271

Interaktion in einer Gruppe beobachten, Die (Übung, transformative) 287f.
Intoleranz 70
Intuition 177
-en klären (Übung, transformative) 292f.
Islam 57, 65–70, 184, 222, 236, 268

J

Jacobson, Edmund 97
Jahwe 56
James, William 99, 135, 171f., 275ff.
Jefferson, Thomas 74
Jeremia 57, 59
Jesaja 56f., 59
Jesus 170, 279
Johannes vom Kreuz 64, 248
Johnson, Don 96
Johnson, Raynor 99
Johnson, Robert A. 149
Joseph von Cupertino, heiliger 117
Judentum 57, 59, 65, 184, 219, 222, 236, 268
Jung, C(arl) G(ustav) 90f., 99, 119, 136, 184f.

K

Kabbala 60
Kabir 68
Kalligraphie 44
Kampfkünste 123 *siehe auch* Samurai *sowie* Taiji

Katastrophen, Universum
  siehe Beinahe-Katastrophen
Katharina von Genua 168
Katharsis 277f.
Katha-Upanishad 42
Katz, Richard 143f.
Kaufman, Stuart 25
Kaufman, Walter 58
Kepler 74
Kerényi, Karl 39
Khan, Hazrat Inayat 69
Khan, Pir Vilayat 69
Kierkegaard, Soren 156
King jr., Martin Luther 153
Kirche(n)
  –, Glaube der 249
  – Wiederbelebung 218ff.
Kohlberg, Lawrence 100
Kommunikation
  – Übungen, transformative 287f.
  – Wege, neue 135–140
Kommunikationsfähigkeit 35
Kopernikus 74
Koran 66
Körper, Transformation 240–258
  – Daoismus 254
  – Schamanismus 255–258
Körper/Geist
  – Evolution, gemeinsame 241ff.
Körperbewusstsein, gesteigertes 123ff.
Kosmos 18, 20f. *siehe auch* Universum
Krankheiten 37
Kreativität 202
Krishna 167

L

Lamarck, Jean-Baptiste 77, 84
Lane, MacArthur 110
Laotse *siehe* Laozi
Laozi (Laotse) 44
Lascaux, Höhlen von 36
Laski, Marghanita 99, 196
Leben nach dem Tod 221–239
Lebensenergie 141–145
Leonard, George 199f., 203, 268, 267
Leonardo da Vinci 71
Lessing 74
Les Trois Frères, Höhlen von 36
Licht-Erscheinungen 118ff.
Liebe 153–161
  – Übungen, transformative 291f.
Liebesfähigkeit 194
Lindbergh, Charles 225, 234f.
Linné 74
Locke, John 74
London, Jack 232
Lovins, Amory 211
Lovins, Hunter 211
Lucas, George 203
Lung-Gom-Pa 128
Lung-gom-Praktiken 127
Luthe, Wolfgang 97
Lyell, Sir Charles 77, 81

M

Machiavelli, Niccolò 72
Madhyamaka 48
Maggid von Meseritsch 60

Maharshi, Sri Ramana 100, 165
Mahayana 48
Maimonides, Moses 60, 70
Malthus, Thomas 84
Mandela, Nelson 154
Marpa 48
Maslow, Abraham 99, 196
May, Rollo 99
Mayr, Ernst 22
McGwire, Mark 111f.
Medawar, Sir Peter 84
Medici 71
Meditation 123, 150, 242, 265f.
Meditationsforschung 97f.
Medizinfrauen/-männer *siehe* Schamanismus
Meister Eckhart 64, 70, 165, 168, 225
Menninger Foundation 94
Mensch, Potenzial 86–102
Mesmer, Franz Anton 86
Mesmerismus 87ff.
Micha 57
Michael, Erzengel 237
Michelangelo 71
Milarepa 48
Mind Science Foundation 137
Mirandola, Pico della 72
Modell des »unterbrochenen Gleichgewichts« 24f.
Mohammed 65f., 170
Monroe, Robert 227
Moody, Raymond 228
More, Thomas 192
Moses 58, 65
Moyers, Bill 146
Mozart 174

Muhyiddin ibn Arabi 67
Muir, John 208–211
Muldoon, Sylvan 227
Multiple-Choice-Tests 202
Mundaka-Upanishad 224
Munenori, Yagyu 126
Murphy, Michael 96, 99, 151, 269
Mutter Teresa 64
Muzaffer, Sheikh 67
Myers, Frederic William Henry 98, 129, 196, 231f., 275
Mysterienkulte, antike 38–41
Mythologie, griechische 39

N

Nada-Bindu-Upanishad 118
Nagao, Gadjin 168
Nagarjuna 48
Nahtodeserfahrungen 222, 228f., 234
Narendra (Swami Vivekananda) 159, 166
Needleman, Jacob 156
Neri, Filippo 142f.
Neruda, Pablo 148
Neuplatonismus 55, 63, 67, 222, 225
Neurogenese 242
Newton, Isaac 74, 76, 82
Nikhilananda, Swami 166
Normalbewusstsein 15

O

Oh, Sadaharu 112
Oliver, Mary 147

O'Neill, Eugene 114
Orgon 92
Origenes 63, 232, 243, 248–251
Orwell, George 193
Osis, Karlis 229f.
Ouspensky 69

Psi-Wahrnehmung, Forschung 121f.
Psychologie, humanistische und transpersonale 99f.
Psychotherapie 150
Pythagoras 51f., 56, 165, 232

P

Padmasambhava (Guru Rinpoche) 48
Padre Pio 64
»Palmieren« 111
Patanjali 99
Paulus (Apostel) 62, 243f., 251
Peace Pilgrim 163
Pech-Merle, Höhlen von 36
Persien, Mysterien 40
Peter der Große, Zar 74
Petrarca 70f.
Phillips, Stephen 197
Philo von Alexandrien 60
Pindar 39
Platon 40, 51–54, 56, 71, 156, 165, 168, 192, 199, 225, 227, 231f.
Plotin 55, 71, 168, 227, 232
Poortman, Johannes J. 227f.
Porphyrios 55
Post, Laurens van der 113
Prana 92
Praxis, transformative
– Elemente 267–279
– Grundprinzipien 262–267
Propheten 56–60
Protestantismus 219

Q

Qi 92

R

Ramakrishna, Sri 100, 143, 147, 157f., 165f., 225, 264, 274
Rank, Otto 90f., 99
Rasmussen, Knud 256
Reda, Jacques 113
Redgrove, Peter 158
Reformbestrebungen, gesellschaftliche 193
Reich, Wilhelm 92, 97, 119
Reinkarnation 232ff.
Religionsgemeinschaft *siehe* Kirchen
Renaissance 70–73, 192
Rig-Veda 41, 118, 224
Rilke 232
Ring, Kenneth 228
Ritual(e) 150 *siehe auch* Mysterienkulte, antike
Rogers, Carl 99
Rolfing 96
Rolle, Richard 117
Rousseau 74

Rumi, Jalaluddin 17, 68f., 147, 165, 274
Russell, Edward 119

S

Sabom, Steven 228
Samurai 50 *siehe auch* Kampfkünste *sowie* Taiji
Schamanismus 36ff., 49f., 95, 255–258
Schelling 64, 78, 80
Schlitz, Marilyn 137ff., 196
Schopenhauer, Arthur 154
Schultz, Johannes 97
Sehen/Sehvermögen 110–114
Seins, Rätsel des 13–34
Selbstbeobachtung 271ff.
Selbstorganisationsfähigkeit 26
Selbstregulationsmechanismen 263
Selbsttranszendenz 196
Selbstvergessenheit 14
Selbstwahrnehmung 266
Selver, Charlotte 97
Sendungsbewusstsein 194
Seneca 175
Senge, Peter 207
»Sensory Awareness« (Gindler/Selver) 97
Shah, Idries 69
Shakespeare 73, 231
Shelley 232
Shvetasvatara-Upanishad 224
Simpson, George Gaylord 31
Skeptiker 79
Skinner, B. F. 193
Slocum, Joshua 234f.

Smith, Huston 57f.
Sokrates 40, 52ff., 156, 159, 165
Solowjew, Wladimir 79
Sophokles 39
Soto, Zen 48
Spontanes Gelingen (Übung, transformative) 294
Sport 123, 150
Spüren (Übung, transformative) 283f.
Stalin 193
Stebbins, G. Ledyard 28f.
Steiner, Rudolph 100
Steinzeit(kulturen) 37f.
Stekel, Wilhelm 140
Stevenson, Dr. Ian 232ff.
Stille Intervention (Übung, transformative) 290
Stoiker 79
Subtile Freuden bemerken (Übung, transformative) 290
Sufismus 66, 69, 120, 132, 219, 225
Suhrawardi, Shihabuddin 67
Suinn, Richard 266
Supergedächtnis 175f.
Swedenborg 227
Synchronizität 184f., 188

T

Tabriz, Shams-i 68
Taiji 44 *siehe auch* Kampfkünste *sowie* Samurai
Tanseley, David 254
Tarahumara-Indianer 128
Targ-Puthoff-Experimente 124
Targ, Russell 121

Tarnas, Richard 73, 90
Teleologie 32ff.
Telepathie (Übung, transformative) 288
Teresa von Avila 64, 248
Therese de Lisieux 64, 117
Thomas von Aquin 55, 63, 227, 243f., 247, 251
Thoreau, Henry David 209ff.
Thurston, Herbert 99, 143
Tiefenpsychologie 89–93
Tillich, Paul 64
Tod, Leben nach dem 221–239
Tote, Erscheinungen 230f.
Traditionen, spirituelle 32
Training, autogenes (Schultz/Luthe) 97
Trance 37, 225
Transformation
- Bildungswesen 198–204
- Gesellschaft 191–220
- Körper 240–258
-, schamanistische (Körper) 255–258
Traumarbeit 150
Traumdeutung 90
Tyrell, G. N. M. 231

U

Übergangsriten 38 *siehe auch* Mysterienkulte, antike
»Übernatürlichen«, Erforschung des 98f.
Übungen (Transformative Praxis) 259–296
Umweltbewusstsein 208–213

Universum *siehe auch* Kosmos-Entwicklung 22–27
Upanischaden 41ff.
Urban, Rudolph von 157
Urknall 17, 21, 27, 29
Urmeere 19
Ussher, James 76f.

V

Veden 41ff.
Vergil 22
Visualisationen 137f.
Visuddhimagga 99
Vivekananda, Swami *siehe* Narendra
Voltaire 74
Vorstellungen 278f.

W

Wahrheiten«, »vier edle (duhkha, kama, nirvana, Edler achtfacher Pfad) 47
Wahrnehmung(svermög)en 109–124
- Entwicklung 33
- Übungen, transformative 280–285
Wallace, Alfred Russel 23, 81f.
Wallace, Keith 97f.
Wandel
- Business im 204–208
-, gemeinsamer 189–258
Watts, Alan 169
Weiss, Dr. Brian 129
White, Rhea 122

Whitehead, Alfred North 53, 79, 85
Whitman, Walt 165
Wiederfinden (Übung, transformative) 292
Wilber, Ken 80, 100, 156, 197
Wille, höherer
– Übungen, transformative 294
Wirtschaftswachstum 212
Wissenschaft 18
– Fähigkeiten, höhere menschliche 195–198
Wordsworth, William 165, 232
Wright, David 115
Wuwei 45f.

Yates, Francis 175
Yoga 49, 95, 123f., 132, 142, 150, 263, 273
– Praxis 41f.
Yunus, Muhammad 215ff.

Z

Zen 48, 50
Zen-Buddhismus 45, 163 *siehe auch* Buddhismus
Zeuge-Meditation 271ff., 281ff.
Ziran 45

Das Celestine-Phänomen

James Redfield
Das Geheimnis von Shambhala
13/9879

Die Prophezeiungen von Celestine
13/9868

Die zehnte Prophezeiung von Celestine
01/10999

Die Vision von Celestine
13/9809

Leben mit den Prophezeiungen von Celestine
13/9766

James Redfield / Carol Adrienne
Die Erkenntnisse von Celestine
13/9670

Das Handbuch der zehnten Prophezeiung von Celestine
13/9697

13/9879

HEYNE-TASCHENBÜCHER